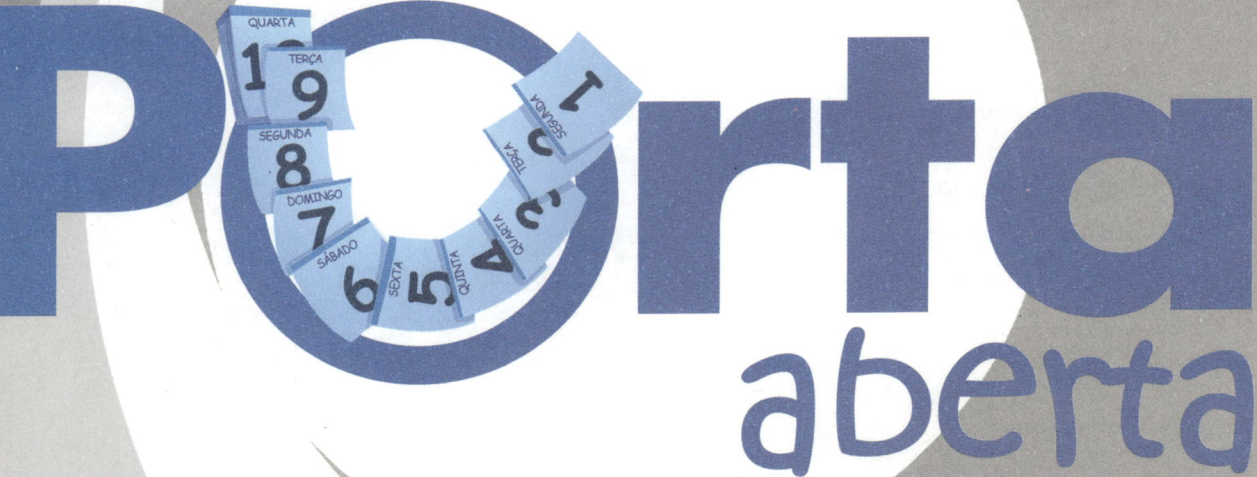

Matemática

Marília Ramos Centurión
 Bacharel e licenciada em Matemática pela FFCL de Moema – SP
 Professora de Matemática no Ensino Fundamental e no Médio
 Assessora de Metodologia da Matemática em escolas das redes pública e particular

Júnia La Scala Teixeira
 Licenciada em Matemática pela Faculdade Paulistana de Ciências e Letras – SP
 Licenciada em Pedagogia pela FFCL Nove de Julho – SP
 Professora de Matemática no Ensino Fundamental e no Médio

Arnaldo Bento Rodrigues
 Bacharel em Ciências com habilitação em Matemática pela Universidade de Guarulhos – SP
 Professor de Matemática no Ensino Fundamental e no Médio

2º ano

com lição de casa

São Paulo - 2011

Todos os direitos reservados à
EDITORA FTD S.A.
Matriz: Rua Rui Barbosa, 156 – Bela Vista
CEP 01326-010 – São Paulo – SP
Caixa Postal 65149 – CEP da Caixa Postal 01390-970
Tel.: (0-XX-11) 3598-6000 – Fax: (0-XX-11) 3598-6368
Internet: www.ftd.com.br
E-mail: exatas@ftd.com.br

Diretora editorial
Silmara Sapiense Vespasiano

Editora
Rosa Maria Mangueira

Editoras assistentes
Luciana Pereira Azevedo Remião
Sorel Hernandes Lopes da Silva

Assistentes de produção
Ana Paula Iazzetto
Lilia Pires

Preparadora
Lucila Barreiros Facchini

Revisoras
Alessandra Maria Rodrigues da Silva
Fernanda Kupty
Iara Rivera Soldera
Izabel Cristina Rodrigues
Solange Guerra
Yara Affonso

Coordenador de produção editorial
Caio Leandro Rios

Editor de arte e projeto gráfico
Carlos Augusto Asanuma
Ilustrações da capa: Ilustra Cartoon e Alberto Llinares
Ilustrações que acompanham o projeto: Alberto Llinares

Iconografia
Pesquisadores
Graciela Naliati
Leandro Brou
Letícia Palaria
Assistentes
Cristina Mota
Graciela Naliati

Editoração eletrônica
Diagramação: Setup Bureau Editoração Eletrônica
Tratamento de imagens:
Eziquiel Racheti
Ana Isabela Pithan Maraschin

Gerente de produção gráfica
Reginaldo Soares Damasceno

Alberto Llinares

Dados Internacionais de Catalogação na Publicação (CIP)
(Câmara Brasileira do Livro, SP, Brasil)

Centurión, Marília Ramos
 Porta aberta : matemática, 2º ano : com lição de casa / Marília Ramos Centurión, Júnia La Scala Teixeira, Arnaldo Bento Rodrigues. -- São Paulo : FTD, 2011.

 Suplementado pelo manual do professor.
 ISBN 978-85-322-7956-9

 1. Matemática (Ensino fundamental) I. Teixeira, Júnia La Scala. II. Rodrigues, Arnaldo Bento. III. Título.

11-06917   CDD-372.7

Índices para catálogo sistemático:
1. Matemática : Ensino fundamental   372.7

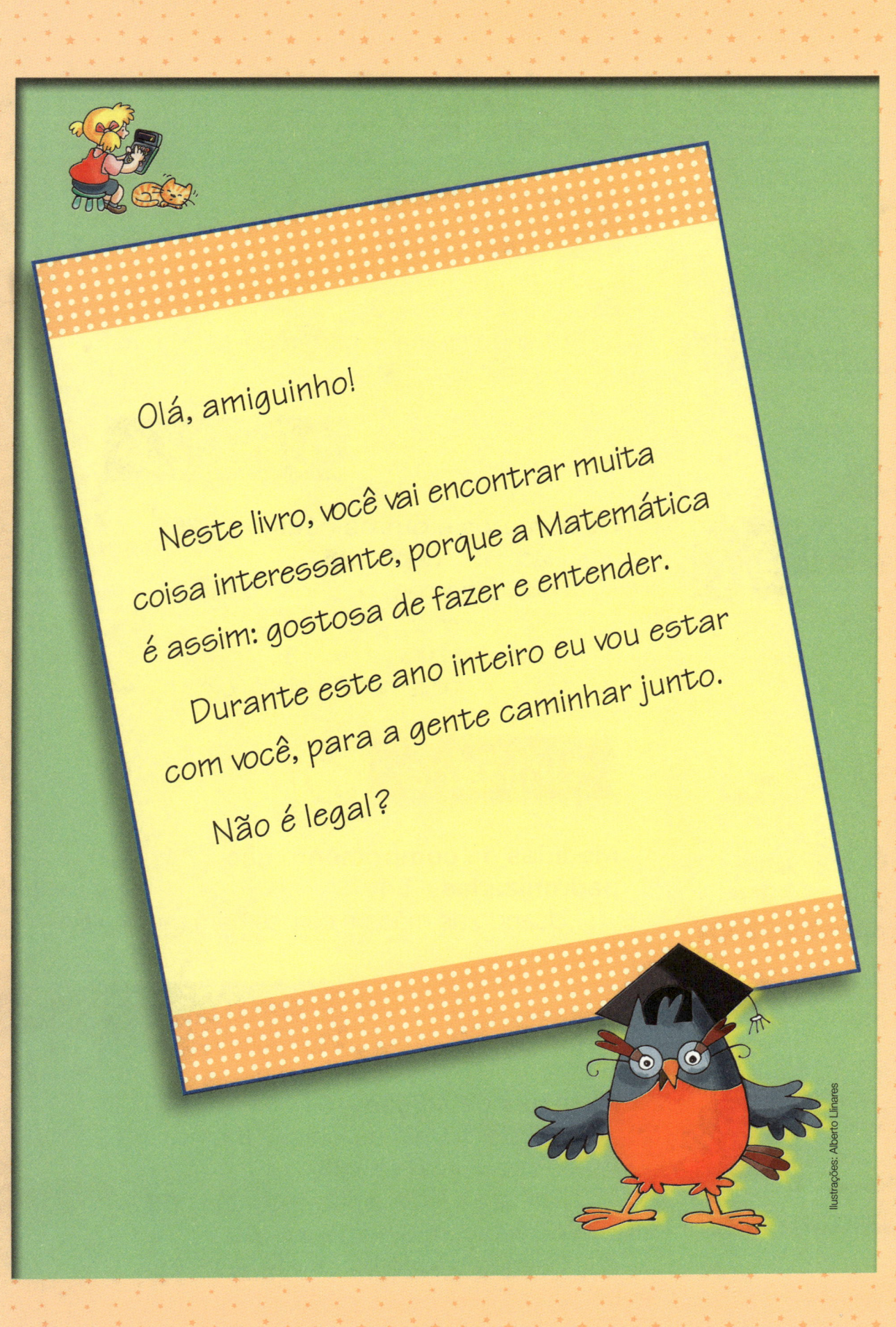

Olá, amiguinho!

Neste livro, você vai encontrar muita coisa interessante, porque a Matemática é assim: gostosa de fazer e entender.

Durante este ano inteiro eu vou estar com você, para a gente caminhar junto.

Não é legal?

Ilustrações: Alberto Llinares

Sumário

Ilustrações: Alberto Llinares

Unidade 1

Espaço e forma   9
    Usando as mãos para modelar formas geométricas   9

Unidade 2

Os números e outros códigos   25
    Placas e códigos   25
    Brincando com códigos   29
        Vamos contar?   33
        Sequências numéricas   35
    Os números também indicam ordem   44

Unidade 3

Medidas de comprimento não padronizadas   54
    Usando as mãos e os pés para medir   54

Unidade 4

As ideias da adição   61
    Adição: a ideia de juntar   61
    O sinal mais (+)   63
    Adição: a ideia de acrescentar   65
    Adição com 3 números   69
    Usando diferentes estratégias   72

As ideias da subtração 76
    Subtração: a ideia de tirar 76
    Subtração: a ideia de comparar 80
    Qual é a diferença? 81
    Quantos faltam? 83
    O sinal menos (−) 84
    Usando diferentes estratégias 86

A ideia de metade e a de simetria 94
    A ideia de meio e metade 94
    Uma metade igual a outra 96

Espaço e forma 103
    Fazendo marcas na areia 103
    As figuras geométricas planas 106

**Ampliando a sequência numérica:
números até 100** 116
    As dezenas inteiras 116
    Outros números 123
        Quem inventou o dinheiro? 129
    Compondo e decompondo números 135
    Par ou ímpar? 138
    O doze, a dúzia, a meia dúzia 142

Ilustrações: Alberto Llinares

Unidade 9

Medidas de tempo, comprimento, massa e capacidade 149

Medindo o tempo 149
   O ano, os meses e os dias da semana 149
   Manhã, tarde e noite 151
Medindo comprimentos 158
   Usando o centímetro 159
Medindo a massa 163
Medindo a capacidade 167

Unidade 10

Adição e subtração com reagrupamento 173

Revendo as ideias da adição 173
  A ideia de juntar 173
  A ideia de acrescentar 176
  Adição com reagrupamento 180
Revendo as ideias da subtração 185
  A ideia de tirar 185
  A ideia de comparar 187
  A ideia de completar 189
  Subtração com reagrupamento 192

Ilustrações: Alberto Llinares

Unidade 11

As ideias da multiplicação **201**
    Multiplicação: a ideia de adicionar quantidades iguais **201**
    Multiplicação: a ideia de organização retangular **203**
    Multiplicação: a ideia de proporcionalidade **206**
    Multiplicação: a ideia combinatória **207**
        Tabelas de multiplicação **209**
    O dobro **211**
    O triplo **212**

Unidade 12

As ideias da divisão **218**
    Divisão: a ideia de repartir em partes iguais **218**
    Divisão: a ideia de medir **223**

Trocando ideias para resolver problemas **228**

Lição de casa **241**
Pequeno glossário ilustrado **280**
Bibliografia **287**
Material destacável **289**

Caro estudante,

Estes personagens vão acompanhar você durante todo o ano.

"Conhecer o significado das palavras é importante para você resolver problemas em Matemática."

"Por isso, eu, a Maria-Traça-Dicionário, estou neste livro para explicar algumas palavras desconhecidas."

"Eu sou a Corujinha Sabe-Tudo."

"Em alguns momentos do livro, eu complemento as suas ideias com dicas para você desenvolver as atividades. Vamos aprender juntos!"

Ilustrações: Alberto Llinares

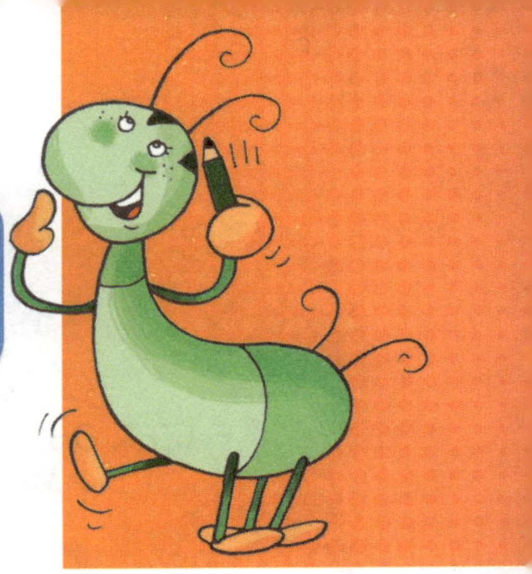

UNIDADE 1

ESPAÇO E FORMA

Usando as mãos para modelar formas geométricas

As crianças resolveram fazer uma festa de brincadeira.

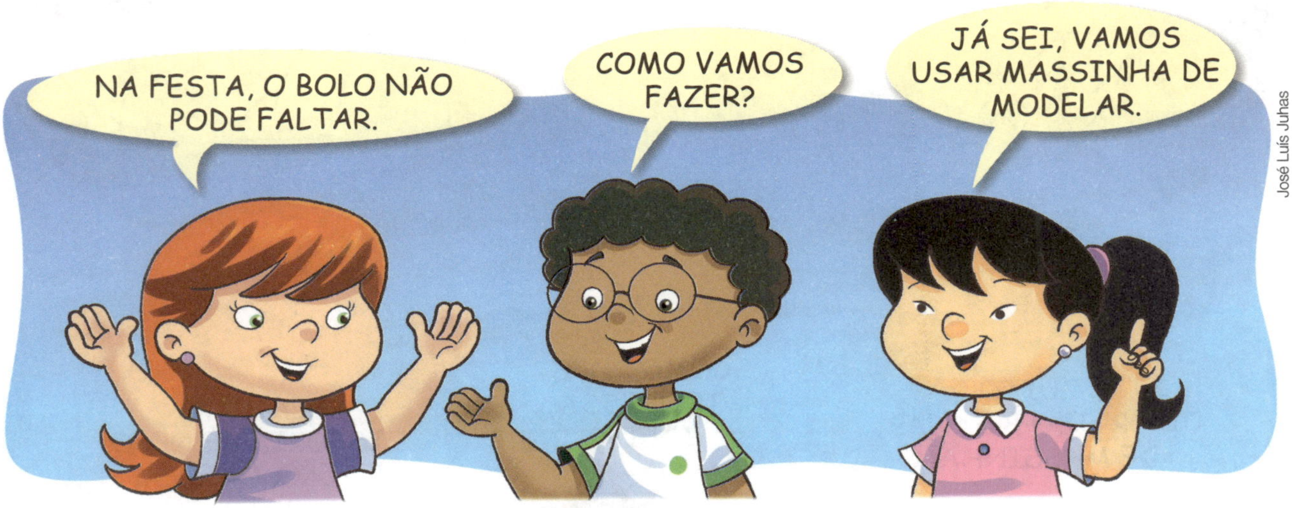

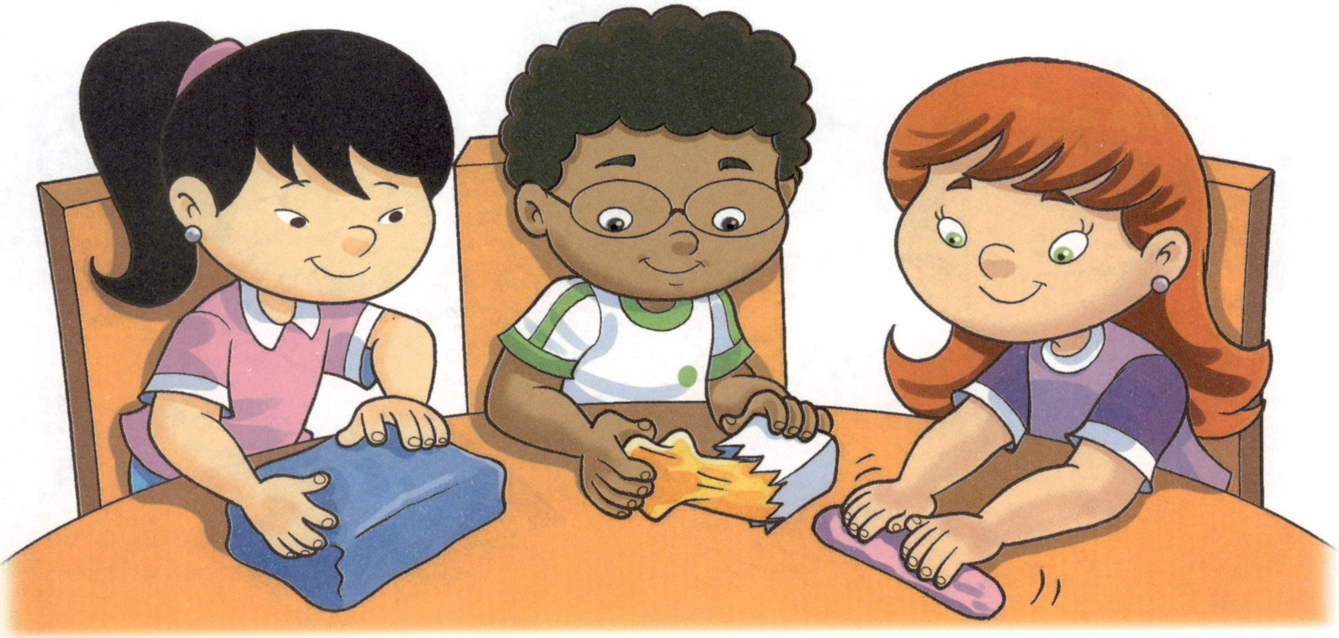

- NA FESTA, O BOLO NÃO PODE FALTAR.
- COMO VAMOS FAZER?
- JÁ SEI, VAMOS USAR MASSINHA DE MODELAR.

— DÁ PARA FAZER OS DOCINHOS TAMBÉM.

— LEGAL, DEIXA QUE EU FAÇO!

— E EU VOU FAZER A CAIXA DE PRESENTE.

— É MUITO DIVERTIDO BRINCAR DE MASSINHA!

— COMO VOCÊ TEVE ESSA IDEIA?

— LENDO A HISTÓRIA DE NECO E TECO. QUEREM VER?

Na história de Neco e Teco, eles usam massinha de modelar para construir um foguete. Vamos ler um trecho dessa história?

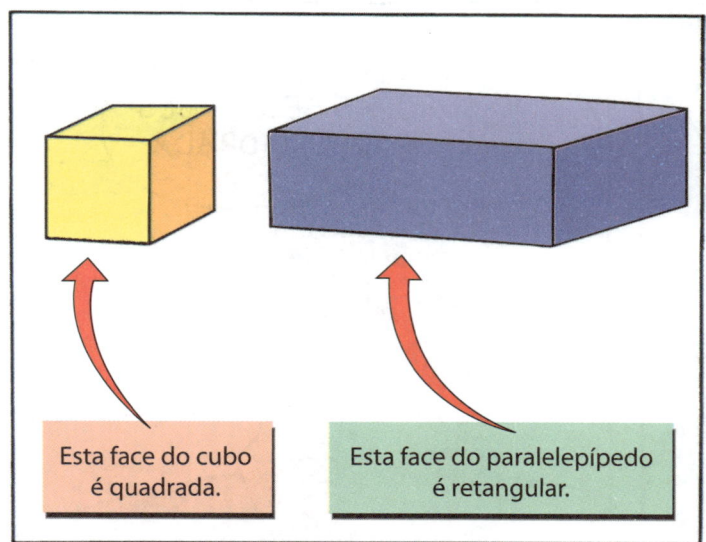

Matemática em mil e uma histórias: uma viagem ao espaço, de Martins Rodrigues Teixeira e Cobiaco (ilustrador). São Paulo: FTD, 1997.

Converse com um colega sobre o que você leu nessa história. Juntos, respondam às questões.

1. Na página 9, com que forma geométrica se parece o bolo que as crianças construíram? _____

2. E quando Teco enrolou a massinha e fez uma bola, com que forma geométrica ela parecia? _____

3. E quando Teco fez um rolo? _____

4. Que forma geométrica lembra muito o dado? _____

 PRODUÇÃO

Com um colega, use massinha de modelar e construa formas, como fizeram Neco e Teco.

Depois, a professora vai fazer uma exposição com todas as formas.

5 Vamos brincar de sombra usando as mãos?

Ilustrações: José Luís Juhas

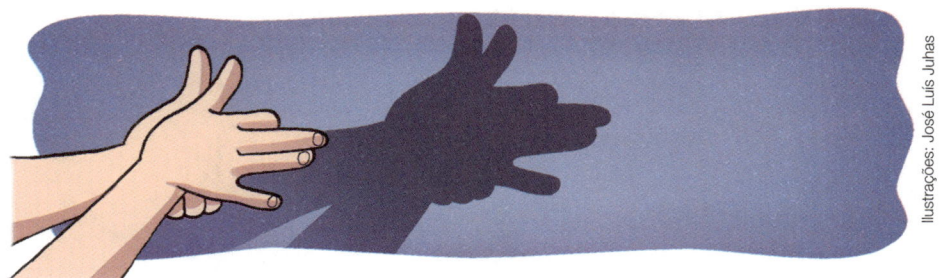

O que você acha que é? ____________________

6 Qual é o sólido que aparece em cada sombra? Ligue para mostrar.

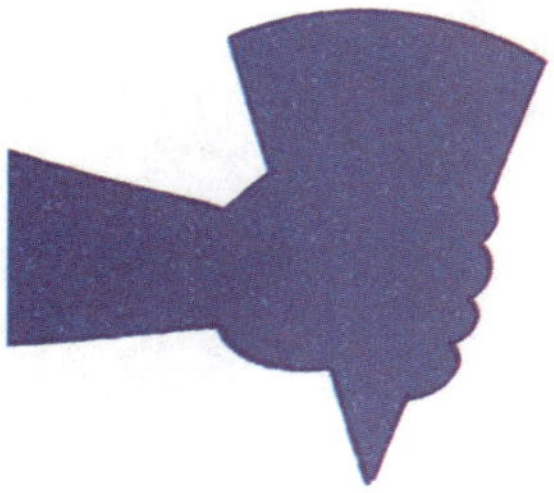

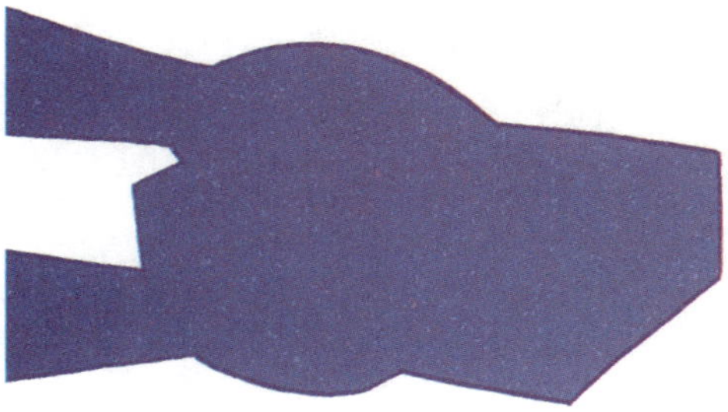

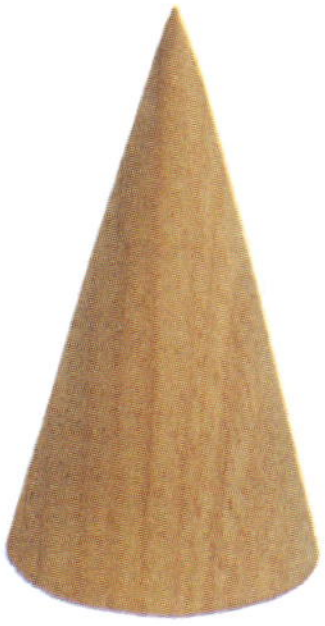

Fotos: Neoimagem

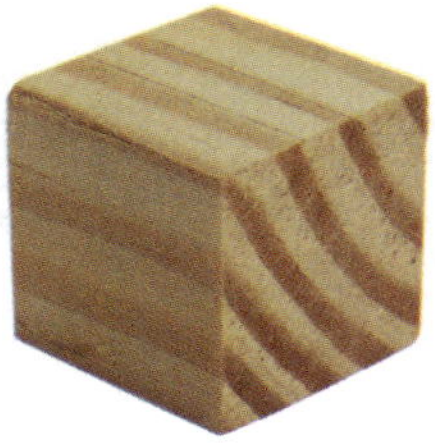

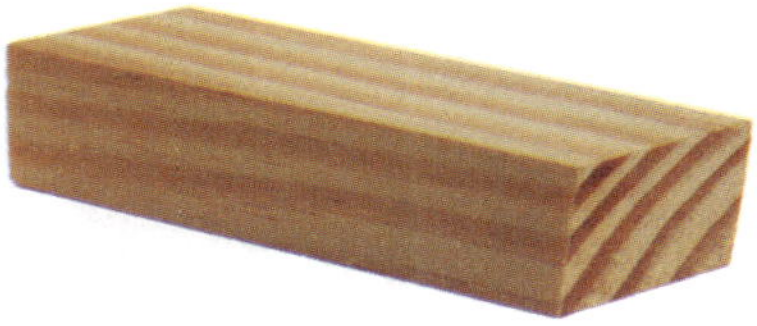

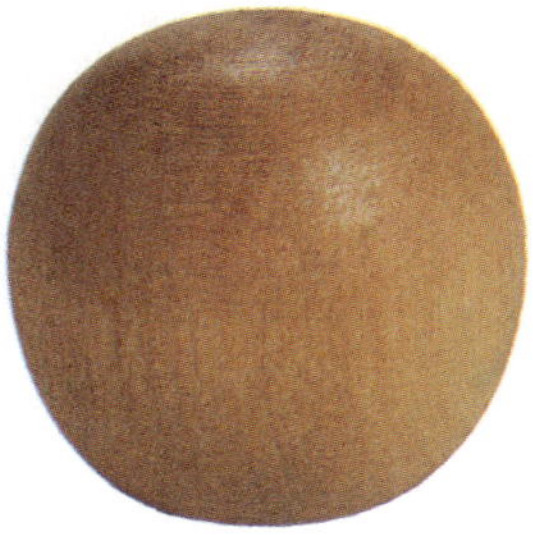

7 Em cada caso, marque com X o objeto que tem forma diferente dos demais. Por que ele é diferente?

a.

b.

c.

16

8 Observe a representação de uma pirâmide e de um paralelepípedo.

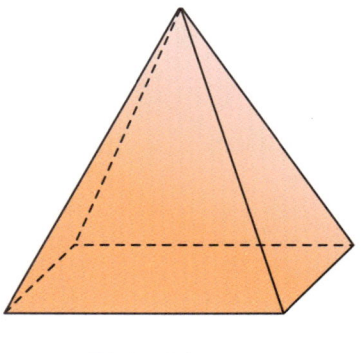
Pirâmide.

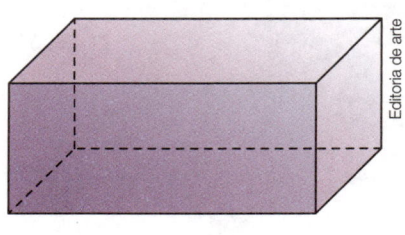
Paralelepípedo.

a. O que eles têm de parecido?

b. O que eles têm de diferente?

9 Observe a representação de um cone e de um cilindro.

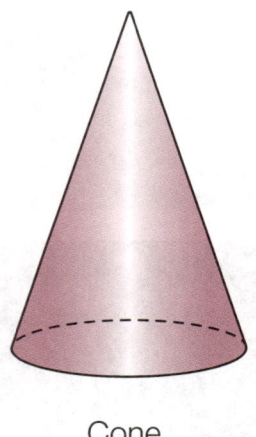
Cone.

Cilindro.

a. O que eles têm de parecido?

b. O que eles têm de diferente?

10 Recorte de jornais ou revistas figuras com as formas que você conhece.
Faça um cartaz com o seu grupo.

QUAL É A SUA OPINIÃO?

Do que as crianças estão brincando?

- Por que é mais fácil jogar esse jogo com bolinhas do que com dados?

_____

_____

_____

11 Ligue as bolas aos esportes em que elas são usadas.

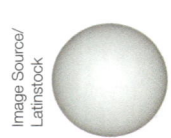

As bolas têm a forma de uma esfera.

LENDO E CONSTRUINDO
GRÁFICOS E TABELAS

A professora perguntou para a classe qual o esporte preferido de cada aluno. Todos responderam, e cada um só pôde escolher um esporte. Veja o resultado dessa pesquisa:

Esporte	Natação	Futebol	Vôlei	Judô
Votos	⊠		⊠ ⊡	⊠	⊠

a. Com os números de votos, é possível construir um gráfico. Pinte um ▢ para cada voto.

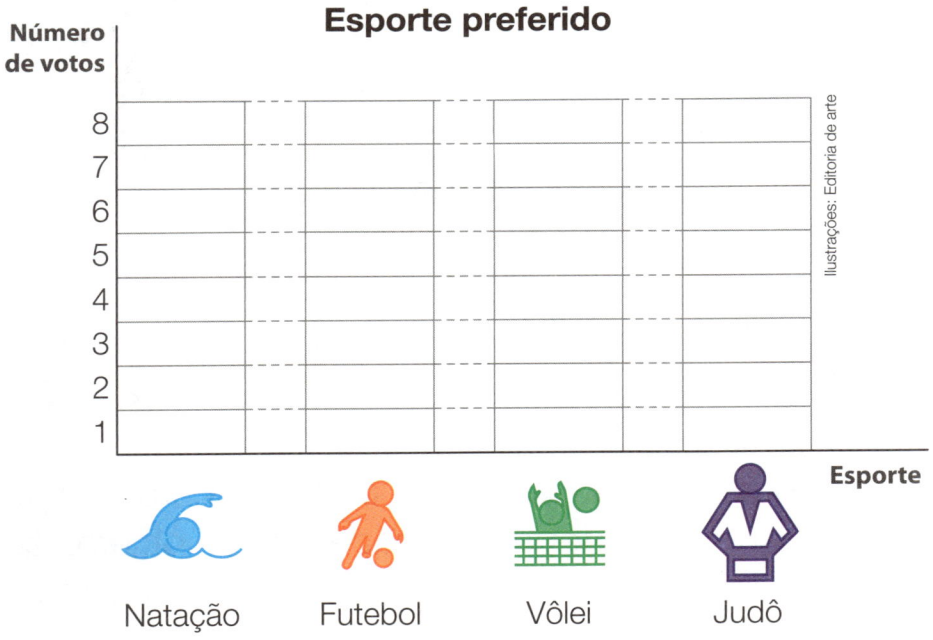

Esporte preferido

b. Qual foi o esporte mais votado? _____

c. Quais foram os esportes menos votados? _____

d. Quantos alunos há nessa classe? _____

e. Qual foi a diferença de votos entre futebol e vôlei? _____

Atenção! Para a próxima atividade, você deve trazer de casa objetos que tenham forma de cubo (dado), paralelepípedo (caixa de sapatos, caixa de pasta de dentes), pirâmide (vela decorativa, caixa de presente), cilindro (lata de leite em pó), cone (chapéu de aniversário) e esfera (bola).

12 Faça os objetos com a forma de cone, cilindro e esfera rolarem sobre a mesa.

- O que você observa? Eles rolam em qualquer posição em que sejam colocados? Troque ideias com os colegas sobre isso.

Cartoon Studio

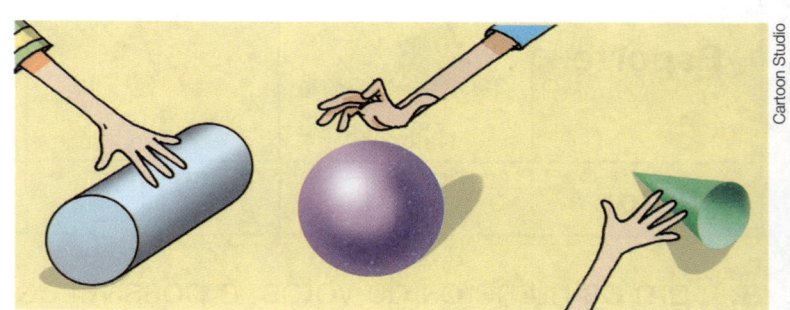

QUAL É A SUA OPINIÃO?

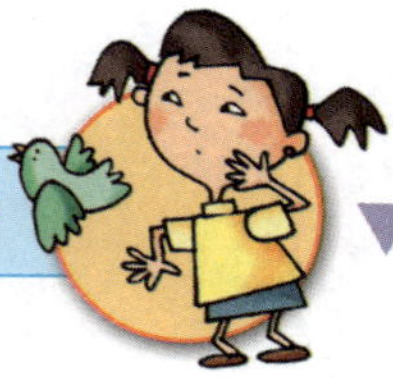

A bola rola sempre. Dependendo da posição, objetos com forma de cilindro e de cone também rolam.

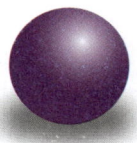

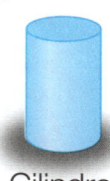

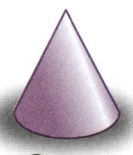

Esfera.

Cilindro.

Cone.

- Por que será que objetos com forma de cubo, paralelepípedo e pirâmide não rolam com tanta facilidade quanto objetos com forma de esfera, cilindro e cone? Troque ideias com os colegas sobre isso.

Cubo.

Paralelepípedo.

Pirâmide.

Ilustrações: Editoria de arte

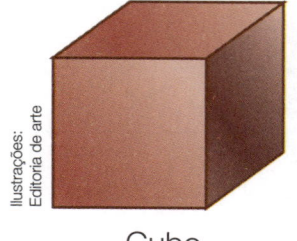

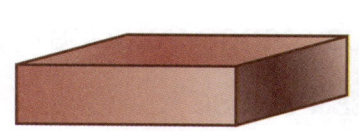

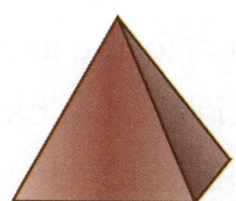

13 Adivinhe, adivinhe, bom adivinhador: Qual é a forma geométrica? Leia as adivinhas e, depois, pinte a figura correspondente.

a. O dado lembra esta forma geométrica que não rola com facilidade.

 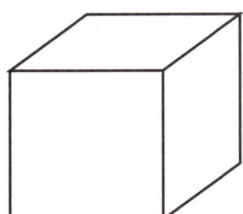 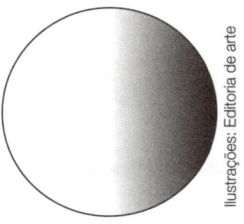

b. Esta forma geométrica não se parece com o dado nem com a lata de molho de tomate.

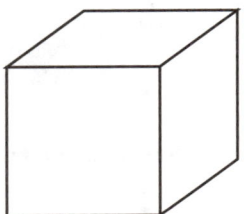  

Não vale contar. Faça uma estimativa.

Fazer estimativa é "chutar" um número que você acha que é ou o resultado que você acha que vai dar.

Quantos objetos com forma de cubo há sobre a mesa?

 Mais de 5.    Menos de 5.

BRINCANDO NA MALHA

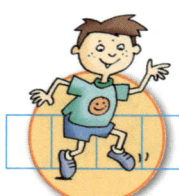

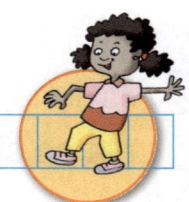

Ligue os objetos às formas parecidas.

Ilustrações: Cartoon Studio

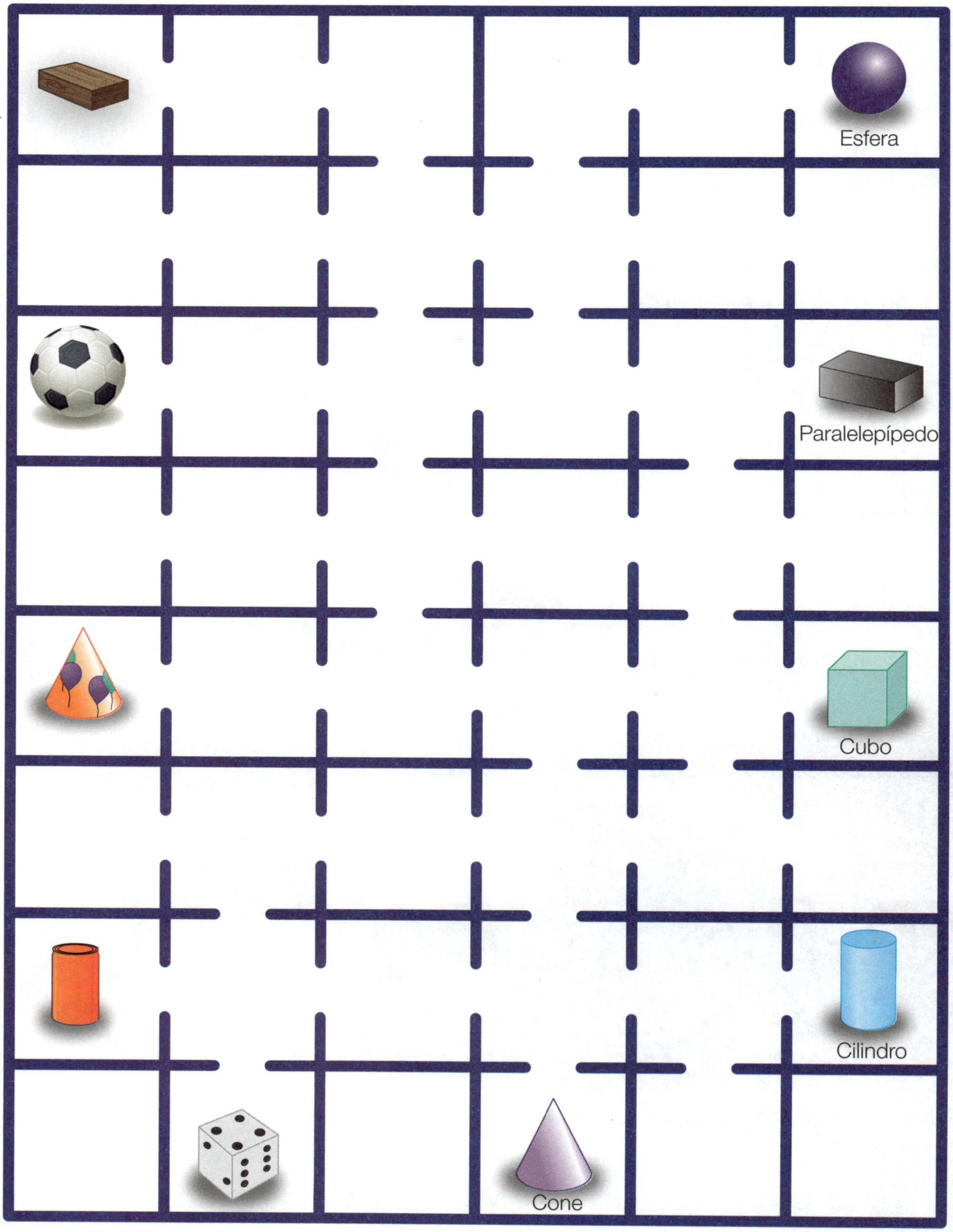
Esfera
Paralelepípedo
Cubo
Cilindro
Cone

PRODUÇÃO

Que tal produzir em grupo a maquete de uma cidade? Antes de começarem, leiam todas as etapas dessa produção. Depois, dividam as tarefas e mãos à obra.

1 Comecem destacando os moldes das páginas 289 e 291.

  a. Montem uma caixa com forma que lembra a de um cubo e outra em forma de um paralelepípedo.

  b. Enfeitem essas caixas para com elas representar casas, prédios ou outras construções.

2 Depois, peguem um rolo vazio de papel higiênico ou de papel toalha.

  a. Fechem as duas aberturas, colando papel sobre elas.

  b. Após secar a cola, recortem as sobras de papel.
  O objeto que vocês obtiveram tem uma forma que lembra a do cilindro. Façam desenhos nele para representar um elemento da maquete. Como sugestão, esse modelo pode virar um semáforo.

3 Peguem um chapéu de festa.

  a. Fechem a abertura, colando papel sobre ela.

  b. Recortem a sobra de papel, após a secagem da cola.

Ilustrações: Cartoon Studio

Vocês obtiveram um modelo com forma que lembra a do cone.

Desenhem algo nesse modelo para representar com ele um elemento da maquete. Aqui a sugestão é que esse modelo represente um circo na maquete, mas o seu grupo pode apresentar outra ideia.

4 Recortem de jornais e revistas imagens de pessoas e carros.
- Façam em papelão suportes, como o da figura, para colar atrás de cada imagem recortada e, assim, mantê-las "em pé" na maquete.

5 Numa cartolina ou folha de papel pardo, desenhem um cruzamento de ruas, com faixas de travessia para pedestres, calçadas etc. Essa será a base da maquete.

6 Distribuam nessa base as figuras que vocês montaram.

7 Criem uma história que envolva a educação para o trânsito e apresentem aos colegas dos outros grupos.

UNIDADE 2

OS NÚMEROS E OUTROS CÓDIGOS

Placas e códigos

1 Ligue as placas às situações em que elas podem ser encontradas.

2 Para atravessar as ruas, é preciso estar atento ao sinal para pedestres e usar a faixa de travessia.

Pinte de:

 o bonequinho que, aceso, indica AGUARDE PARA ATRAVESSAR.

 o bonequinho que, aceso, indica ATRAVESSE.

3 Para os motoristas, o sinal tem 3 cores: uma indica PARE, outra, ATENÇÃO, e outra, SIGA. O que indica cada cor abaixo?

_____ _____ _____

4. As placas não estão só nas ruas. Há placas em ônibus e trens, nos *shoppings* e nas escolas. O que indica cada placa a seguir?

  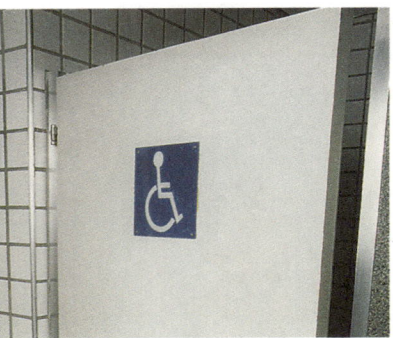

_____ _____ _____

FIQUE SABENDO

É importante respeitar esses direitos para garantir uma boa convivência em sociedade.

Você já viu placas como esta? Sabe o que significam?

As aventuras do bonequinho do banheiro, de Ziraldo, Melhoramentos/Zara Editorial.

Como será a vida do bonequinho do banheiro? Que aventuras ele tem para contar?

PARA SE DIVERTIR

1. Você já viu uma placa como esta da história em quadrinhos?

Turma da Mônica, Mauricio de Sousa. *A Gazeta do Norte*, 3 mar. 2001.

- Conte para os colegas o que você entendeu dessa história.

2. Junte-se a um colega e inventem uma placa bem engraçada. Depois, mostrem às outras duplas a placa que vocês fizeram.

Brincando com códigos

1 Vai começar a brincadeira! Gabriel e Cris estão tirando par ou ímpar para ver quem começa.

- Quem ganhou no par ou ímpar? _____

2 Agora é sua vez. Tire par ou ímpar com um colega.

a. Quantos dedos você mostrou? _____

b. Deu par ou ímpar? Quem ganhou? _____

3 As crianças usaram os dedos das mãos para mostrar quantos irmãos elas têm.

a. Clara tem quantos irmãos? _____

b. Quem tem só 1 irmão? _____

c. Quantos são os irmãos de Francisco? _____

d. Quem não tem irmãos? _____

4 As crianças pedem o lanche mostrando o número com os dedos.

• Ligue cada criança ao lanche que ela escolheu.

SANDUÍCHE NATURAL   SANDUÍCHE DE ATUM   SANDUÍCHE DE QUEIJO QUENTE   TORTA DE FRANGO   PÃO COM MANTEIGA

• Agora é você quem escolhe o lanche. Use os dedos para mostrar e escreva o número aqui. ☐

5 Em cada bolo, desenhe tantas 🕯 quantas os dedos estiverem indicando.

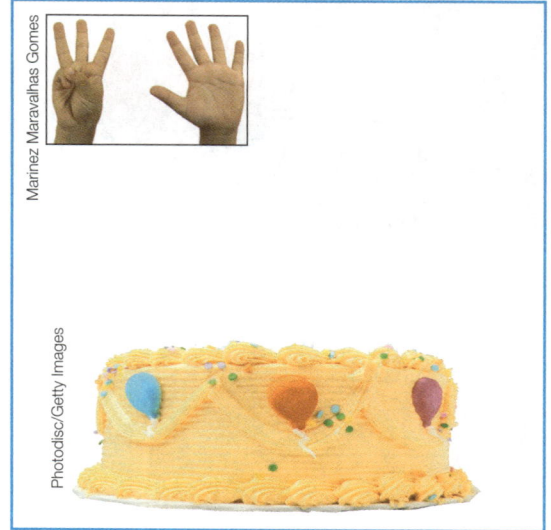 

# FIQUE SABENDO

Pessoas com deficiência auditiva podem se comunicar fazendo sinais com a mão. Veja como pessoas assim representam as vogais.

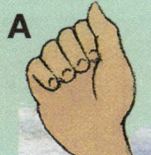 A 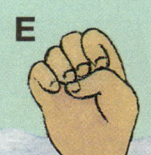 E  I 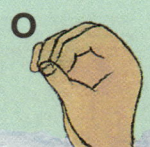 O 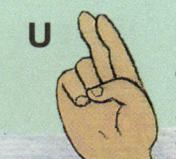 U

- Represente com a mão as cinco vogais.

Já as pessoas com deficiência visual conseguem ler passando os dedos sobre pontinhos em relevo, como na foto. Veja como são representadas as vogais.

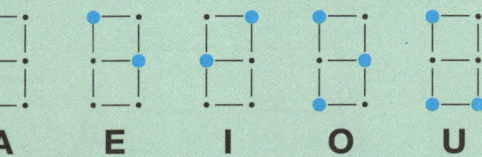

A E I O U

PARA SE DIVERTIR

Vamos jogar já-quem-pô? Jogue em dupla.

1º Coloquem-se um de frente para o outro e escondam uma das mãos atrás do corpo. Num ritmo compassado, pronunciem "já-quem-pô" e, no final, coloquem a mão à frente indicando um dos sinais:

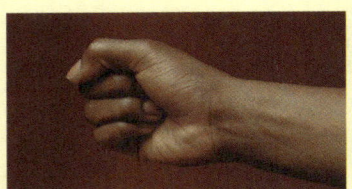 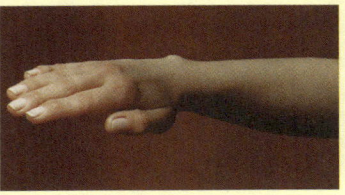 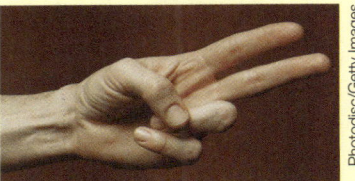

pedra
punho cerrado

papel
mão aberta

tesoura
dedos indicador e médio
formando uma tesoura

2º Para saber quem é o vencedor do jogo, valem as regras:
- a pedra quebra a tesoura;
- o papel embrulha a pedra.
- a tesoura corta o papel;

6 A brincadeira agora é com bolinhas.

a. Fábio fez marquinhas para registrar a quantidade de bolinhas em cada caixa. Veja como ele fez.

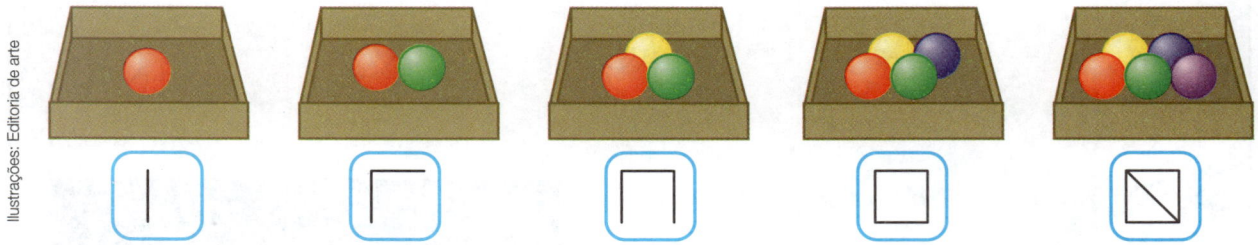

b. Desenhe bolinhas coloridas nas caixas, como quiser. Use os mesmos códigos de Fábio para registrar as quantidades. Depois, mostre a um colega e veja como ele fez.

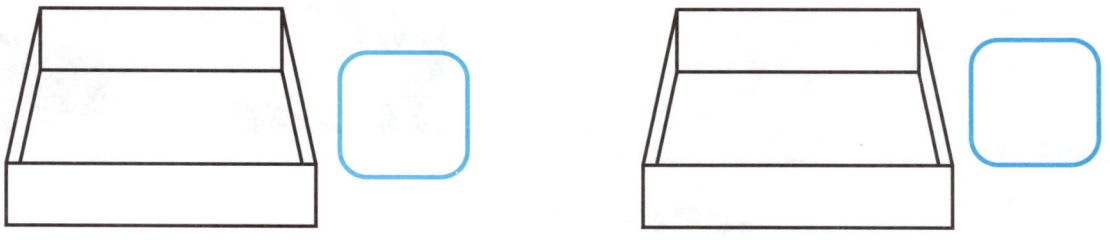

7 Veja quantos pontos tem cada um no jogo da velha e complete.

- Quem tem mais pontos? ☐ Gil ☐ Ana

8 Você já brincou com o jogo da velha? Forme dupla com um colega para brincar com esse jogo.

Vamos contar?

1 Continue a recitar e termine de escrever os números até 10.

A galinha do vizinho bota ovo amarelinho...

Bota 1.   Bota 2.   Bota 3.   Bota ☐.   Bota ☐.

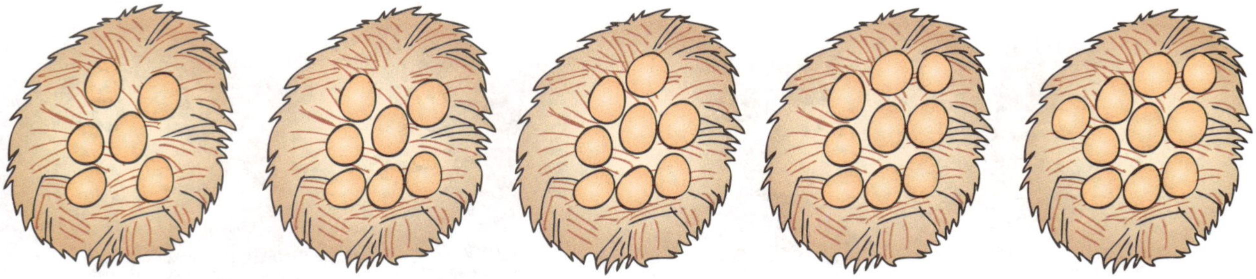

Bota ☐.   Bota ☐.   Bota ☐.   Bota ☐.   Bota ☐.

2 Na hora de dormir, brinque de contar carneirinhos: um carneirinho, dois carneirinhos, três carneirinhos, quatro carneirinhos, cinco... ZZZZZ...

a. Até que número você já sabe contar? _____

b. Escreva o maior número que você conhece. _____

3 Vamos brincar de recitar parlendas.

- Complete e recite a parlenda a seguir.

Um, dois, feijão com arroz.

Três, quatro, _____

_____

Cinco, _____

_____

_____

_____

_____

_____

- Você conhece outra parlenda parecida com essa?
Se souber, ensine aos seus colegas.

Sequências numéricas

1 Observe as quantidades representadas nas três primeiras colunas. Depois, complete as outras colunas.

Para esta atividade, destaque as tirinhas coloridas da página 293.

Guarde essas tirinhas, pois você vai precisar delas em outras atividades.

35

2 Faça com um colega. Quantas tirinhas brancas você precisa colocar lado a lado para obter uma tirinha do mesmo tamanho que as tirinhas abaixo?

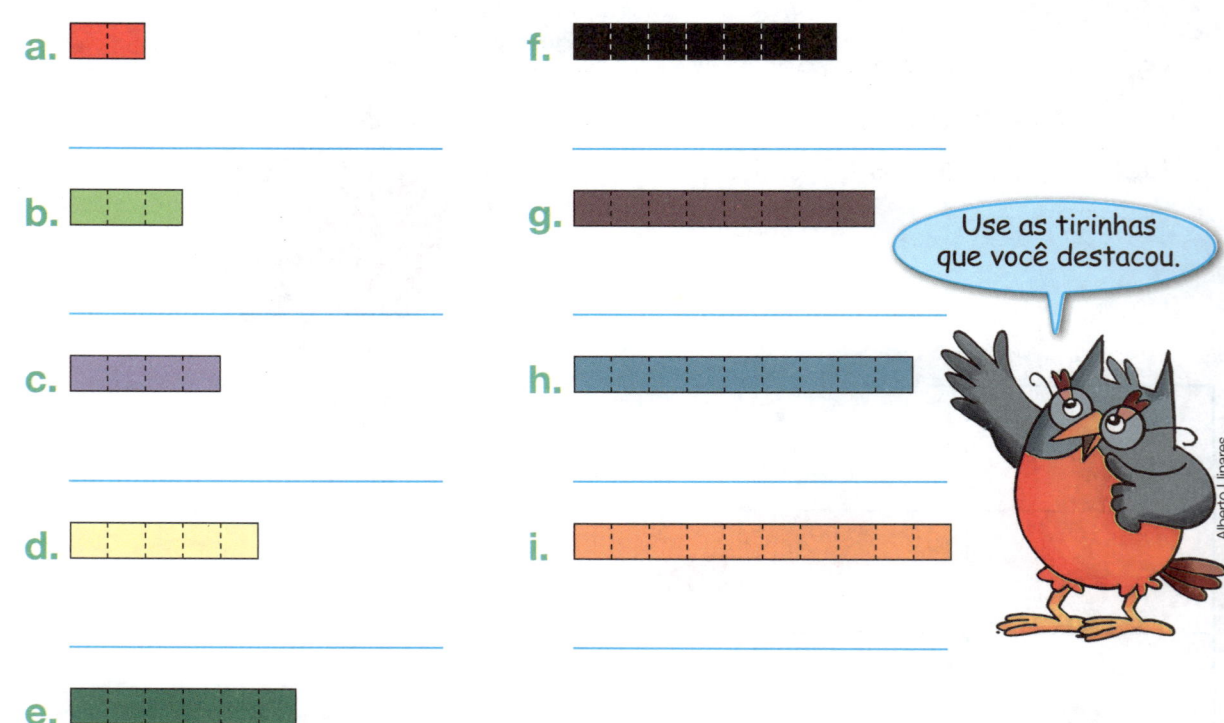

BRINCANDO NA MALHA

Monte uma "escadinha" colocando as tirinhas lado a lado, da menor para a maior. Depois, termine de pintar a "escadinha" na malha ao lado para mostrar como ficou.

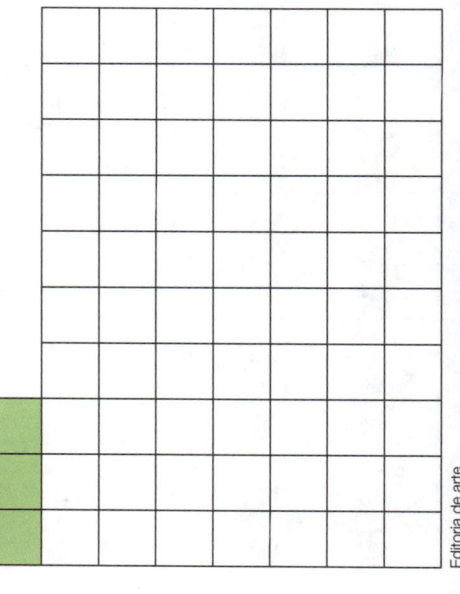

Observando a "escadinha" que você pintou, responda às questões.

a. Qual é a cor da primeira tira da escada? _____

b. Qual é a cor da última tira? _____

c. Que tirinha vem imediatamente antes da marrom? _____

d. E qual vem imediatamente depois da marrom? _____

e. Que tira vem entre a branca e a verde-clara? _____

3 Vamos brincar de trilha?

É assim: se você estiver na casa um e der um passo à frente, chegará à casa dois. Dois é o **sucessor** de um.

Dando um passo à frente:

a. saindo do 2, chegamos ao ☐.

b. saindo do 3, chegamos ao ☐.

c. saindo do 4, chegamos ao ☐.

4 Se você estiver na casa cinco e voltar um passo, chegará à casa quatro. Quatro é o **antecessor** de cinco.

Voltando um passo:

a. saindo do 4, chegamos ao ☐.

b. saindo do 7, chegamos ao ☐.

c. saindo do 8, chegamos ao ☐.

5 Escreva o antecessor de cada número.

6   7   8

6 Escreva o sucessor de cada número.

0   4   8

7 Escreva o número que está entre:

6 ☐ 8   5 ☐ 7   2 ☐ 4

8 Veja quanta gente nas filas! Também, está passando cada filme legal...

SALA 1
JOÃO E O PÉ DE FEIJÃO
INGRESSO: 5 REAIS
LOTAÇÃO: 80 PESSOAS

SALA 2
BRANCA DE NEVE E OS SETE ANÕES
INGRESSO: 4 REAIS
LOTAÇÃO: 90 PESSOAS

José Luís Juhas

Converse com os amigos sobre a cena. Depois, responda às perguntas.

a. Em que fila há mais pessoas? _____

b. Quantos são os anões do filme da Sala 2? _____

9 Faça outras duas perguntas sobre as quantidades que aparecem na cena da atividade anterior.

Troque as suas perguntas com um colega.

Você responde às que ele fez, e ele responde às suas. _____

BRINCANDO COM PERCURSOS

Branca de Neve preparou 12 maçãs do amor.

Ela vai visitar o príncipe. No caminho ela vai entregar uma maçã na casa de cada um dos 7 anões.

a. Trace o caminho que você acha que Branca de Neve fará até o castelo do príncipe.

b. Com quantas maçãs ela chegará ao castelo? _____

PRODUÇÃO

Branca de Neve receberá 8 convidados para o jantar. Ela ainda não acabou de arrumar a mesa.

a. O que há mais: pratos ou copos? _____

b. Há mais garfos ou facas? _____

c. Quem você acha que vem para o jantar? _____

d. Invente uma história sobre esse jantar e conte aos colegas.

LENDO E CONSTRUINDO GRÁFICOS

Quanta roupa limpinha no varal!

a. Pinte um ☐ para cada peça no varal e invente um título para o gráfico.

Título: _____

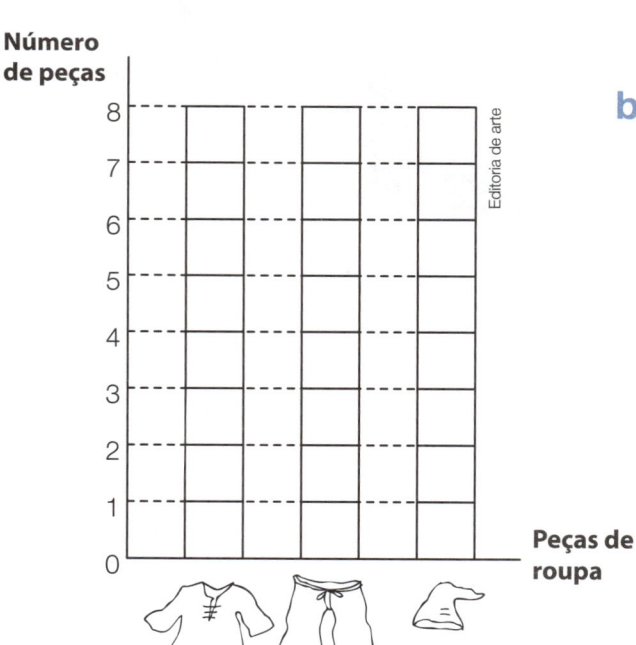

Número de peças

b. Responda:

- Quantas são as 👕 ? ☐
- Quantas são as 🩳 ? ☐
- Quantos são os 🧣 ? ☐

Peças de roupa

c. De quem você acha que são essas roupas? _____

QUAL É A SUA OPINIÃO?

Estão chegando outras quatro crianças para brincar nos balanços.

- Todas as crianças vão poder brincar nos balanços ao mesmo tempo? O que pode ser feito para que todos brinquem? _____
_____
_____

TRABALHANDO COM A CALCULADORA

No visor da calculadora, os números aparecem na forma digital.

Continue pintando até o 9.

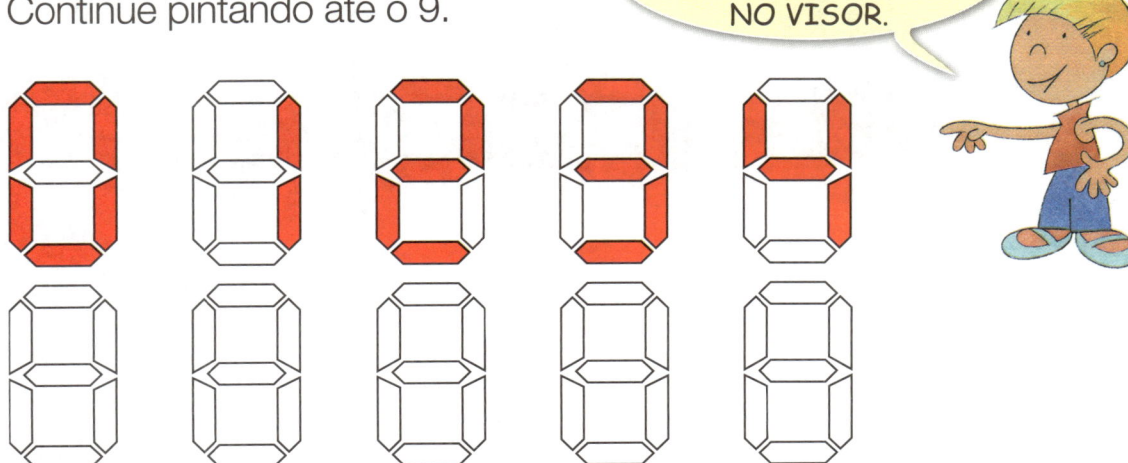

OBSERVE NUMA CALCULADORA COMO OS NÚMEROS APARECEM NO VISOR.

Os números também indicam ordem

1 Você já conhece esta cantiga?

a. Descubra quem é o 1º, o 2º e o 3º. Complete os ☐.

Teresinha de Jesus
De uma queda foi ao chão
Acudiram 3 cavalheiros
Todos 3 chapéu na mão
O **primeiro** foi seu pai
O **segundo** seu irmão
O **terceiro** foi aquele
Que a Teresa deu a mão

(Cantiga popular.)

b. Primeiro, segundo, terceiro... o que vem depois? _____

2 A corrida está chegando ao fim!

Usando as cores dos calções da ilustração, pinte para mostrar como está a corrida neste momento.

1º lugar.    2º lugar.    3º lugar.

3) Era uma vez um menino chamado João.

Certo dia, ele plantou um grão de feijão num vaso com terra e deixou o vaso num lugar com bastante luz.

Diariamente ele colocava um pouco de água no vaso.

Alguns dias depois, surgiu um pequeno broto.

Aos poucos, o broto foi crescendo, e apareceram as folhinhas.

O pé de feijão foi crescendo, crescendo...

- Numere as fotos com 1º, 2º, 3º, 4º e 5º para indicar a ordem em que os fatos ocorreram.

- Você conhece a história **João e o pé de feijão**?

4 As crianças foram a um passeio.

MEU NOME É TONY. ESTOU VISITANDO OS DINOSSAUROS 3 ANDARES ACIMA DE FLÁVIA.

EU SOU A FLÁVIA. ESTOU VISITANDO OS ANIMAIS MARINHOS 3 ANDARES ABAIXO DE TONY.

EU SOU O SÉRGIO. ESTOU VISITANDO OS INSETOS DOIS ANDARES ACIMA DE BIBI E DOIS ANDARES ABAIXO DE FLÁVIA.

ESTOU VISITANDO A EXPOSIÇÃO DE RÉPTEIS NO PRIMEIRO ANDAR. EU SOU A BIBI.

a. Em que andar está cada criança? Registre nos ☐.

b. Escreva, por extenso, o número do andar em que se encontram:

- os dinossauros _____
- os animais marinhos _____
- os insetos _____

46

FIQUE SABENDO

Nem sempre os números são usados para contar.
Observe os números que aparecem nas fotos.
Responda oralmente:
Para que servem os números em cada caso?

5 Esta é a carta que Sérgio escreveu para a avó, que mora em outro estado, contando como foi o passeio ao museu.

Vanda Teixeira
Rua Bartolomeu, n° 9,
5º andar
Quatro Pontes – PR
1 2 3 4 5 - 4 5 6

a. Como se chama a avó de Sérgio?
_____

b. Quais são os números que aparecem no envelope?
_____
_____

c. O que esses números indicam? _____
_____
_____

6 No envelope abaixo, mostre a um amigo como ele deve fazer para mandar uma carta para você.

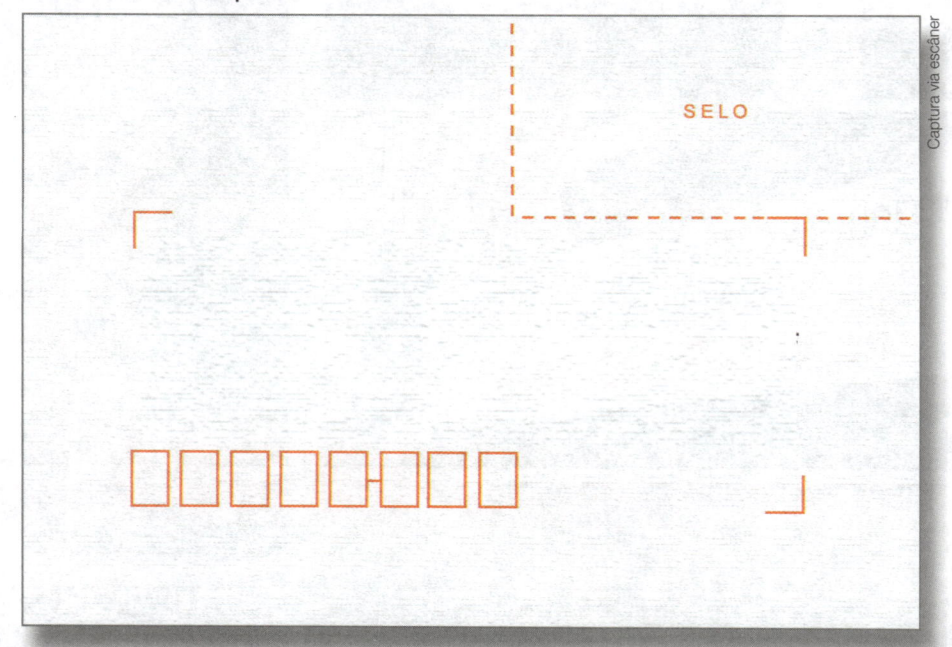

VOCÊ JÁ LEU?

Contando de um a dez,
de Nílson José Machado, Scipione.

Ao ler esse livro, você descobrirá números em toda parte.

LENDO E CONSTRUINDO GRÁFICOS

Para esta atividade, cada aluno traz de casa um pote vazio (limpo) de margarina com tampa. A professora providencia lápis de cor e etiquetas.

1. Escolha, entre banana, maçã, morango e manga, a fruta de que você mais gosta.

2. Na etiqueta, desenhe e pinte a fruta que você escolheu e cole-a no pote de margarina.

3. Reúna-se com os colegas de classe que tenham escolhido a mesma fruta que você. Juntos, desenhem essa fruta num único papel e escrevam o nome dela como souberem. Coloquem esse desenho na mesa da professora, como mostra a figura.

4. Em seguida, cada aluno coloca o seu pote acima do desenho da fruta correspondente. Os potes devem ser empilhados.

5. Depois disso, observe as pilhas de potes e responda:

   a. Qual das frutas foi mais votada? _____

   b. Qual delas foi menos votada? _____

Que tal fazer uma salada de frutas coletiva? Combine com a professora o que cada um deve trazer para o dia da salada de frutas. As frutas são muito importantes em uma alimentação saudável. Você come frutas todos os dias?

FAZENDO ESTIMATIVAS

As velas vão continuar acesas até o fim.

a. Pinte de 🔴 a vela que você acha que vai acabar de derreter primeiro.

b. Pinte de 🟡 a vela que você acha que vai ser a última a acabar de derreter.

PARA SE DIVERTIR

1. Na semana da "Educação para o trânsito", os alunos aprenderam a cantar esta cantiga. Cante você também.

Motorista, motorista
Olha a pista, olha a pista
Não é de salsicha
Não é de salsicha
Não é não, não é não

(Cantiga popular.)

2. Você conhece outra cantiga que fale sobre regras de trânsito? Se souber, ensine os colegas e cantem juntos.

3. Para conhecer algumas regras de trânsito, que tal o jogo **Motorista, olha a pista**? Convide um colega para jogar com você. Arranjem um dado e usem o tabuleiro da página seguinte.

Jogo: Motorista, olha a pista

Antes de iniciarem, leiam as regras.

- Cada jogador lança o dado uma vez.
  Quem conseguir o número maior sai na frente.
- Na sua vez, o jogador lança o dado e avança o número de casas indicado. Atenção: os sinais de trânsito devem ser respeitados.

SAÍDA

1 2 3 4 5 6 7 8 9 10

O SINAL ESTÁ VERDE. AVANCE 1 CASA.

É PROIBIDO PARAR OU ESTACIONAR. VOLTE 2 CASAS.

É A VEZ DO PEDESTRE. VOCÊ NÃO JOGA A PRÓXIMA.

CHEGADA

PRODUÇÃO

Preste bastante atenção nos cuidados que você deve ter ao atravessar uma rua e faça o que se pede.

Atravesse sempre na faixa de pedestres.

Olhe para os dois lados com bastante atenção!

Não corra! A pista pode estar escorregadia.

Nunca atravesse por trás de um veículo parado, pois você não tem visão de outros veículos que vêm em sua direção.

Se um objeto cair na rua, peça ajuda a um adulto para ir pegá-lo e nunca saia correndo para fazer isso.

Invente uma história para essas cenas.

a. Indique com números (1º, 2º, 3º, ...) a ordem em que ocorreu cada cena na história que você criou.

b. Depois, conte para os colegas a sua história.

SÓ PARA LEMBRAR

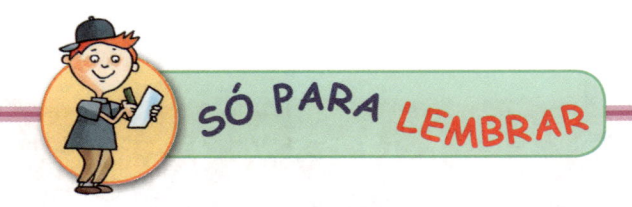

1 Você já brincou de amarelinha?

No Brasil as crianças brincam com diferentes tipos de amarelinha. Complete as casinhas com os números que faltam.

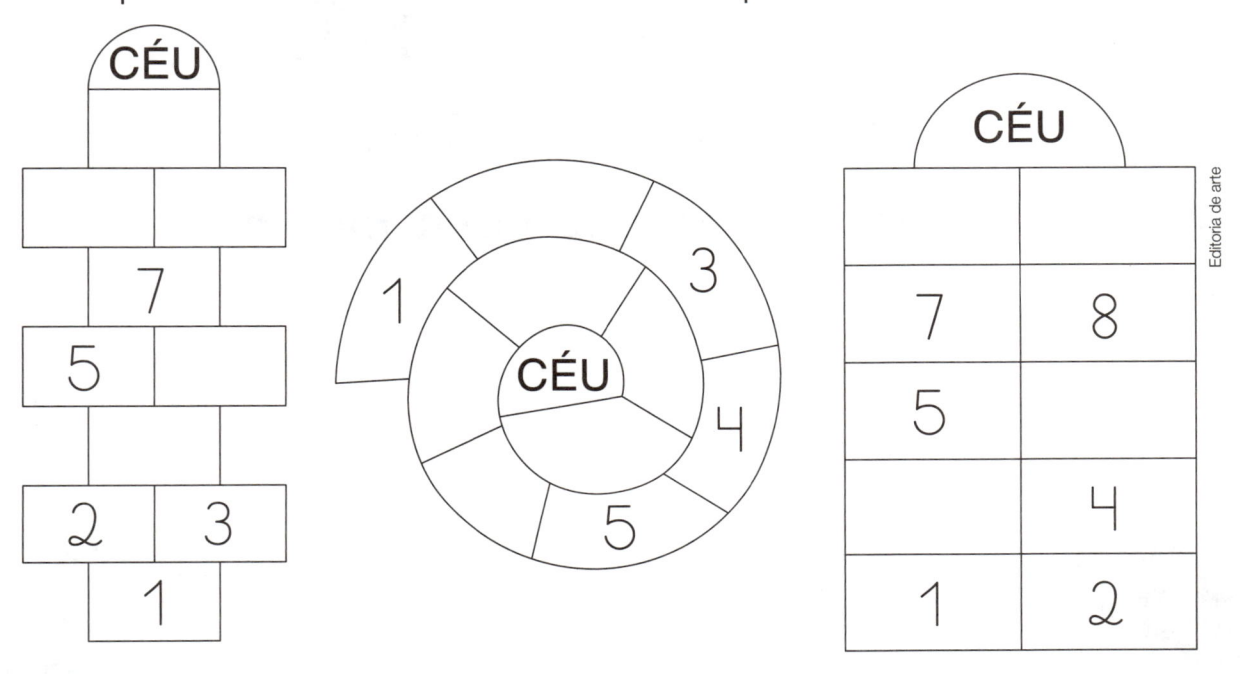

2 Os seres vivos nascem, crescem, podem se reproduzir e morrem. Esse é o ciclo da vida. As cenas estão fora de ordem. Use 1º, 2º, 3º e 4º para indicar a ordem dos acontecimentos.

Pode se reproduzir.   Nasce.   Morre.   Cresce.

UNIDADE 3

MEDIDAS DE COMPRIMENTO NÃO PADRONIZADAS

Usando as mãos e os pés para medir

1. Você conhece a história de Rapunzel?

   Ela encontrou o príncipe e hoje eles vão a um baile.

   Rapunzel precisa ficar bem bonita, porque essa noite o príncipe vai pedi-la em casamento.

   CORTE APENAS UM PALMO.

   VOU FAZER UMA BARRA DE 4 DEDOS.

ANTES DE SAIR VOU TOMAR UM DEDINHO DE ÁGUA.

Ilustrações: José Luis Juhas

FAZENDO ESTIMATIVAS

Rapunzel jogou as tranças para o príncipe subir. Ele sobe com cuidado, colocando um pé na frente do outro.

Estime quantos pés do príncipe faltam para ele atingir a janela onde se encontra Rapunzel. _____

2) Converse sobre o que é **medir** com pessoas que você conhece.
- Descubra outras situações em que os pés ou as mãos são usados para medir.

3) Use os dedos para medir o comprimento do lápis e da borracha representados a seguir.

_____ dedos.

_____ dedos.

4) Sérgio usou a mão para medir a largura do tampo da mesa e encontrou 5 palmos.

- Usando o seu palmo, meça a largura do tampo de sua mesa da escola. Mediu? Então, pinte o número de palmos que você encontrou.

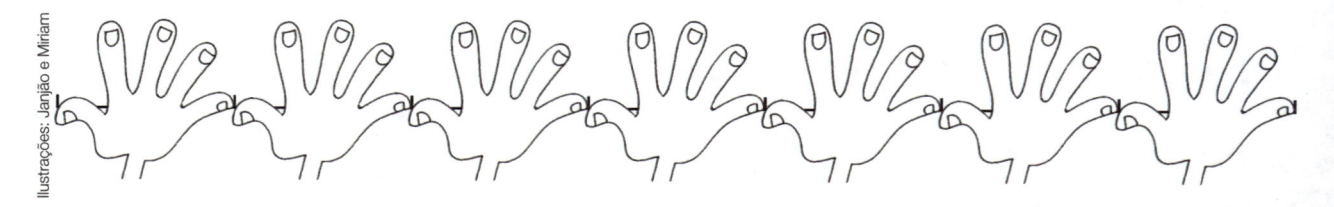

5 Paulo foi buscar água para terminar o castelo de areia.

- Quantos passos ele deu até a água? _____

6 Nesta brincadeira o professor também participa e responde.

a. Usando o seu passo, meça a largura de sua sala de aula.

_____

b. Veja se todos encontraram o mesmo número de passos. Discuta esse resultado com seu grupo.

7 Compare o comprimento do clipe com o do lápis.

- Quantos clipes correspondem ao comprimento do lápis? _____

8 Junte-se a um colega.

a. Usando clipes de mesmo tamanho, meçam a largura e o comprimento deste livro.

- Comprimento do livro em clipes: _____

- Largura do livro em clipes: _____

b. Compare a sua resposta com a de outras duplas. Vocês usaram clipes do mesmo tamanho? Obtiveram o mesmo resultado?

BRINCANDO COM PERCURSOS

Veja no esquema o caminho que Bryda faz de sua casa até a escola. Cada ⟶ indica 1 quarteirão.

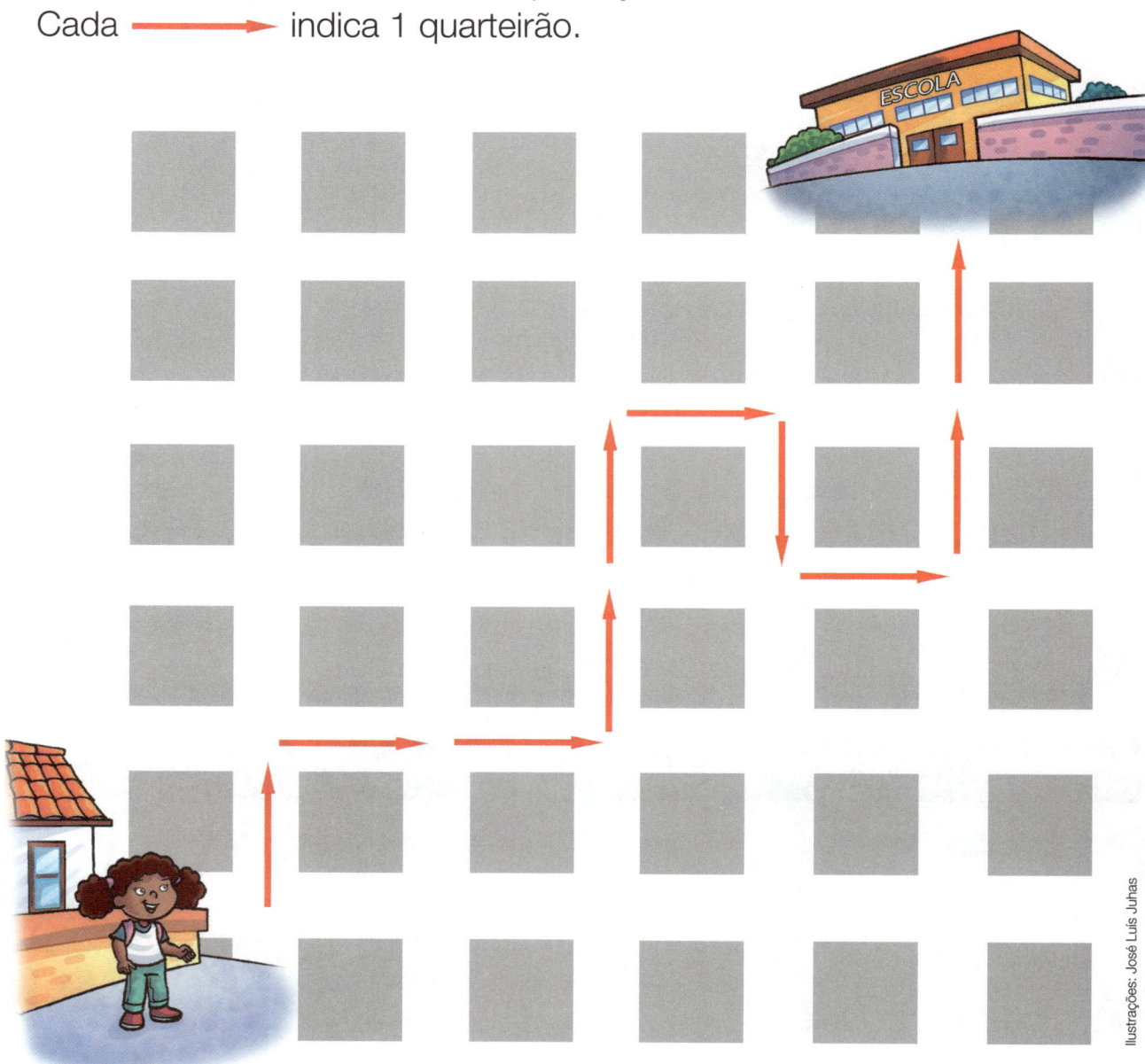

a. Quantos quarteirões Bryda caminha até a escola? _____

b. Trace um caminho diferente para Bryda ir de casa até a escola. Quantos quarteirões tem o caminho que você traçou? Ele é maior ou menor que o caminho anterior? _____

LENDO E CONSTRUINDO GRÁFICOS E TABELAS

1 João mediu o comprimento de alguns objetos usando o seu polegar. Veja quantos polegares de João mede cada objeto.

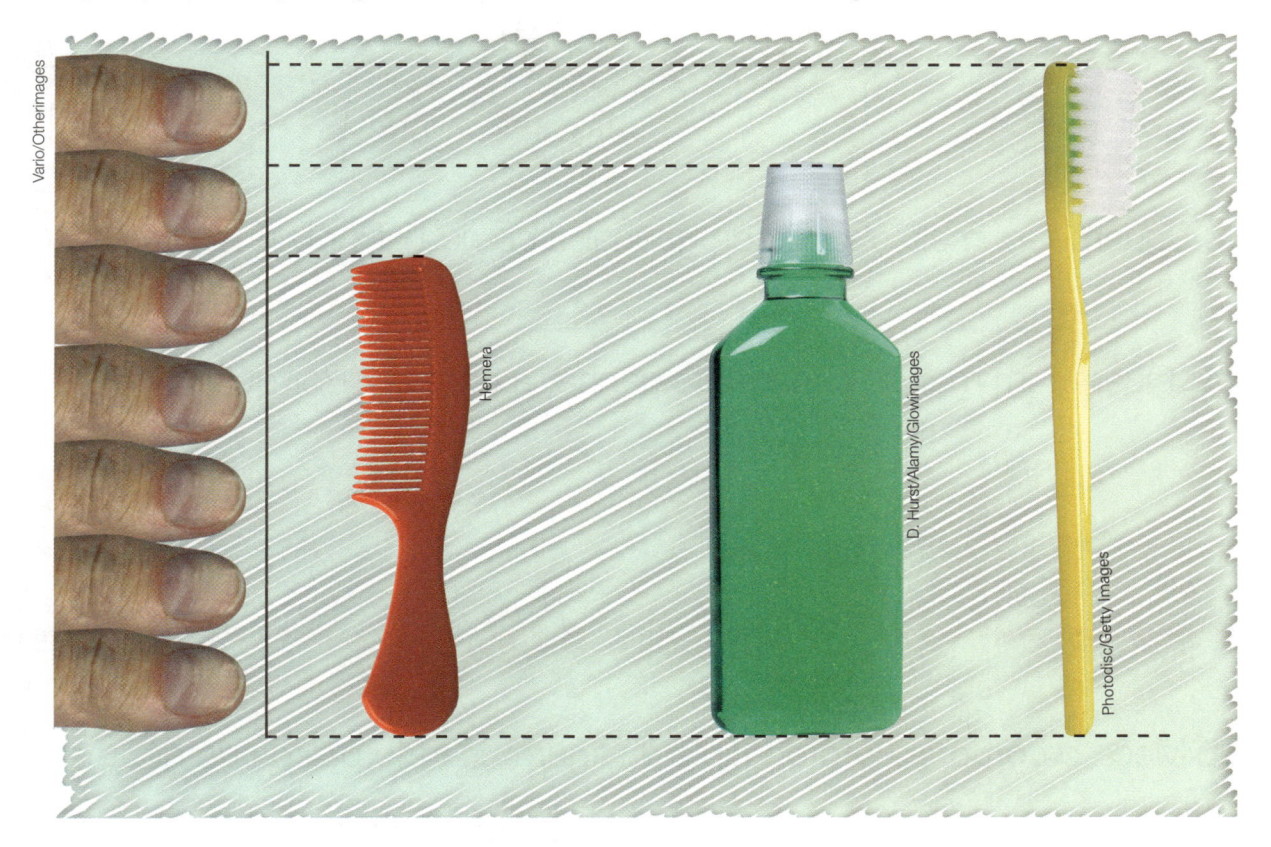

Agora, complete a tabela.

Objeto	pente	antisséptico bucal	escova dental
Comprimento em 👍 de João			

2 Use o seu polegar e meça o comprimento do seu lápis. Quantos polegares você encontrou? _____

QUAL É A CHANCE?

As crianças estão participando de uma corrida!

a. Quem tem mais chance de ganhar a corrida? Por quê?

_____

b. Quem tem menos chance de ganhar a corrida? Por quê?

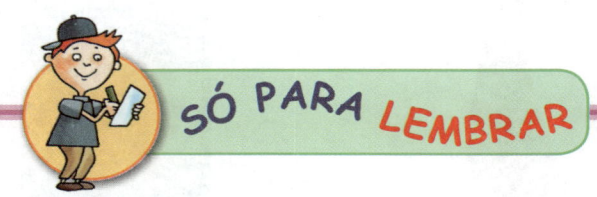

_____

SÓ PARA LEMBRAR

1 Meça o comprimento do lápis da figura usando palitos de dentes.

- O lápis mede _____ palitos de dentes.

2 Quebre o palito, obtendo duas partes iguais.
Cada uma dessas partes é metade do palito.
Meça outra vez o lápis usando a metade do palito.

- O lápis mede quantas metades de palito? _____

3 Converse com um colega sobre as medidas obtidas nas atividades 1 e 2. O que vocês descobriram?

UNIDADE 4

AS IDEIAS DA ADIÇÃO

Adição: a ideia de juntar

1) Numa terra muito distante vivia um jovem que recebeu como herança um gato. Mas não era um gato qualquer, era um gato muito esperto. Até botas ele usava.

O gato e seu dono viveram juntos muitas aventuras.

Agora, eles vão disputar um jogo de trilha. Quem ganhar vai jantar com a filha do rei.

a. O dono jogou os dados. Veja os pontos que ele tirou:

Vamos juntar os pontos dos dois dados para calcular quantos pontos o dono fez ao todo.

　　　　　　mais　　　são 6.

O dono fez 6 pontos no total.

b. Agora é a vez do gato. Ele jogou os dados. Veja quantos pontos ele fez:

Quantos pontos o gato fez ao todo? _____

c. Ainda falta uma rodada. Quem você acha que vai ganhar o jogo e jantar com a princesa?

2 Você se lembra das tirinhas coloridas?

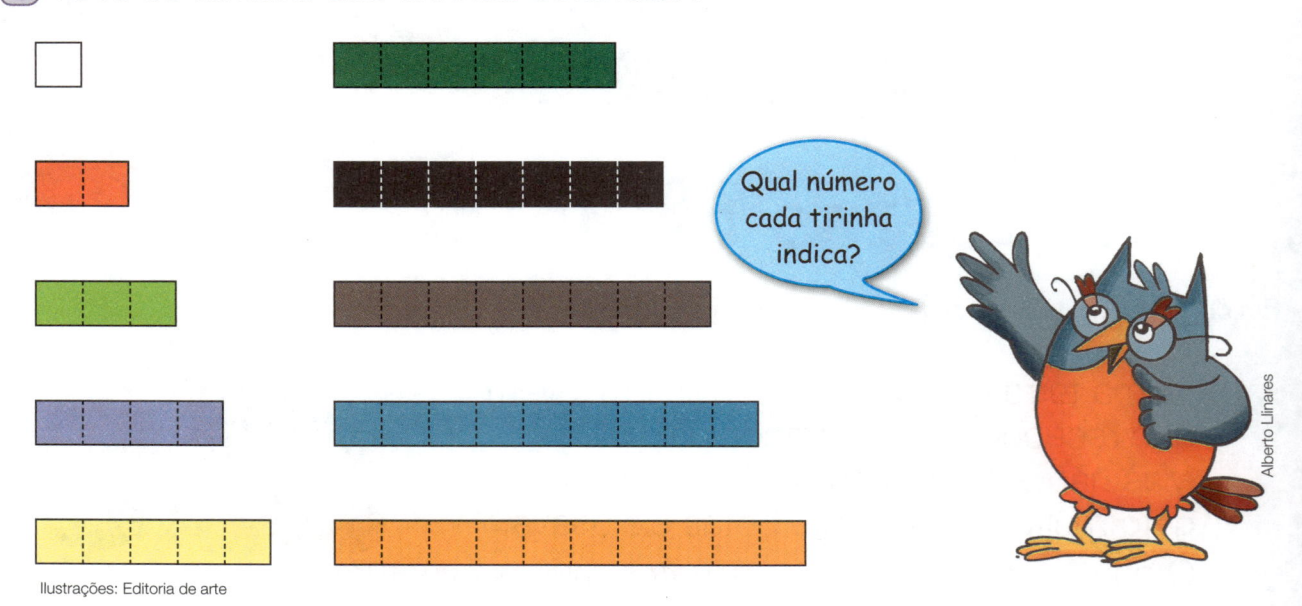

Qual número cada tirinha indica?

Ilustrações: Editoria de arte

3 Use as suas tirinhas coloridas e responda às questões.

a. Quantas tirinhas vermelhas você deve juntar para formar uma tirinha do mesmo tamanho da verde-escura? _____

b. E para formar uma tirinha do mesmo tamanho da laranja, quantas tirinhas amarelas você deve juntar? _____

4 Pinte para mostrar.
Que tirinha você deve juntar à tirinha verde-clara para formar uma tirinha do mesmo tamanho da preta?

Registro numérico

_____ mais _____ são _____

O sinal mais (+)

1 Ainda usando as suas tirinhas, vamos juntar:

a.

1 mais 4 são 5

[1] + [4] = [5]

TAMBÉM PODE SER ASSIM...

$$\begin{array}{r} 1 \\ +\,4 \\ \hline 5 \end{array}$$

b.

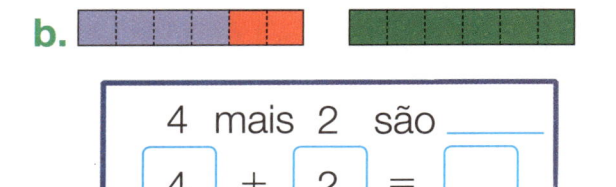

4 mais 2 são ____

[4] + [2] = [ ]

$$\begin{array}{r} 4 \\ +\,2 \\ \hline \end{array}$$

Você sabia que o sinal **+** indica uma **adição**?

O resultado de uma adição chama-se **soma** ou **total**.

2 Junte e faça os registros numéricos.

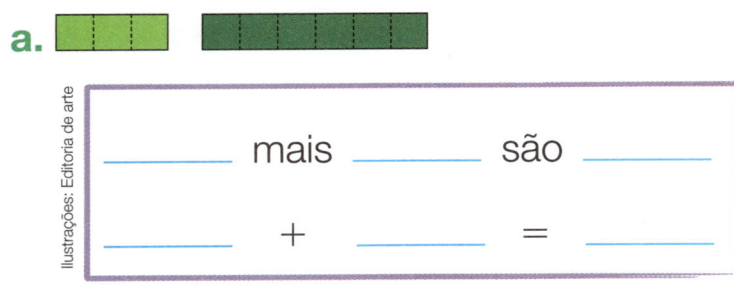

a.

____ mais ____ são ____

____ + ____ = ____

____
+ ____
____

b.

____ mais ____ são ____

____ + ____ = ____

____
+ ____
____

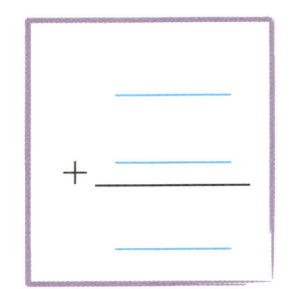

3) Veja os pontos nas faces de um dado.

Desenhe as pintinhas nos dados para que a soma seja sempre 8.

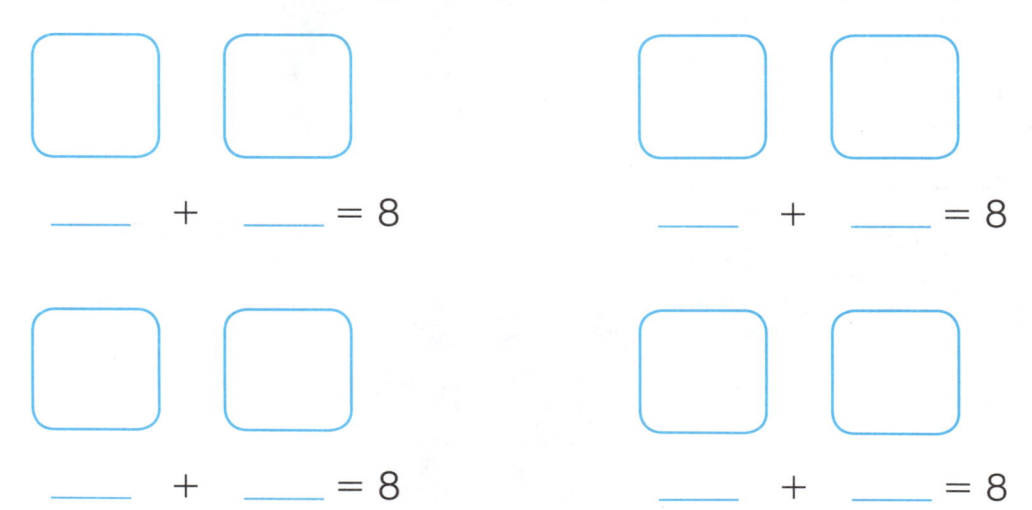

____ + ____ = 8

____ + ____ = 8

____ + ____ = 8

____ + ____ = 8

4) Qual é a maior soma que podemos obter com 2 dados? Desenhe para mostrar.

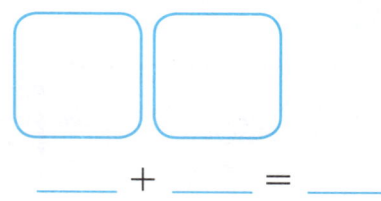

____ + ____ = ____

5) Qual é a menor soma que podemos obter com 2 dados? Desenhe para mostrar.

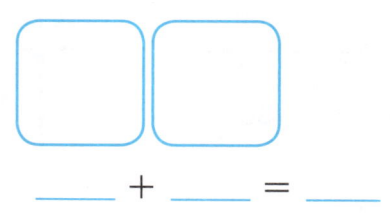

____ + ____ = ____

Adição: a ideia de acrescentar

1. A escola está fazendo uma campanha de reciclagem. A classe de Soraia está recolhendo latinhas de alumínio. Algumas latinhas estão sobre a bancada, e Soraia está trazendo mais duas.

NA SUA CIDADE, O LIXO É SEPARADO PARA RECICLAR?

- Quantas latinhas vão ficar agora? _____

2. A classe de Pedro está recolhendo garrafas PET. Algumas garrafas PET já estão sobre a bancada, e Pedro está trazendo mais três.

VOCÊ SABE O QUE MAIS PODE SER RECICLADO?

- Quantas garrafas PET vão ficar agora? _____

FIQUE SABENDO

Reciclar é importante.

Quem respeita a natureza não a entope de lixo: procura reaproveitá-lo de diversas maneiras.

Veja o que pode ser reciclado: papel, plástico, alumínio (latinhas de refrigerante, por exemplo), vidro etc.

É possível encontrar em muitos lugares recipientes onde se pode colocar o que vai ser reciclado.

Pesquise para saber por que cada um desses recipientes tem uma cor diferente.

Reciclar significa reaproveitar materiais usados, em vez de jogá-los fora.

3 Veja as cédulas e a moeda que Alice ganhou de presente da mãe.

Do pai, Alice ganhou mais este dinheiro:

a. Com quanto Alice ficou no total? _____

b. Alice quer comprar um livro que custa 20 reais. O dinheiro que ela tem é suficiente? _____

LENDO E CONSTRUINDO GRÁFICOS

Vamos fazer uma pesquisa?

Converse com dez pessoas adultas da sua família ou da sua rua para saber de quais destas campanhas já participaram.

Pinte um ☐ para cada resposta.

DOAÇÃO DE AGASALHOS
☐☐☐☐☐☐☐☐☐☐

DOAÇÃO DE ALIMENTOS
☐☐☐☐☐☐☐☐☐☐

VACINAÇÃO PARA ADULTOS
☐☐☐☐☐☐☐☐☐☐

COMBATE À DENGUE
☐☐☐☐☐☐☐☐☐☐

RECICLAGEM DE MATERIAIS
☐☐☐☐☐☐☐☐☐☐

a. Qual foi a campanha de que participaram mais pessoas?

_____

b. Qual foi aquela de que participaram menos pessoas?

_____

BRINCANDO COM PERCURSOS

Observe as indicações das placas no cruzamento.

Qual será o destino do carro se o motorista:

a. virar à direita? _____

b. virar à esquerda? _____

c. seguir em frente? _____

VOCÊ JÁ LEU?

**Matemática em mil e uma histórias:
o valor de cada um**,

de Martins Rodrigues Teixeira, FTD.

Nesse livro, você é levado a resolver a briga dos algarismos e acaba aprendendo o real valor de cada um.

Adição com 3 números

1 Veja o que aconteceu com o peão vermelho de Priscila no jogo.

$4 + 2 + 3 = 9$

a. Agora, descubra onde vai parar o peão azul de Ricardo.

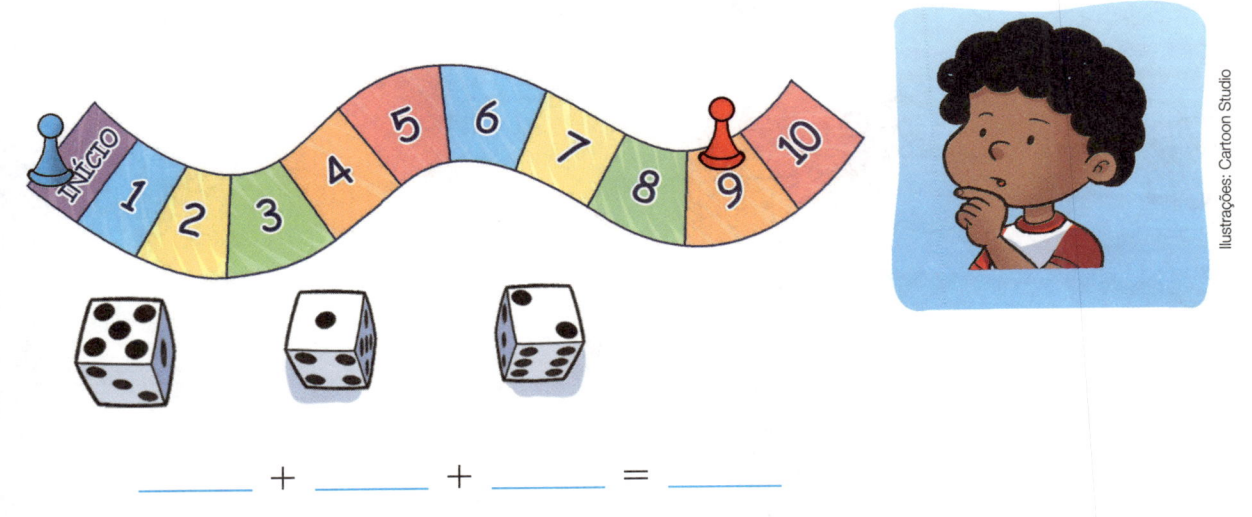

_____ + _____ + _____ = _____

b. Quem está na frente no jogo: Priscila ou Ricardo? _____

2 Desenhe • para mostrar como conseguir 10 pontos somando os pontos de 3 dados.

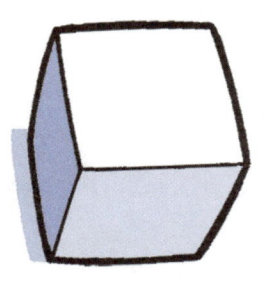

3 Veja os preços na lanchonete do Pereira e calcule quanto cada criança vai gastar.

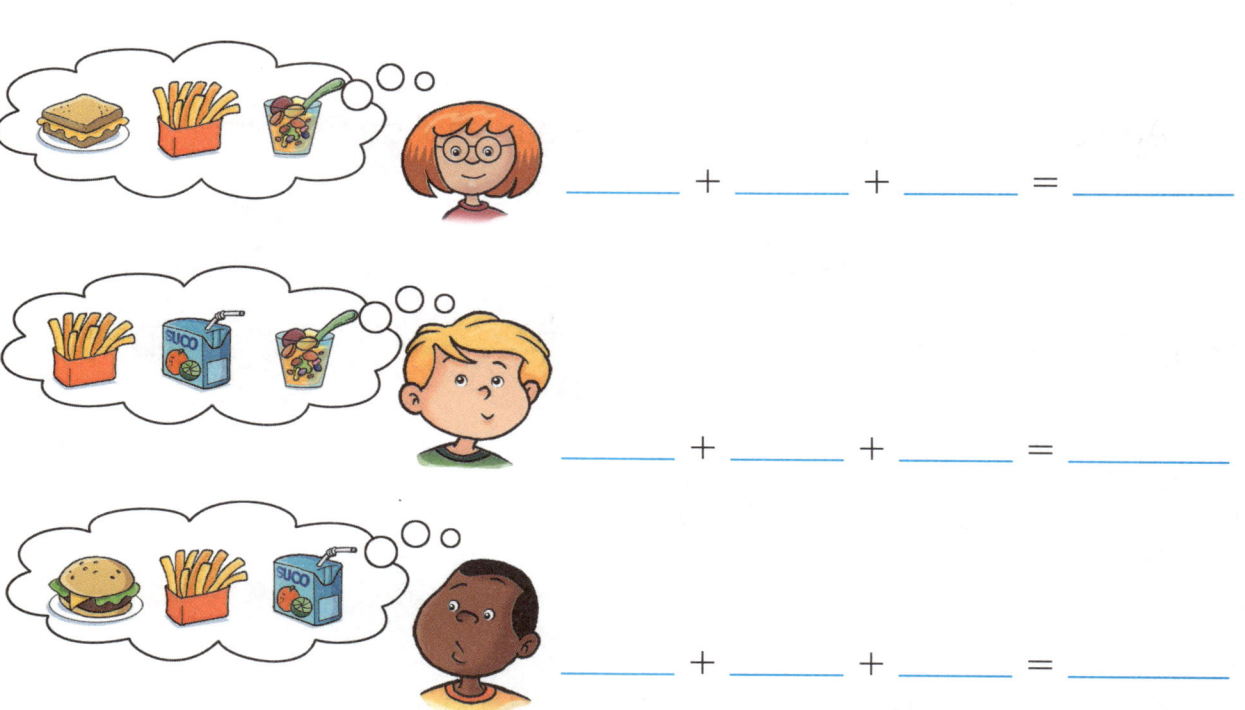

SANDUÍCHE DE QUEIJO	HAMBÚRGUER	BATATA	SUCO	SALADA DE FRUTAS
3 REAIS	5 REAIS	3 REAIS	2 REAIS	5 REAIS

_____ + _____ + _____ = _____

_____ + _____ + _____ = _____

_____ + _____ + _____ = _____

4 Você tem 12 reais para gastar na lanchonete do Pereira. Desenhe e mostre a um colega o que você vai comprar.

• Sobrou troco? _____

5 Observe a trilha com casas numeradas de 1 a 10.

| Início | 1 | 2 | 3 | 4 | 5 | 6 | 7 | 8 | 9 | 10 | Saída |

a. Os números 1, 2 e 3 estão em casas vizinhas. Qual é a soma desses 3 números? _____

b. Encontre 3 casas vizinhas em que a soma dos números seja 12.

☐ + ☐ + ☐ = 12

• Como você fez para descobrir? Troque ideias com seus colegas.

c. Agora, descubra 3 casas vizinhas em que a soma dos números seja 14.

FAZENDO ESTIMATIVAS

Observe a cesta com laranjas.

a. Quantas laranjas há fora da cesta? _____

b. Estime quantas laranjas há na cesta. Pinte o quadrinho para responder.

| 3 laranjas | 4 laranjas | 5 laranjas |
| 6 laranjas | 7 laranjas | |

c. Estime quantas laranjas há no total. _____

Usando diferentes estratégias

1 A escola vai fazer um passeio a um Parque Ecológico. Cada criança deve pagar 15 reais pelo transporte e 12 reais pelo lanche, que será coletivo. No total, qual é o custo desse passeio para cada criança?

Observe como cada um faz para calcular o total.

EU PREFIRO USAR DESENHOS DAS NOTAS DE REAIS.

EU PENSEI ASSIM:
15 = 10 + 5
12 = 10 + 2
ENTÃO,
10 + 10 = 20
5 + 2 = 7
E 20 + 7 = 27.

EU PREFIRO USAR O QUADRO DE ORDENS. SÃO 27 REAIS.

- E você, como prefere calcular a soma 15 + 12?

2 Se fossem 12 reais de transporte e 15 reais para lanche, qual seria o total em reais?

3 O Parque Ecológico que as crianças visitaram possui áreas de lazer esportiva, cultural, ecológica e ambiental.

- Elas participaram de uma Oficina Cultural sobre reciclagem de material. Foram usadas 11 garrafas PET grandes e 17 garrafas PET pequenas. Quantas garrafas PET foram usadas ao todo?

TRABALHANDO COM CÁLCULO MENTAL

Calcule mentalmente a soma em cada cartão pendurado no varal. Depois, pinte da mesma cor os cartões com o mesmo resultado.

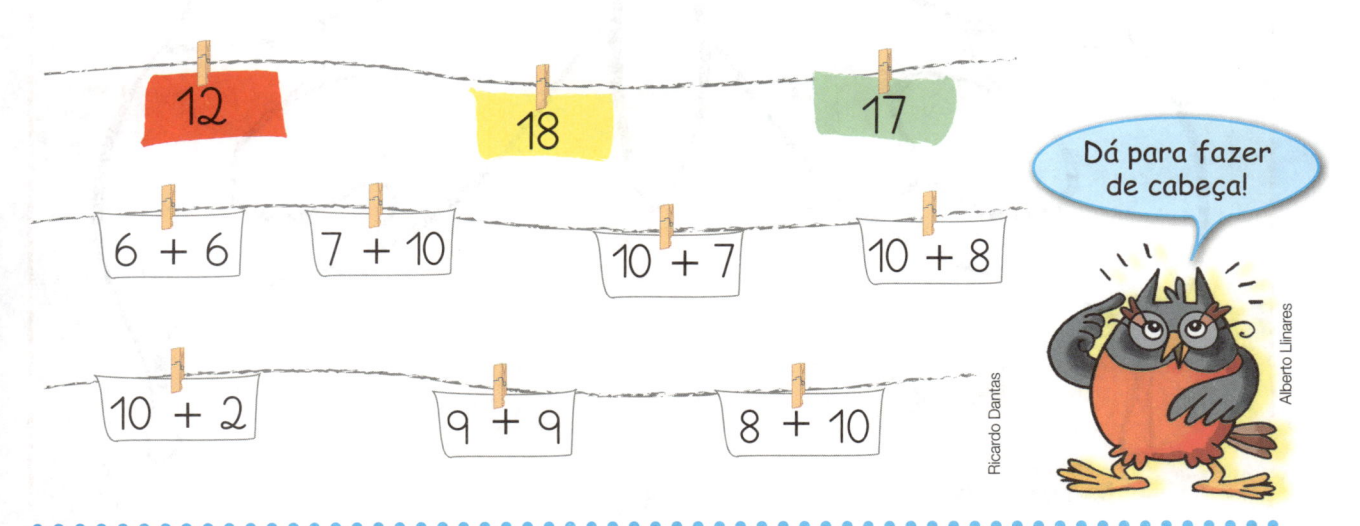

12   18   17

6 + 6   7 + 10   10 + 7   10 + 8

10 + 2   9 + 9   8 + 10

Dá para fazer de cabeça!

PARA SE DIVERTIR

Era uma vez uma lagarta. Durante um bom tempo ela viveu sozinha num casulo.

Depois de muitas mudanças em seu corpo, ela rompeu o casulo e pôde, finalmente, conhecer outros lugares e fazer amigos.

Veja no que a lagarta se transformou.

Encontre as somas e pinte de acordo com o código.

14 — 15 — 16 — 17 — 18

Casulo.

- 8 + 8
- 10 + 7
- 9 + 9
- 7 + 7
- 10 + 5
- 10 + 6
- 14 + 3
- 10 + 8
- 10 + 4
- 12 + 6
- 13 + 2
- 11 + 7
- 15 + 1
- 13 + 3
- 16 + 1
- 15 + 2

• Invente um fim para essa história.

SÓ PARA LEMBRAR

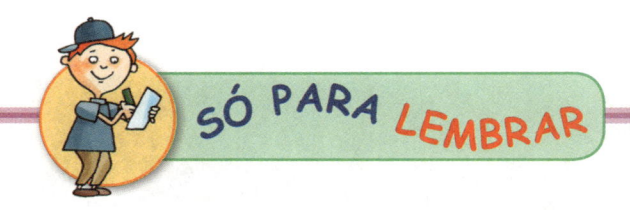

1) Adriana gastou 17 reais na cantina e ainda ficou com 3 reais.

Quantos reais Adriana tinha? _____

2) Toninho tem uma coleção com 44 chaveiros. Lucas tem uma coleção com 14 chaveiros a mais que a coleção de Toninho.

Quantos chaveiros tem a coleção de Lucas? _____

3) Com um colega, escolha 3 itens que vocês possam comprar com 20 reais. Marque com X.

- Compare as suas escolhas com as de outras duplas.

UNIDADE 5

AS IDEIAS DA SUBTRAÇÃO

Subtração: a ideia de tirar

1. Leia a história e participe dela, completando os espaços.

Era uma vez **dez** cachorros.

Um foi embora com tosse.

Ficaram apenas _____.

Dos nove que sobraram, um foi comer biscoito.

Ficaram apenas _____.

Dos oito que sobraram, um foi passear de charrete.

Ilustrações: Aída Cassiano

Ficaram apenas _____.

Dos sete que sobraram, um virou rei.

Ficaram apenas _____.

Dos seis que sobraram, um se despediu rindo.

Ficaram apenas _____.

Dos cinco que sobraram, um fugiu pro mato.

Ficaram apenas _____.

Dos quatro que sobraram, um foi embora de vez.

Ficaram apenas _____.

Dos três que sobraram, um foi comer arroz.

Ficaram apenas _____.

Dos dois que sobraram, um caiu na piscina... Tchibum!

Ficou apenas _____.

E esse um que sobrou fugiu quando deram um berro.

Aí, ficou _____.

Ilustrações: Aida Cassiano

FIQUE SABENDO

Recolher as fezes dos animais domésticos é uma questão de consciência e responsabilidade. Os animais, por mais limpos que sejam, mesmo em apartamento, podem ser portadores de parasitas.

Assim, as fezes desses animais podem transmitir muitas doenças aos seres humanos.

Além disso, é muito desagradável sair para passear em ruas ou parques públicos e ver ou pisar, o que é pior, nas fezes de animais.

José Luis Junas

2) Há 15 cachorros passeando no parque. Desses, 10 são cachorros de porte pequeno. O restante são cachorros de porte grande. Quantos são os cachorros de porte grande passeando no parque?

Vou dar uma dica: 15 = 10 + 5

_____

QUAL É A SUA OPINIÃO?

Alguns municípios do Brasil possuem leis que disciplinam a permanência de animais em locais públicos, estabelecendo a obrigação do uso de coleiras e focinheiras e dos proprietários recolherem e depositarem as fezes dos animais em locais adequados.

• Na sua opinião, essa é uma lei importante? Por quê?

3) Observe as cédulas a seguir e preencha os espaços.

Eu tinha ____ reais.   Tirei ____ reais.   Sobraram ____ reais.

Subtração: a ideia de comparar

1 Veja este quadro de Alfredo Volpi (1896-1988), o pintor das bandeirinhas.

Bandeirinhas brancas, de Alfredo Volpi, 1968.

a. Quantas são as bandeirinhas brancas nesse quadro?

_____

b. Quantas são as bandeirinhas azuis nesse quadro?

_____

c. Há mais bandeirinhas brancas ou azuis? Quantas bandeirinhas a mais? _____

2 Hoje é o aniversário de Sérgio e de Vanessa.

a. Quantas velinhas há no bolo de Sérgio? _____

b. E no bolo de Vanessa, quantas são as velinhas? _____

c. Quantos anos Sérgio tem a mais que Vanessa? _____

Qual é a diferença?

1. A prefeitura de uma cidade organizou um jogo beneficente para arrecadar alimentos para as vítimas das enchentes. O ingresso era um quilo de alimento não perecível.

Veja como está o placar do jogo:

Alimento não perecível é aquele que pode ser guardado e não precisa ser consumido imediatamente.

PLACAR
CASA 6
VISITANTE 2

- Qual é a diferença de gols entre os dois times? _____

2. João foi ao jogo com a mãe, o pai, o avô e a irmã. Da família de Maria, foram 9 pessoas. Calcule a diferença entre a quantidade de pessoas da família de Maria e da família de João que foram ao jogo.

PARA SE DIVERTIR

Quais são as cinco diferenças entre as duas cenas?

Quantos faltam?

1 Tony e uma colega estão brincando de trilha.

Nesse jogo, os participantes levam o cachorro para passear.

a. Acompanhe essa jogada de Tony e complete:

- O peão de Tony está na casa ☐.

- Quantos pontos faltam para o peão atingir a casa 10? _____
- Desenhe no dado a quantidade de pontos que Tony deve tirar.

Parabéns! Seu cachorro está usando coleira. Avance três casas.

Xiii... Você se esqueceu de trazer o saquinho para recolher as fezes do seu animal. Volte duas casas.

b. Se Tony tirar 3 pontos no dado, o que vai acontecer?

_____

2 Alice tem [cédulas]. Quanto falta para ela comprar um jogo de canetas que custa 24 reais? Assinale a quantia correta.

☐ 5   ☐ 2   ☐ 10

O sinal menos (−)

1 Juca quer guardar 10 reais para comprar este jogo de botão. Veja quanto ele já guardou no cofrinho.

Você sabia que o sinal − indica uma subtração?

- Quantos reais ainda faltam? ☐ − ☐ = ☐

2 Complete os quadrinhos e escreva as subtrações.

Quantos ● você vê?		Quantos ● você vê agora?		Quantos ● estão escondidos?
●●●●●●●	7	●●●●● ✋	5	7 − 5 = ___
●●●●●●		●● ✋		

3 Levante 10 dedos. Abaixe 2.

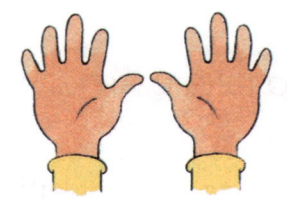

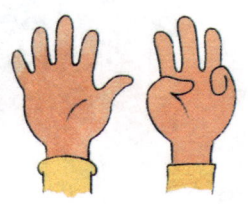

- Quantos dedos ainda estão levantados? _____

$$10 - 2 = \underline{} \quad \text{ou} \quad \begin{array}{r} 10 \\ -\ 2 \\ \hline \end{array}$$

TRABALHANDO COM CÁLCULO MENTAL

A que número vamos chegar?

a. Vá até o 6 e volte 2.

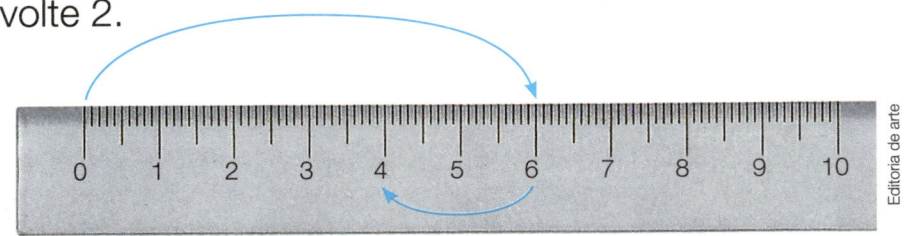

- Em que número você parou? _____

b. Vá até o 9 e volte 5.

9 – 5 = _____

Observe como foi feito na régua e calcule mentalmente.

c. Vá até o 10 e volte 3.

10 – 3 = _____

FAZENDO ESTIMATIVAS

Veja ao lado o recipiente com maçãs.

a. Quantas maçãs há fora do recipiente?

_____

b. Estime quantas maçãs há no recipiente. Pinte o quadrinho para responder.

| 1 maçã | 2 maçãs | 3 maçãs | 4 maçãs | 5 maçãs |

c. Quantas maçãs há a mais no recipiente do que fora dele? _____

Usando diferentes estratégias

1 Adriana estava guardando dinheiro para comprar um DVD que custava 9 reais. Para completar o que faltava, a tia de Adriana deu a ela 4 reais. Quantos reais Adriana já tinha guardado?

Veja como cada criança resolveu o problema.

EU USEI DESENHOS.

EU PREFERI USAR FICHAS.

EU FIZ A CONTA ASSIM.

$9 - 4 = 5$

ou

$$\begin{array}{r} 9 \\ - 4 \\ \hline 5 \end{array}$$

- E você, conhece outra maneira de resolver? Use o espaço abaixo para mostrar.

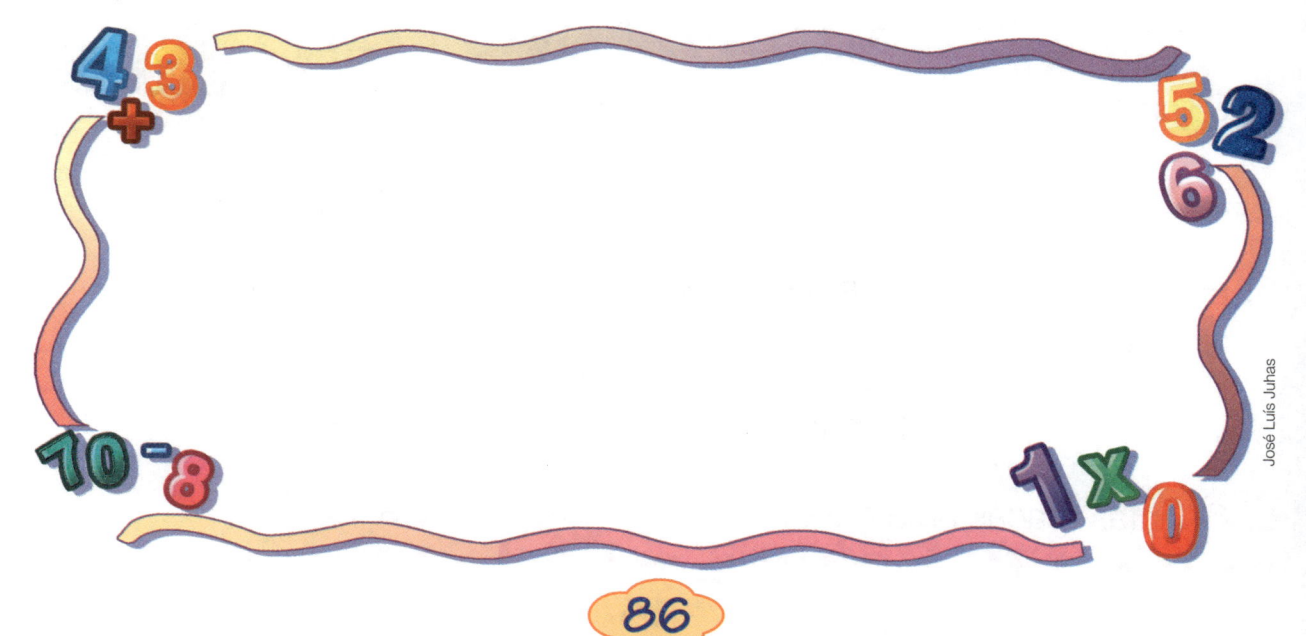

2 Vera tinha 48 reais, mas gastou 15 reais. Com quantos reais ela ficou? Observe como cada criança fez para calcular.

EU PREFIRO DESENHAR NOTAS E MOEDAS.

DE 48, TIRO 15. FICO COM 33.

EU PREFIRO USAR O QUADRO DE ORDENS.

VERA FICOU COM 33 REAIS.

EU CALCULO MENTALMENTE. PRIMEIRO, SUBTRAIO 10 DE 48 E, DEPOIS, SUBTRAIO 5 DO RESULTADO.

48 − 10 = 38 E 38 − 5 = 33.

- E você, como prefere calcular? Use o espaço abaixo para mostrar.

3 Helena tinha 55 reais, mas gastou 23 reais. Com quantos reais ela ficou? Calcule da maneira que preferir.

4 Elias tem 28 gibis, e sua irmã, Eva, 17. Quantos gibis Elias tem a mais que Eva?

Veja como cada criança fez para calcular.

EU PREFIRO USAR O MATERIAL DOURADO PARA COMPARAR AS QUANTIDADES.

CONCLUO QUE ELIAS TEM 11 GIBIS A MAIS QUE EVA.

Gibis de Elias: 28

Gibis de Eva: 17

EU CALCULO MENTALMENTE. PRIMEIRO, SUBTRAIO 10 DE 28 E, DEPOIS, SUBTRAIO 7 DO RESULTADO.

28 − 10 = 18
E 18 − 7 = 11.

EU PREFIRO USAR O QUADRO DE ORDENS.

ELIAS TEM 11 GIBIS A MAIS QUE EVA.

- E você, como prefere calcular?

5 Juliana tem 45 anos, e Janete, 25. Elas fazem aniversário no mesmo dia.
- Quantos anos Juliana tem a mais que Janete? Calcule como preferir.

6 Davi precisa de 45 reais para pagar uma excursão. Ele já conseguiu 22 reais. Quantos reais faltam para Davi completar a quantia de que precisa?

Observe como cada criança fez para calcular.

EU PREFIRO DESENHAR NOTAS E MOEDAS.

Quantia necessária:
20 20
1 1 1 1 1

Quantia já conseguida:
20 1 1

TENHO 22 REAIS. PARA COMPLETAR OS 45 REAIS, FALTAM UMA NOTA DE 20 REAIS E 3 MOEDAS DE 1 REAL.

EU CALCULO MENTALMENTE. PRIMEIRO, SUBTRAIO 20 DE 45 E, DEPOIS, SUBTRAIO 2 DO RESULTADO.

45 − 20 = 25
E 25 − 2 = 23.

EU PREFIRO USAR O QUADRO DE ORDENS.

FALTAM 23 REAIS PARA DAVI COMPLETAR A QUANTIA NECESSÁRIA.

D	U
4	5
−2	2
2	3

- E você, como prefere calcular?

7 Amélia também vai à excursão. Ela já conseguiu 14 reais. De quantos reais ela precisa para completar os 45 reais?

Calcule da maneira que preferir.

BRINCANDO COM PERCURSOS

Vamos traçar caminhos na malha.
É assim que se anda nesta malha:
- para a frente ⟶ • para trás ⟵ • para cima ↑ • para baixo ↓

Eu já andei assim: uma vez para cima ↑, para a frente duas vezes ⟶, ⟶ e uma vez para baixo ↓. Veja.

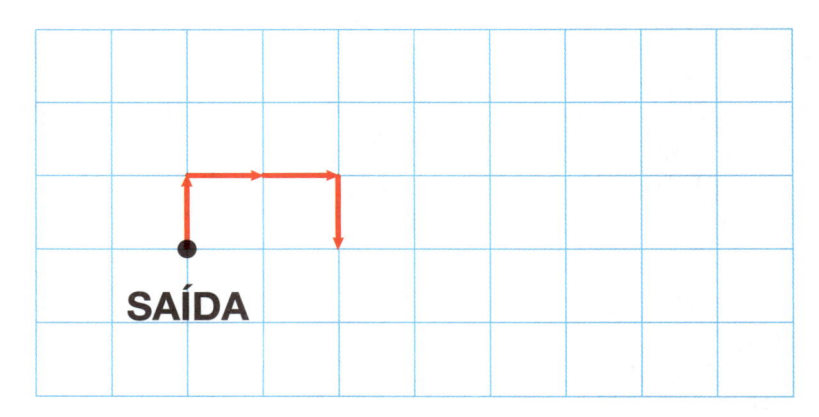

SAÍDA

Na malha acima, continue a andar de onde eu parei para fazer o seu percurso. Depois, anote abaixo o percurso que você fez.

LENDO E CONSTRUINDO GRÁFICOS E TABELAS

A Feira de cultura afro-brasileira organizada pela prefeitura da cidade foi um sucesso! Houve apresentações de músicas e danças e uma exposição de objetos de arte. Mas o que fez sucesso mesmo foi a culinária. Quem visitou a feira teve a oportunidade de experimentar bobó de camarão, acarajé, cuscuz e vatapá.

1 A classe de Cristina visitou a feira e fez uma votação para escolher o prato preferido. Cada aluno só votou uma vez.

Veja o resultado e complete a tabela com o número de votos.

O prato preferido

Pratos	Bobó.	Acarajé.	Cuscuz.	Vatapá.
Votos	⊠ ☐	⊠ ☐	⊠	⊠ ⊠
Número de votos				

Ilustrações: Alberto de Stefano

2 Com os resultados, a professora começou a construir o gráfico ao lado.

Vamos completá-lo e responder às perguntas.

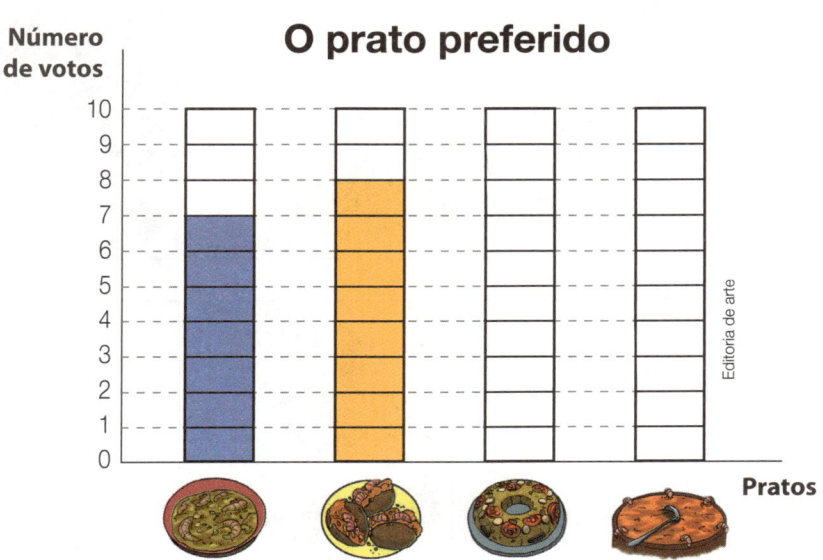

O prato preferido

a. Quantos votos o vatapá teve a mais que o cuscuz? _____

b. Quantos votos o bobó teve a menos que o acarajé? _____

c. Qual foi o prato mais votado? _____

d. Quantos alunos votaram nessa pesquisa? _____

PRODUÇÃO

Escreva uma história com base nas cenas.

Se quiser, desenhe uma cena final. Depois, leia para um colega a história que você criou.

_____

_____

_____

_____

SÓ PARA LEMBRAR

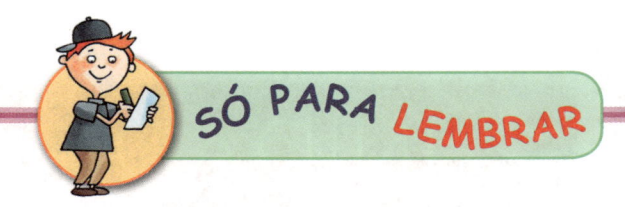

1) No álbum de Maurício cabem 29 figurinhas.
Ele já colou 15.

- Quantas figurinhas faltam para completar o álbum? _____

2) A diferença entre a idade de Carlos e a de seu irmão é de 10 anos.

Que idade cada um pode ter? _____

_____

3) Paula tem 18 anos.
Quantos anos tem o irmão de Paula? _____

> EU TENHO UMA DEZENA DE ANOS A MAIS QUE O MEU IRMÃO.

4) Qual é a distância entre Rancho Grande e Porto Feliz? _____

PORTO FELIZ 23 km

> JÁ PERCORREMOS 46 QUILÔMETROS DESDE QUE SAÍMOS DE RANCHO GRANDE.

UNIDADE 6

A IDEIA DE METADE E A DE SIMETRIA

A ideia de meio e metade

1. As crianças estão fazendo convites para a exposição de Artes na escola. Para isso, cada criança usou um quadrado de papel.

VEJA COMO EU FIZ, DOBRANDO O QUADRADO AO MEIO.

QUE NADA! QUEM DOBROU O QUADRADO AO MEIO FUI EU.

VOCÊS DOIS SE ENGANARAM, O MEU QUADRADO É QUE FOI DOBRADO AO MEIO.

- Quem você acha que tem razão?

94

2 Junte-se a um colega para fazer um convite para a exposição de Artes. Numa folha de papel sulfite, façam a dobra indicada a seguir, recortem a sobra de papel e desdobrem a folha. Vocês obterão, assim, uma forma quadrada.

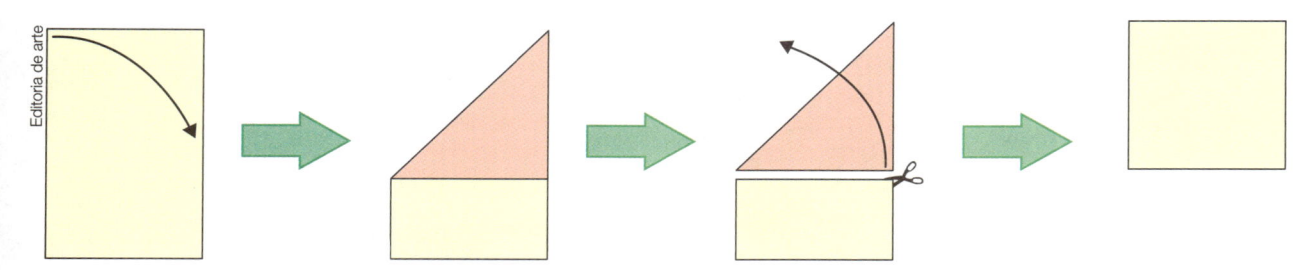

Escolham um modo de dividir o quadrado ao meio e escrevam no cartão o texto do convite.

Depois, mostrem às outras duplas o que vocês fizeram.

3 Júlia tinha 10 reais e resolveu dividir igualmente essa quantia com Beto, seu irmão, para comprarem gibis. Com quantos reais cada um vai ficar? Circule para mostrar.

a. Qual a metade de 10? ☐   **b.** E qual a metade de 16? ☐

4 Qual é a metade de 20 reais? Pesquise a cor da cédula correspondente e pinte para mostrar.

Uma metade igual a outra

1 O traço azul divide cada figura em duas partes iguais. Desenhe e pinte a outra metade de cada figura.

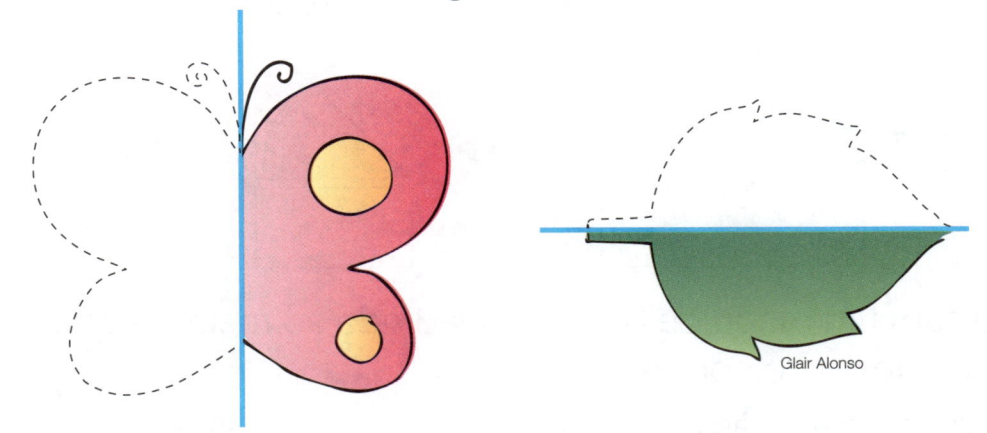

2 Cada figura abaixo é formada por 2 partes simétricas. Dobrando ao meio, podemos deixar uma metade em cima da outra.

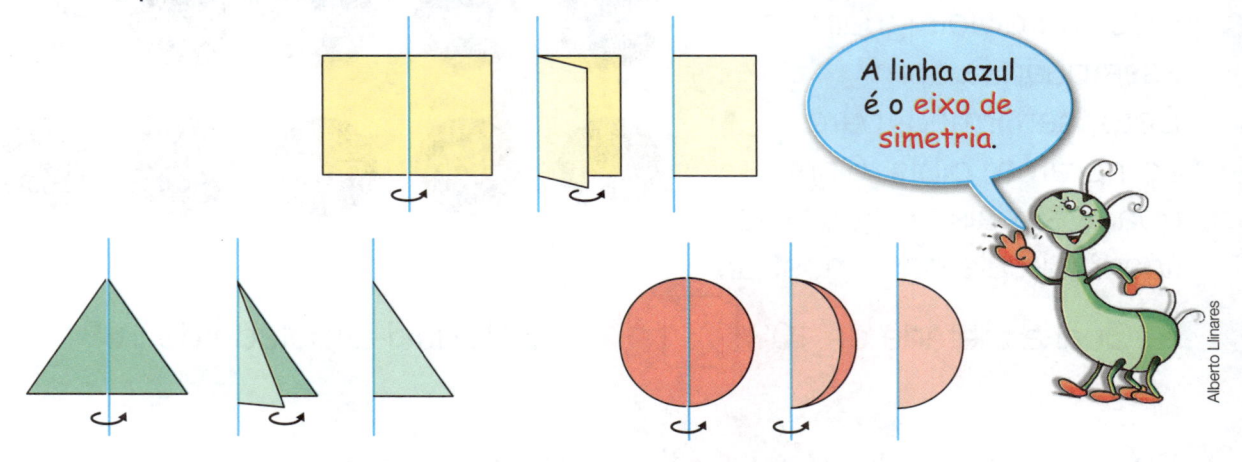

A linha azul é o **eixo de simetria**.

- Agora, você desenha e pinta a parte que falta em cada figura, de modo que as partes sejam simétricas.

3 Qual das figuras abaixo é formada por partes simétricas? Circule para mostrar.

Ilustrações: Ricardo Dantas

4 Veja os botões representados nas fotos.

Com o auxílio de uma régua, trace o eixo de simetria de cada botão.

Hemera

FIQUE SABENDO

Você sabia que a água também pode funcionar como espelho?

Veja no famoso quadro **Narciso**, do pintor italiano Caravaggio.

E você, já viu a sua imagem refletida assim?

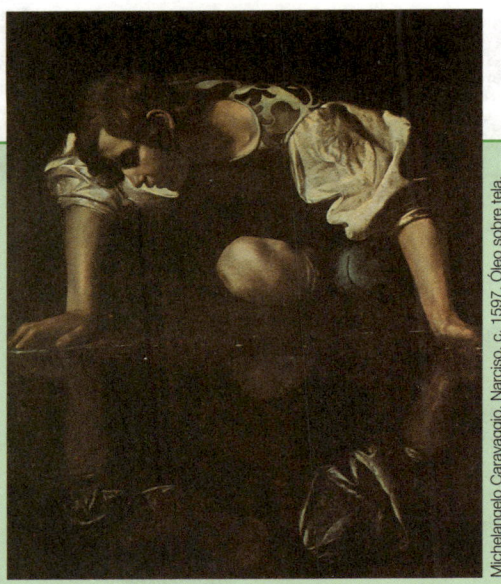

Michelangelo Caravaggio. Narciso. c. 1597. Óleo sobre tela. 110 x 92 cm. Galeria Nacional de Arte Antiga. Roma

Narciso, de Caravaggio, século XVI.

97

PARA SE DIVERTIR

Você já observou como fica a sua imagem refletida num espelho?

Que tal brincar de espelho?

É assim: você se junta a um colega, um de frente para o outro. Um se coloca numa posição – em pé, sentado ou deitado – e o outro tenta imitar para "refletir" a imagem do colega.

Veja alguns exemplos.

BRINCANDO NA MALHA

Para descobrir a resposta da adivinha, pinte os quadrinhos para desenhar a outra metade da figura.

O QUE É, O QUE É?
ESTÁ NO COMEÇO DA **A**VENIDA,
NO MEIO DA PR**A**ÇA
E NO FIM DA RU**A**.

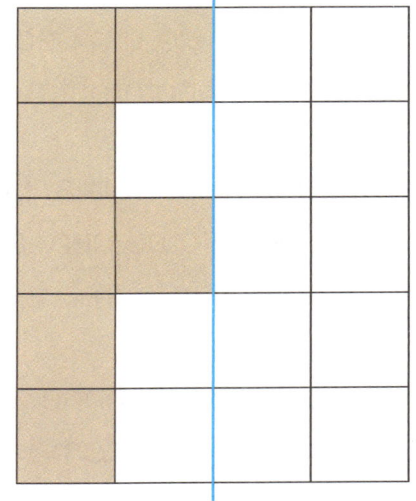

QUAL É A SUA OPINIÃO?

Leia esta história em que a mãe corta o sorvete pela metade.

Zoé e Zezé. Jerry Scott e Rick Kirkman. 2011. King Features Syndicate/Ipress.

- O que você achou dessa história? É justo dividir o sorvete ao meio?

PRODUÇÃO

Produza um cartão para quem mora no seu coração.

1 Dobre ao meio um pedaço de cartolina como mostra a figura.

2 Desdobre a cartolina. Com um lápis, reforce bem a marca deixada pela dobra.

3 De um lado, desenhe a metade de um coração, como mostra a figura.

4 Com tinta vermelha para pintura a dedo, pinte a metade do coração que você desenhou.

5 Antes que a tinta seque, dobre novamente a cartolina pela marca da dobra, para carimbar a outra parte.

6 Depois que a tinta secar, escreva no cartão uma quadrinha ou palavras bem bonitas e entregue-o a quem mora no seu coração.

Se no seu coração morar mais de uma pessoa, faça mais desses cartões.

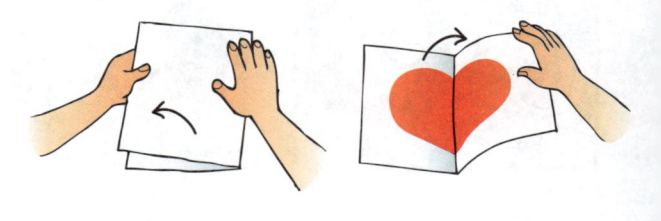

SÓ PARA LEMBRAR

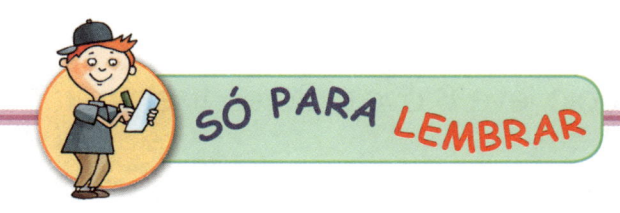

1. Divida a *pizza* ao meio. Mostre a um amigo como você fez. Ele fez igual a você?

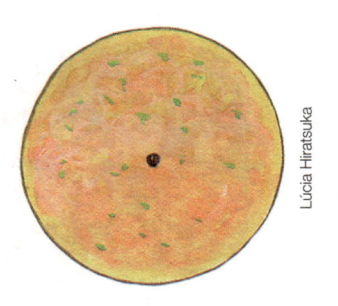

2. Se cada amigo vai ficar com metade da *pizza*, com quantos pedaços cada um vai ficar?

   Juliana: _____ pedaços.

   Paulo: _____ pedaços.

3. Qual é a metade de 12? E a metade de 14?

   _____

4. Circule as figuras que são formadas por partes simétricas.

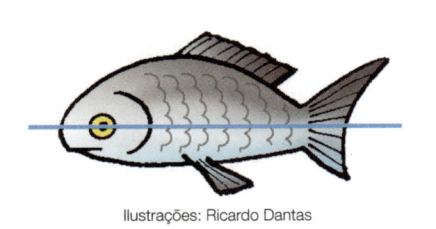

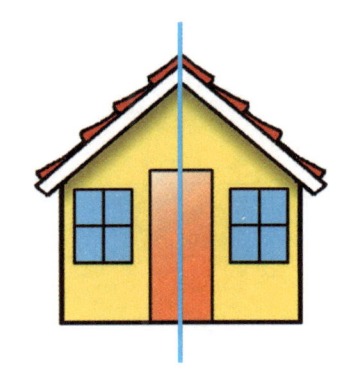

5) Uma receita de bolo leva 8 ovos. Se eu fizer metade dessa receita, quantos ovos vou usar? _____

6) Pinte a outra metade do mosaico, respeitando o eixo de simetria azul.

No mosaico, as partes simétricas devem ser pintadas da mesma maneira.

7) Crie uma história em que apareça a ideia de metade.

_____
_____
_____
_____
_____
_____
_____
_____

UNIDADE 7

ESPAÇO E FORMA

Fazendo marcas na areia

As crianças brincam de fazer marcas na areia.

1 Ligue cada objeto à marca que ele deixa na areia.

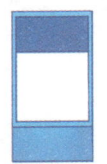

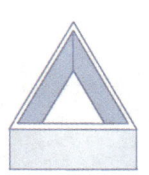

2 Usando as peças do jogo, as crianças construíram figuras na areia. Pinte:

- de 🟡 os △.
- de 🔴 os ▭.
- de 🔵 os □.
- de 🟢 os ○.

Quantas figuras você pintou:

- de 🟡 ? _____
- de 🔴 ? _____
- de 🔵 ? _____
- de 🟢 ? _____

3 Vamos brincar de fazer marcas na massinha! Contorne o objeto que deixou a marca na massa de modelar.

Marca	Objeto

4 Você conhece os nomes das figuras que ficaram marcadas na massinha?

a. O que esta marca   e esta   têm de semelhante?

b. O que esta marca   e esta   têm de diferente?

As figuras geométricas planas

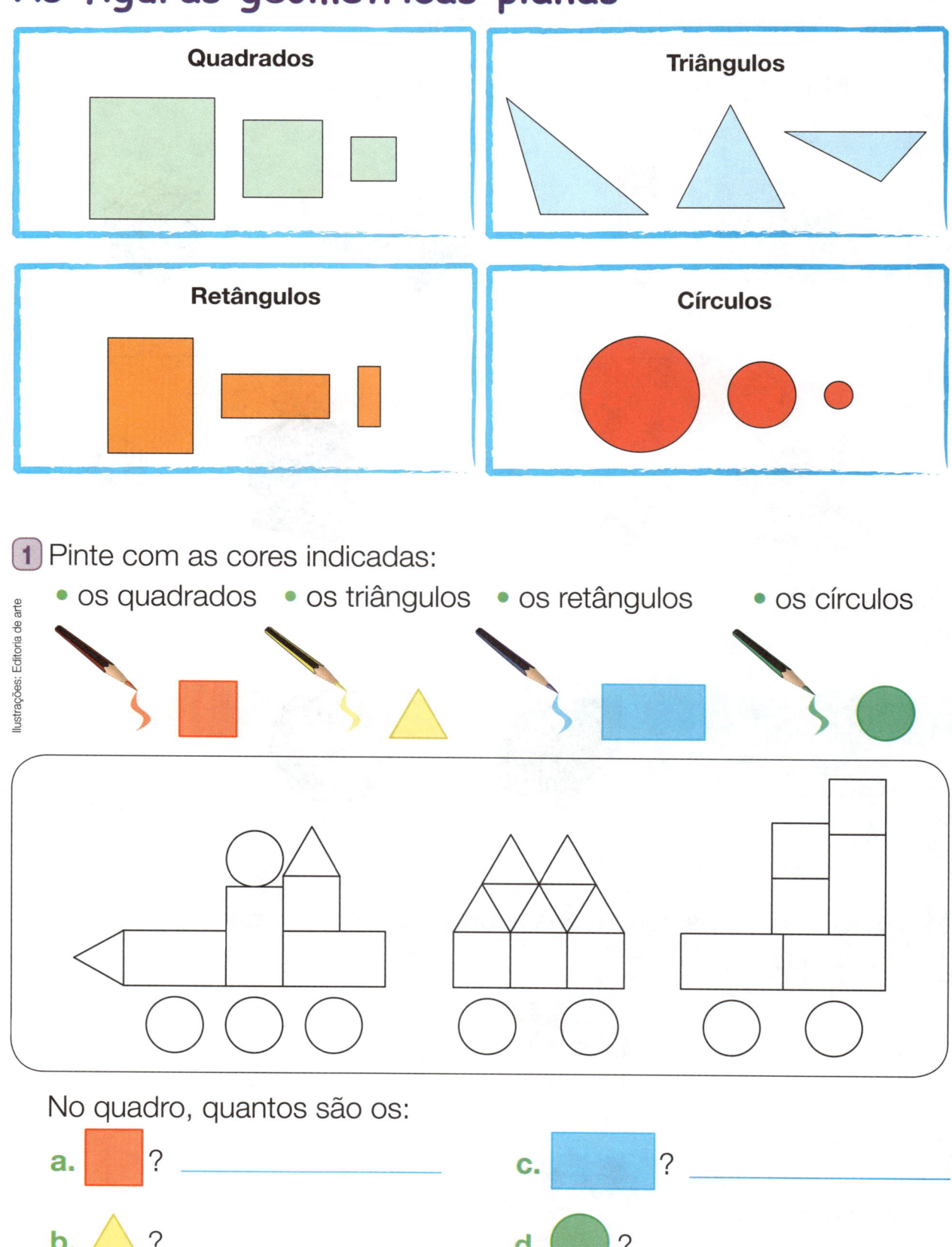

Quadrados

Triângulos

Retângulos

Círculos

1 Pinte com as cores indicadas:
- os quadrados
- os triângulos
- os retângulos
- os círculos

No quadro, quantos são os:

a. ? _____

b. ? _____

c. ? _____

d. ? _____

2 Veja os **lados** e os **vértices** no quadrado, no triângulo e no retângulo.

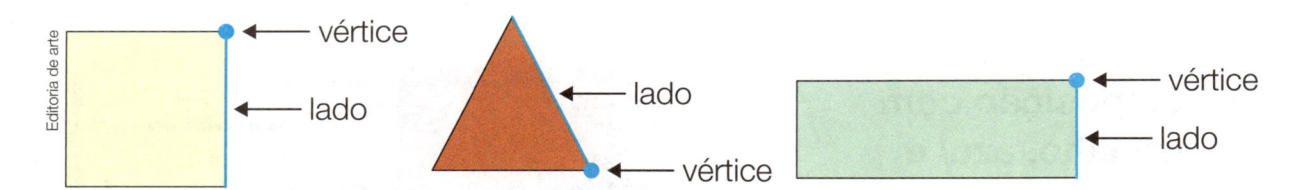

← vértice
← lado
← lado
← vértice
← vértice
← lado

Troque ideias com seus colegas sobre o que são lados e vértices. Registre aqui, com suas palavras, a conclusão a que chegaram.

a. Lados são: _____
_____

b. Vértices são: _____
_____
_____

3 Em cada caso, quantos são os lados? Quantos são os vértices? Conte e complete.

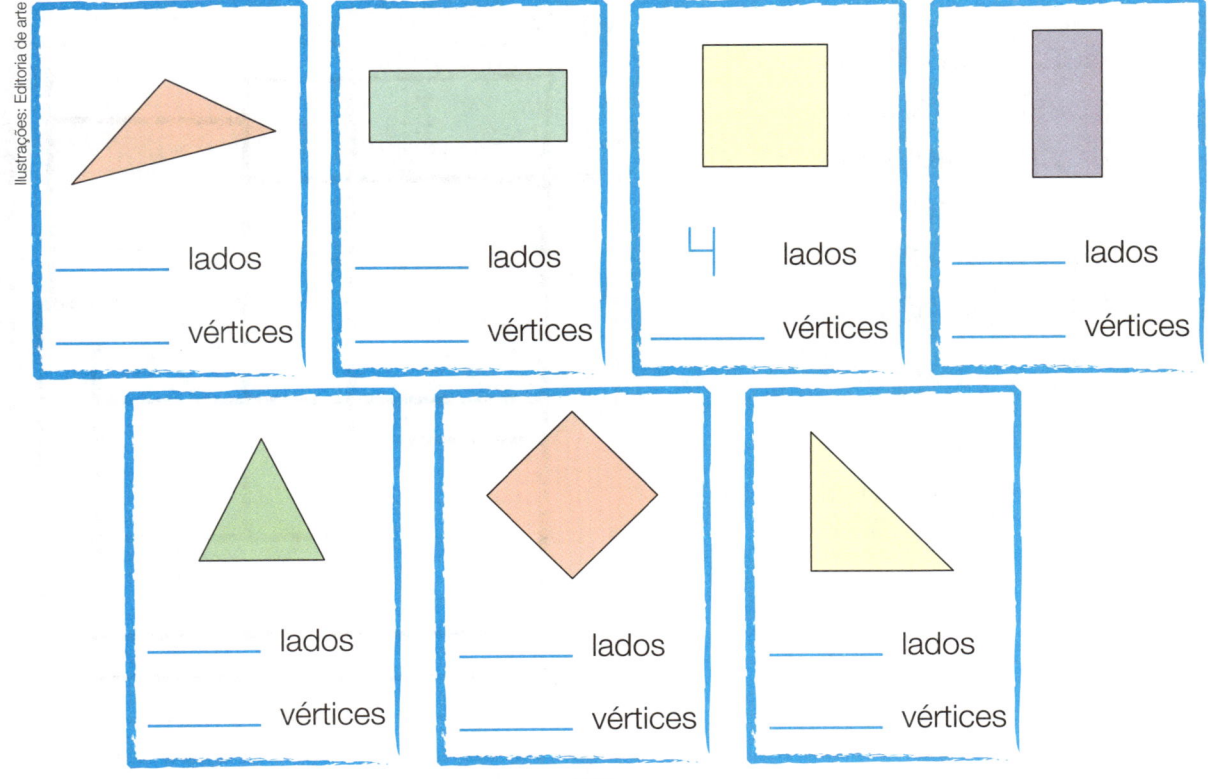

_____ lados
_____ vértices

_____ lados
_____ vértices

4 lados
_____ vértices

_____ lados
_____ vértices

_____ lados
_____ vértices

_____ lados
_____ vértices

_____ lados
_____ vértices

107

PARA SE DIVERTIR

Observe o quadro **Composição com vermelho, azul e verde-amarelado**, do pintor holandês Mondrian (1872-1944).

Composição com vermelho, azul e verde-amarelado, de Piet Mondrian, 1921-1925.

a. Nesse quadro é possível identificar algumas figuras geométricas. Quais figuras geométricas Mondrian usou?

b. Escolha outras cores e pinte o quadro ao lado.

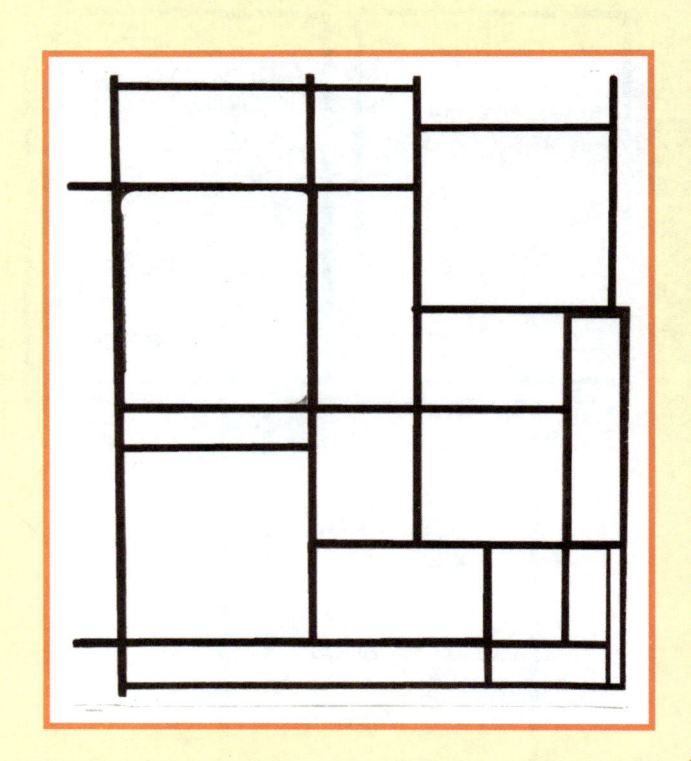

FIQUE SABENDO

Esse quadro foi pintado por Maria Goret Chagas, da Associação dos Pintores com a Boca e os Pés.

Todos os artistas que fazem parte dessa sociedade são incapacitados de pintar usando suas mãos e garantem o seu sustento com as obras que produzem. O título deste quadro é **Paletas**.

Converse com os colegas sobre o que você observa nessa pintura.

Paletas, de Maria Goret Chagas, 2011.

QUAL É A SUA OPINIÃO?

Por que você acha que a cozinheira escolheu a forma menor?

- Escreva a sua opinião e depois leia para um colega. Ouça a opinião dele.

BRINCANDO NA MALHA

Marque os pontos e desenhe a outra metade do pinheiro. Depois, pinte e enfeite como quiser.

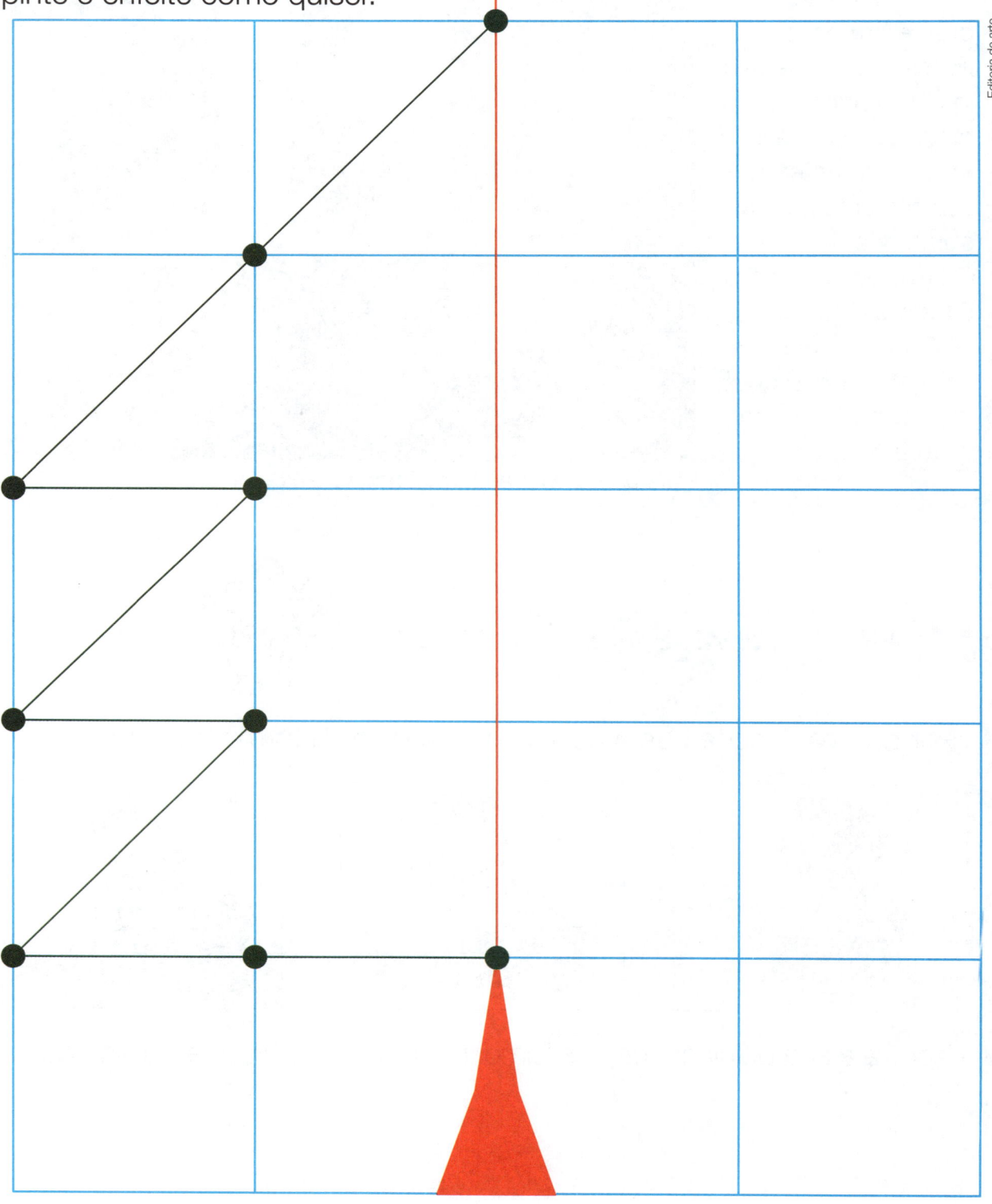

BRINCANDO COM PERCURSOS

Observe os destinos que as setas indicam no esquema abaixo. Veja as legendas.

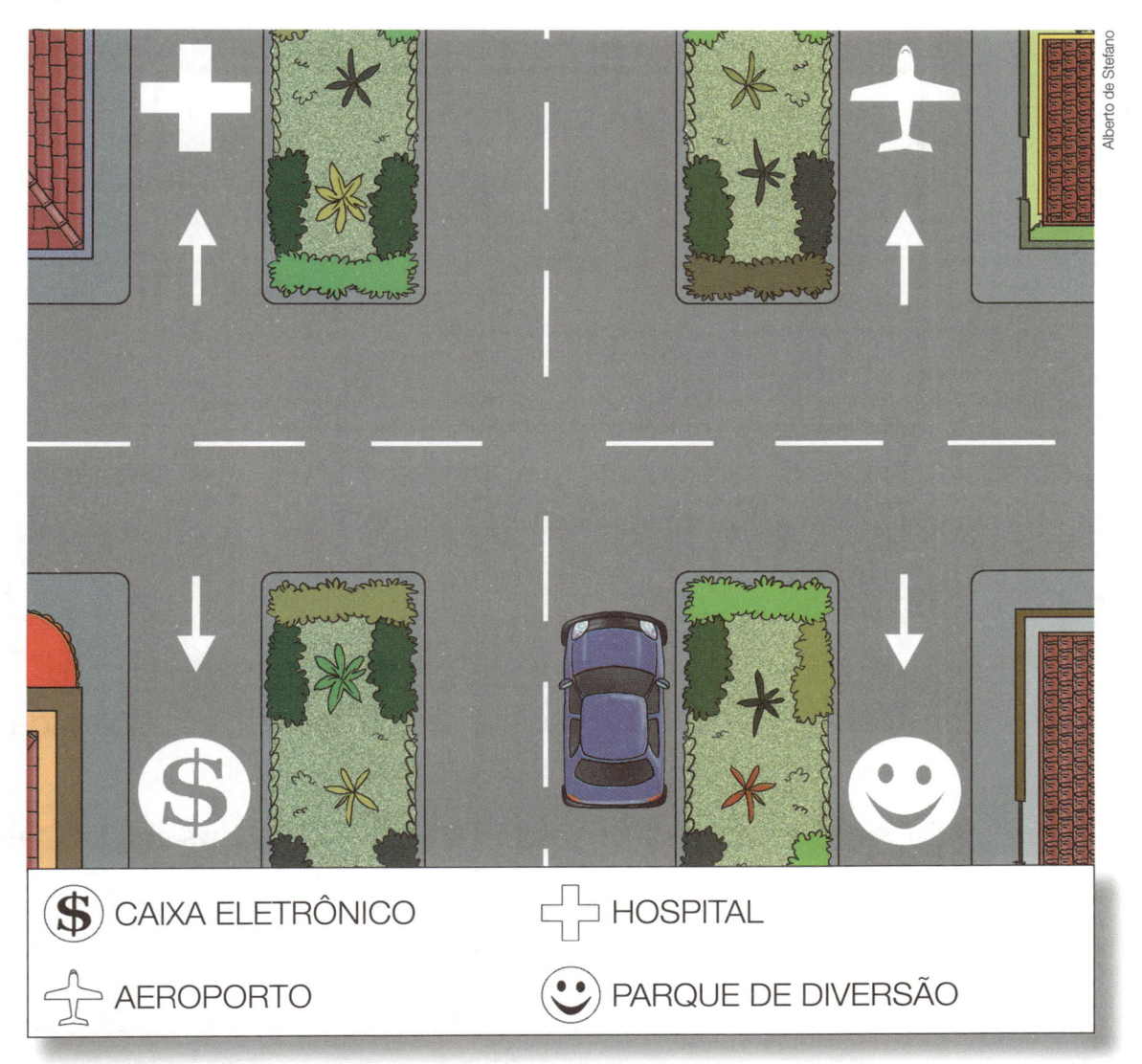

$ CAIXA ELETRÔNICO   ✚ HOSPITAL
✈ AEROPORTO   ☺ PARQUE DE DIVERSÃO

Para onde irá o carro, se ele entrar:

a. à direita e, logo depois, à esquerda? _____

b. à esquerda e, logo depois, à direita? _____

c. à direita e, depois, novamente à direita? _____

d. à esquerda e, depois, novamente à esquerda? _____

LENDO E CONSTRUINDO GRÁFICOS

1 O 🥧 a seguir representa o total de alunos de uma classe.

Total de alunos

Dados fictícios.

a. Há mais 👦 (meninos) ou 👧 (meninas)? _____

b. Como você descobriu? _____

2 Ana, Bia e Caio usaram a mesma ideia para representar a quantidade de meninos e a de meninas da classe em que estudam. Veja.

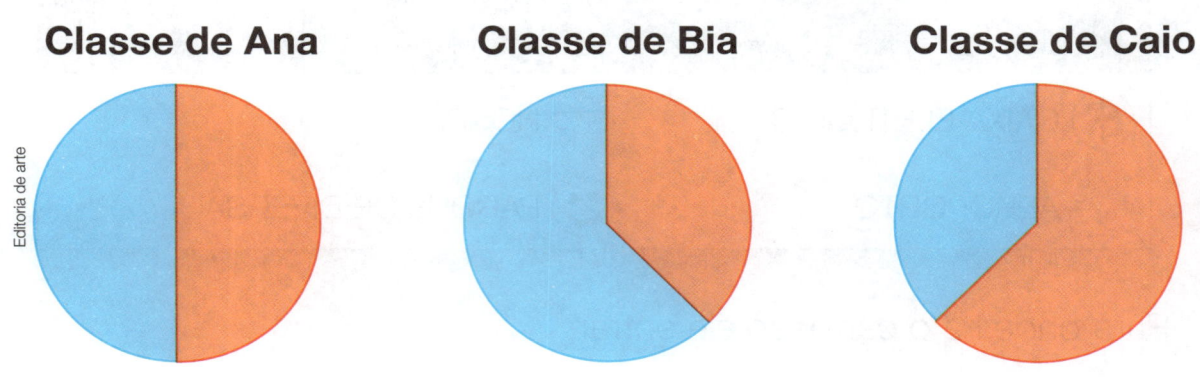

Classe de Ana   **Classe de Bia**   **Classe de Caio**

Em qual das classes:
- o número de meninas é maior que o número de meninos?
    ( ) Ana   Bia ( )   Caio ( )
- o número de meninos é igual ao número de meninas?
    ( ) Ana   Bia ( )   Caio ( )

PRODUÇÃO

Destaque o quebra-cabeça da página 295. As peças servirão para você fazer o que se pede enquanto lê a história.

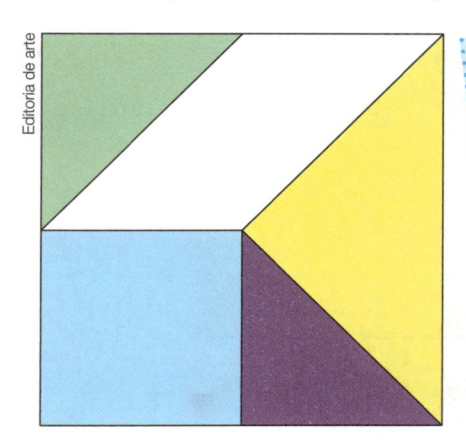

Era uma vez três triângulos e um quadrado que decidiram participar de uma exposição de quadros.
Eles resolveram se juntar para formar um grande quadrado.

Xiiii... ficou faltando alguma coisa.

Monte o quadro acima com seu quebra-cabeça. Descubra a cor da peça que está faltando e pinte-a.

Essa peça que você pintou tem a forma de um paralelogramo.

Três triângulos, um quadrado e um paralelogramo cansaram de ficar ali parados e resolveram mudar de lugar. Era melhor ser um barco e sair pra navegar.

Monte o barco com o seu quebra-cabeça. Descubra a cor das peças que estão faltando e depois pinte-as.

113

LENDO E CONSTRUINDO TABELAS

Assinale na tabela a marca que cada objeto deixa na massa de modelar.

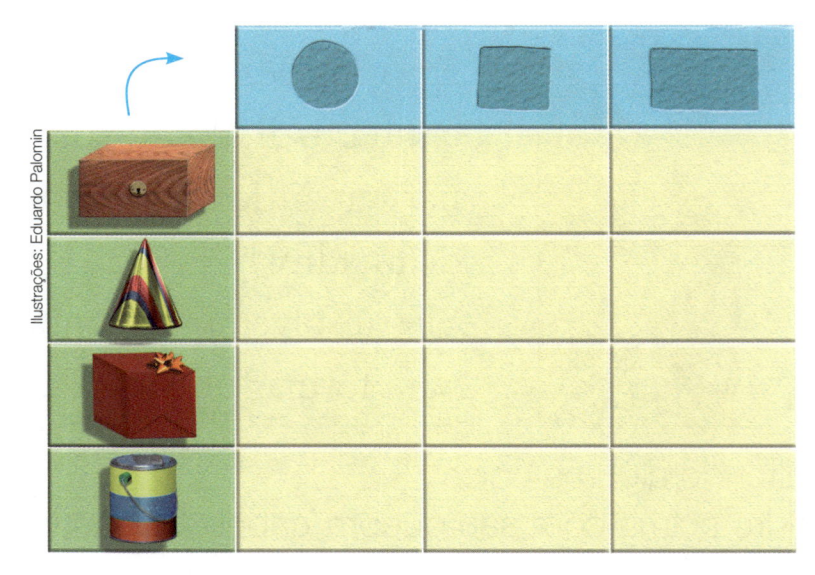

SÓ PARA LEMBRAR

1) Em cada linha da tabela, circule a marca deixada pelo objeto na massa de modelar.

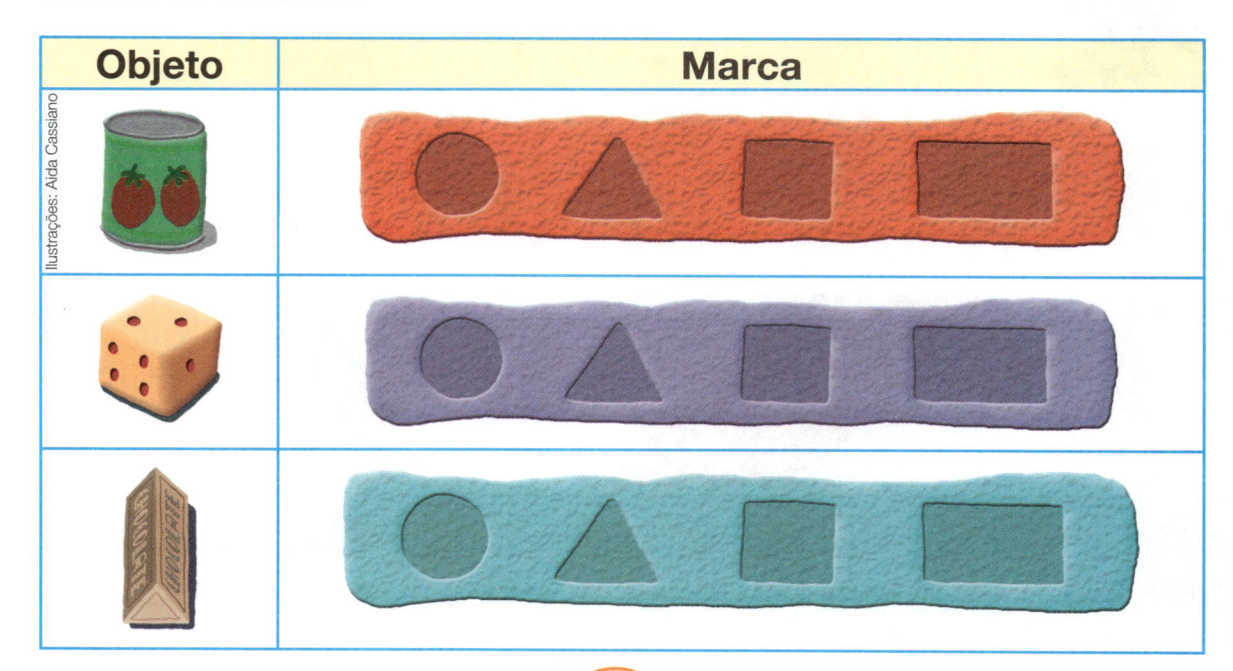

Objeto	Marca

2 Cláudia usou blocos para fazer contornos. Faça um ✘ no bloco que Cláudia usou para obter cada contorno da tabela.

Contornos	Sólidos de madeira		
○			
□			
▭			
△			

3 Veja o coração que Adriana montou com as peças de um quebra-cabeça.

a. Marque com ✘ as figuras que apresentam apenas lados retos.

b. Você conhece o nome de alguma dessas figuras? _____

_____

UNIDADE 8

AMPLIANDO A SEQUÊNCIA NUMÉRICA: NÚMEROS ATÉ 100

As dezenas inteiras

1 Leia a história e participe dela completando os espaços.

Era uma vez um gato que, de tão sozinho, resolveu chamar o gato vizinho.
Um mais um: ficaram dois.
1 + 1 = 2

Juntou-se mais um aos dois. Desta vez, ficaram três.
2 + 1 = 3

Então, chegou mais um gato. E agora eles eram quatro.

3 + 1 = _____

Outro gato apareceu.
"Seja bem-vindo!
Já somos cinco."

4 + 1 = _____

Era a vez do gato siamês.
Eles agora eram seis.

5 + 1 = _____

Chegou mais um gato, um gato de topete.
Eles agora eram sete.

6 + 1 = _____

E um gato que gostava de biscoito.
Eram sete, ficaram oito.
7 + 1 = _____

Mais um gato com um grande bigode!
E de oito, ficaram nove.

8 + 1 = _____

Por último, um gato cheio de anéis!
Eram nove, ficaram dez.

9 + 1 = _____

Essa turma não é pequena.
São dez gatos ou uma dezena!

FIQUE SABENDO

As vacinas não são importantes apenas para os seres humanos. Os animais de estimação também devem ser vacinados.

As vacinas ajudam os animais a terem uma vida longa e saudável, evitando que eles contraiam algumas doenças graves. Vacinando os animais corretamente, também as pessoas ficam mais protegidas em relação às doenças que eles podem transmitir.

2 Vamos construir um varal de dezenas?

1º Junte-se ao seu grupo. Cada grupo receberá uma dezena de pregadores.

2º Na sua vez, o grupo deve colocar os 10 pregadores no varal.

> Deixe uma pequena distância entre os pregadores de um grupo e do grupo seguinte.

3º Cada vez que um grupo terminar de colocar seus pregadores no varal, conte a quantidade total de pregadores que o varal passou a ter.

4º Registre o número total de pregadores no quadro das Dezenas e das Unidades.

a.

1 grupo de 10 ou 1 dezena ou 10 unidades

D	U

dez

b.

2 grupos de 10 ou 2 dezenas ou 20 unidades

D	U

vinte

c.

3 grupos de 10 ou 3 dezenas ou 30 unidades

D	U

trinta

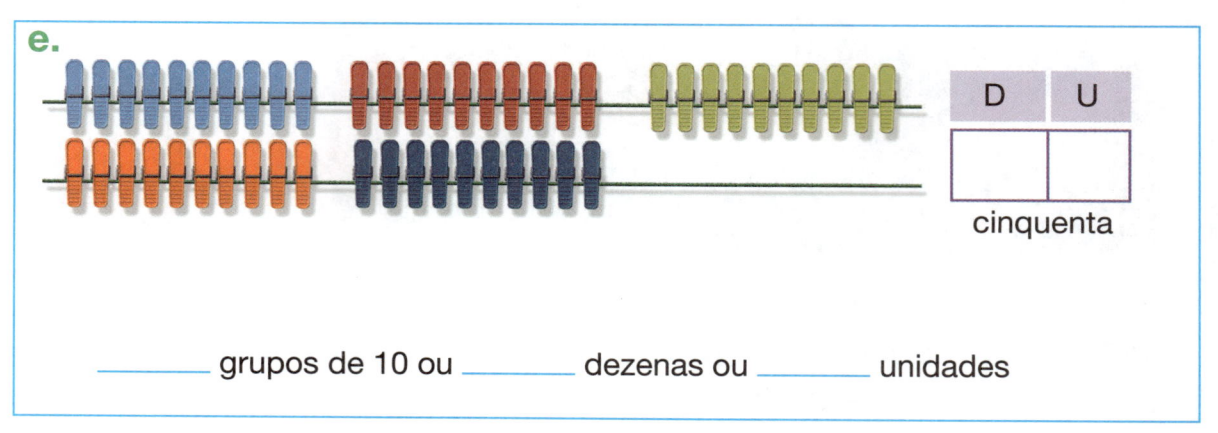

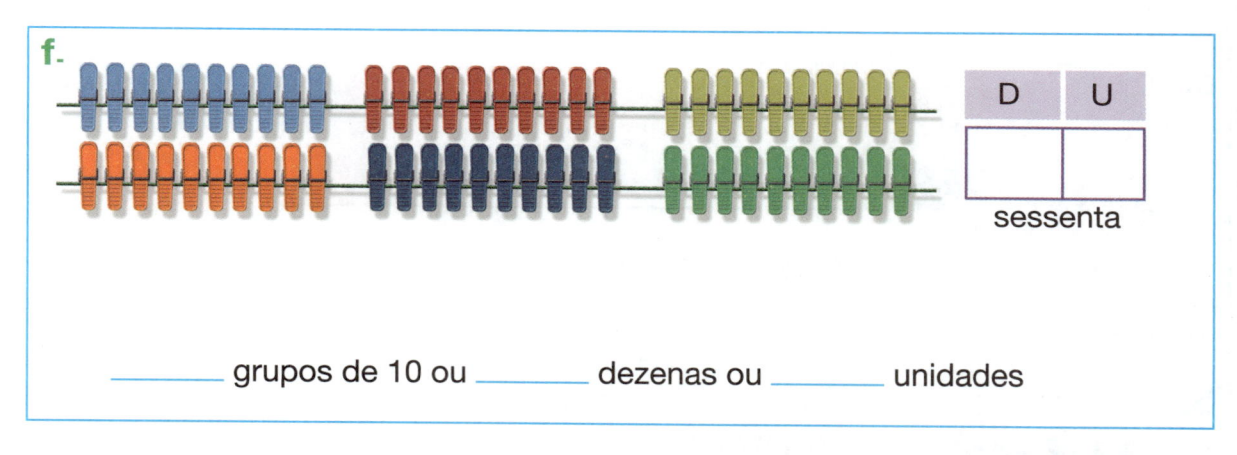

d.

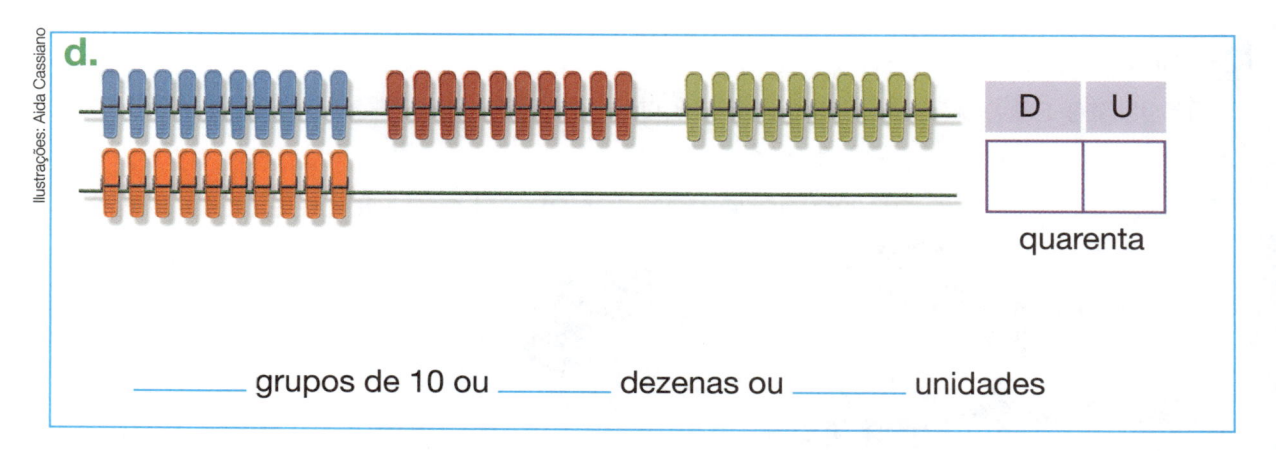

_____ grupos de 10 ou _____ dezenas ou _____ unidades

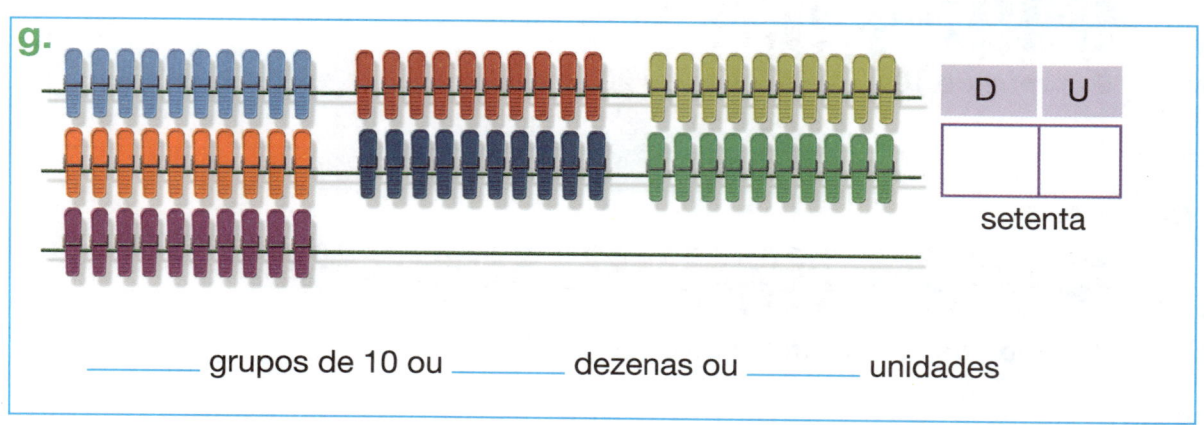

D	U

quarenta

e.

_____ grupos de 10 ou _____ dezenas ou _____ unidades

D	U

cinquenta

f.

_____ grupos de 10 ou _____ dezenas ou _____ unidades

D	U

sessenta

g.

_____ grupos de 10 ou _____ dezenas ou _____ unidades

D	U

setenta

h.

D	U

oitenta

_____ grupos de 10 ou _____ dezenas ou _____ unidades

i.

D	U

noventa

_____ grupos de 10 ou _____ dezenas ou _____ unidades

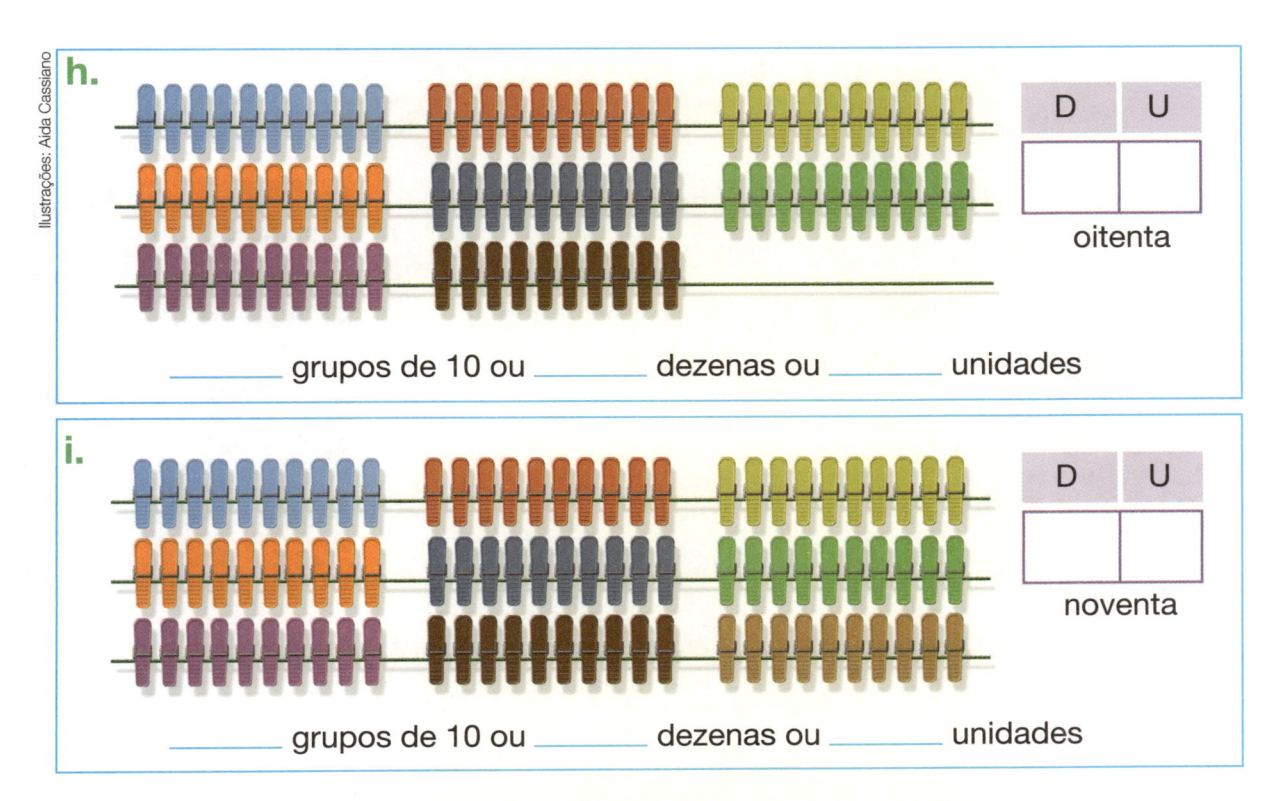

3 Observe os quadradinhos. Eles parecem estar se movendo como ondas. Percebeu? Mas isso é uma ilusão. Os quadradinhos estão todos parados em seu lugar.

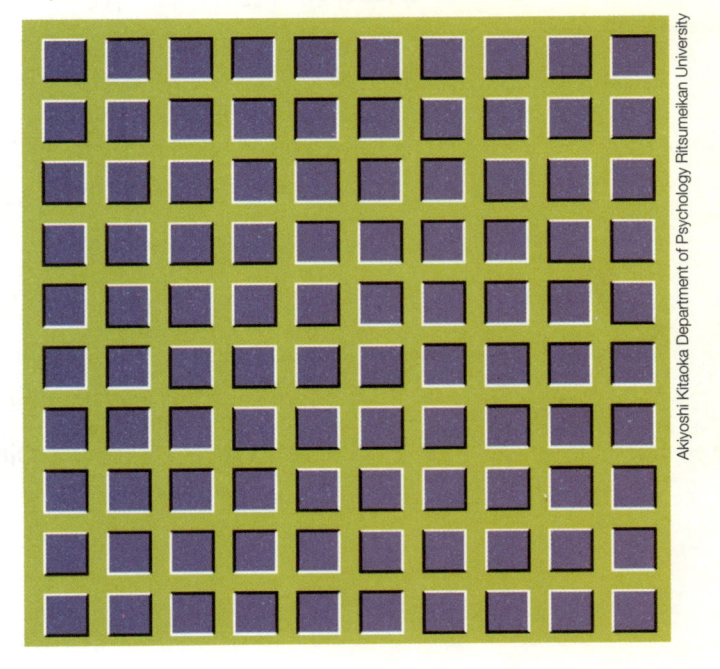

> 10 grupos de 10 é igual a 10 dezenas ou a 100 unidades. 100 lê-se cem.

Quantos são os grupos de 10 quadradinhos?

São _____ grupos de 10 quadradinhos.

E 10 grupos de 10 quadradinhos = _____ quadradinhos.

QUAL É A SUA OPINIÃO?

As pessoas idosas são muito sábias. Conhecem muitas coisas que só a vida ensina.

a. Quantos anos tem a pessoa com mais idade que você conhece? Ela já completou 100 anos? _____

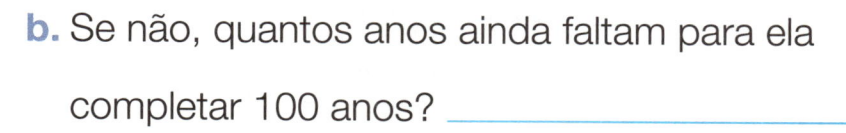

b. Se não, quantos anos ainda faltam para ela completar 100 anos? _____

c. Em bancos e supermercados geralmente encontramos caixas que dão preferência ao atendimento aos idosos. Qual a sua opinião sobre isso?

FAZENDO ESTIMATIVAS

Sem contar, faça uma estimativa do número de bolinhas de gude.

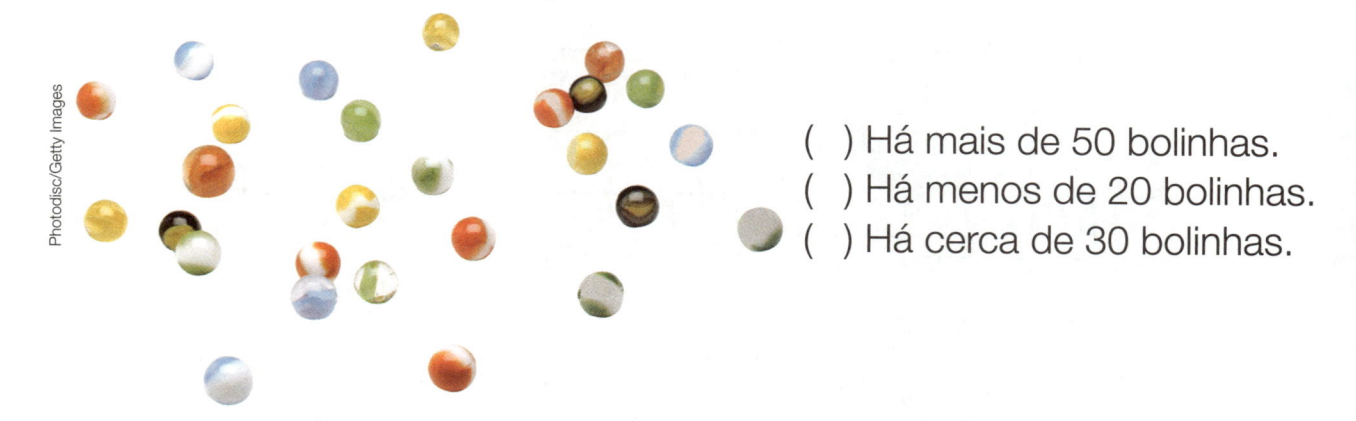

( ) Há mais de 50 bolinhas.
( ) Há menos de 20 bolinhas.
( ) Há cerca de 30 bolinhas.

- Agora, descubra uma estratégia para conferir sua estimativa. Depois, converse com um colega sobre as estratégias que vocês utilizaram.

Outros números

1 Destaque o material da página 297. Vamos usá-lo para contar. Veja como:

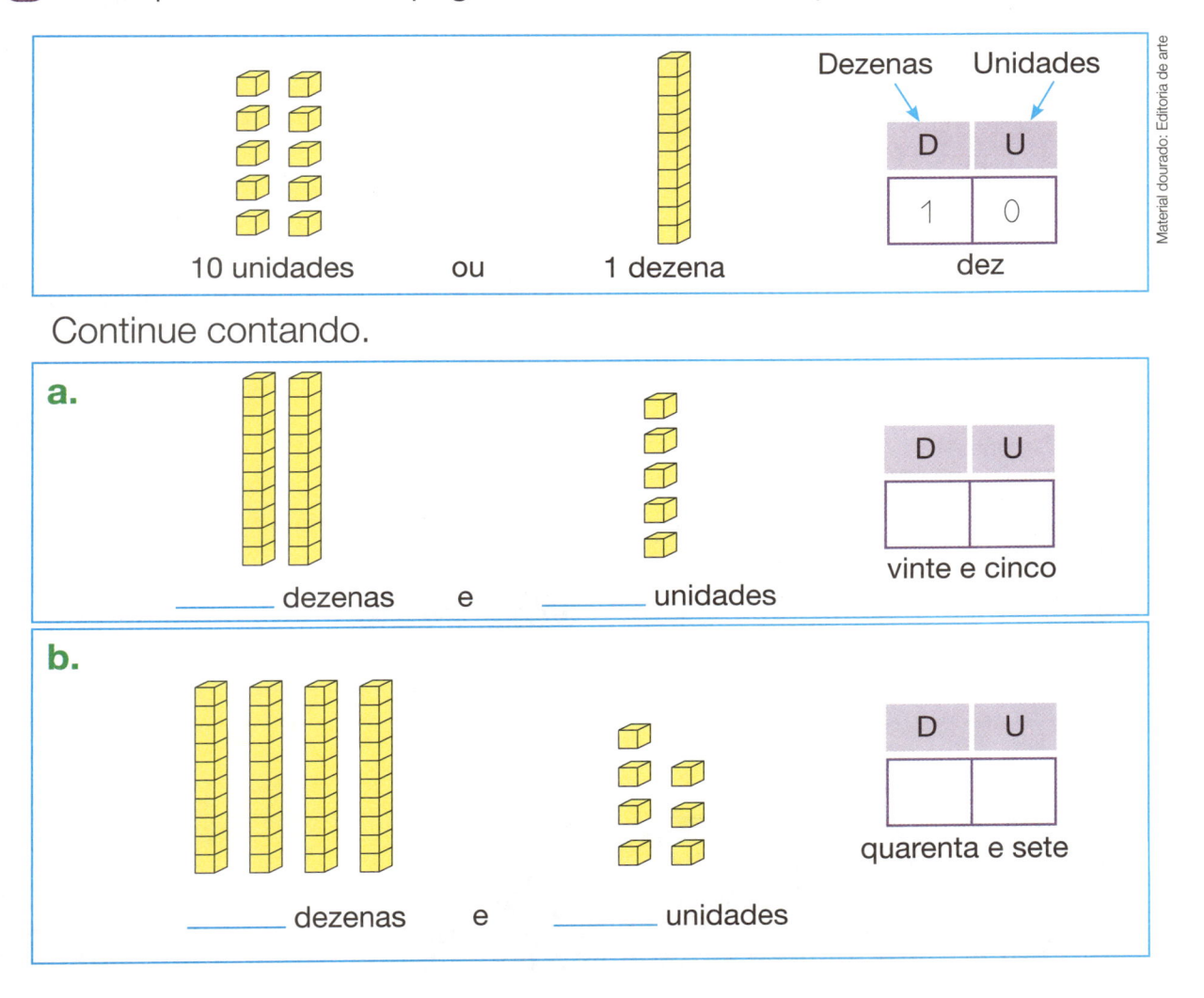

10 unidades ou 1 dezena

D	U
1	0

dez

Continue contando.

a.

_____ dezenas e _____ unidades

D	U

vinte e cinco

b.

_____ dezenas e _____ unidades

D	U

quarenta e sete

2 Use seu material e represente os números.

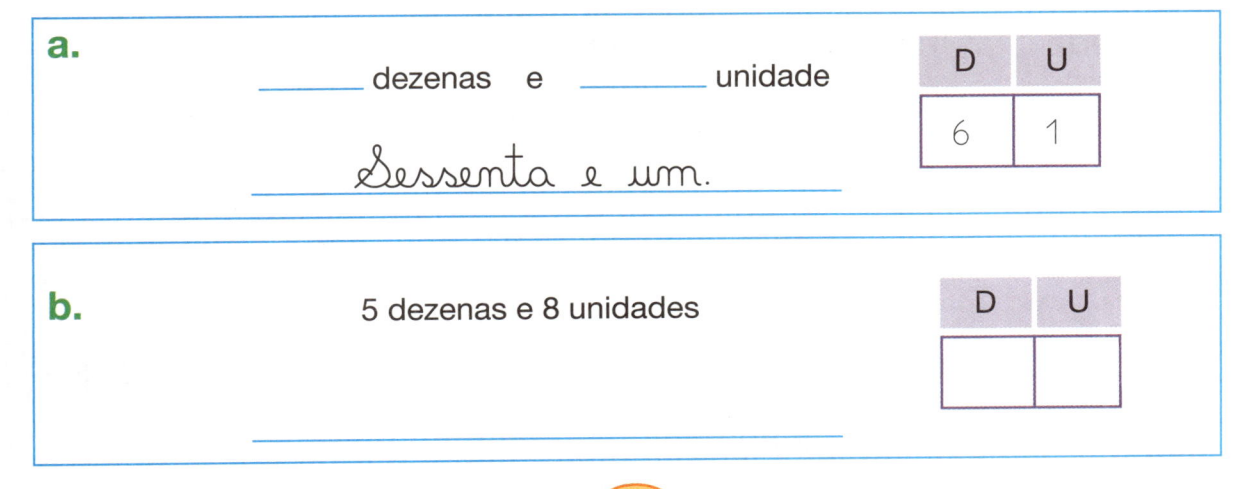

a.

_____ dezenas e _____ unidade

D	U
6	1

Sessenta e um.

b. 5 dezenas e 8 unidades

D	U

3 Junte-se a um colega. Usando o material destacado, represente 4 números diferentes, um de cada vez. Seu colega deve descobrir os números que você representou e registrar no livro dele. Você descobre os números que ele representou e registra aqui.

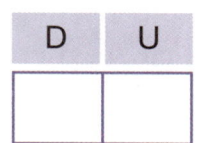

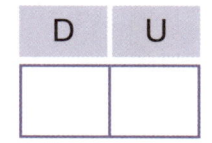

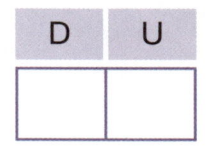

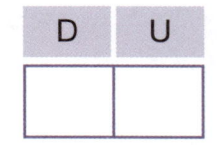

D	U

D	U

D	U

D	U

4 Em cada pilha há 10 moedas de 1 real. Quantos reais há ao todo em cada item?

a. São _____ reais.

b. São _____ reais.

5 Em cada item, pinte só o cartão correto.

a. 5 dezenas e 3 unidades

53   ou   35

b. 6 dezenas e 4 unidades

46   ou   64

6 Junte-se a um colega e descubram os números de 2 algarismos que têm o 9 na casa das unidades. _____

7 Podemos trocar dez barrinhas por uma placa. Represente essa troca com o seu material.

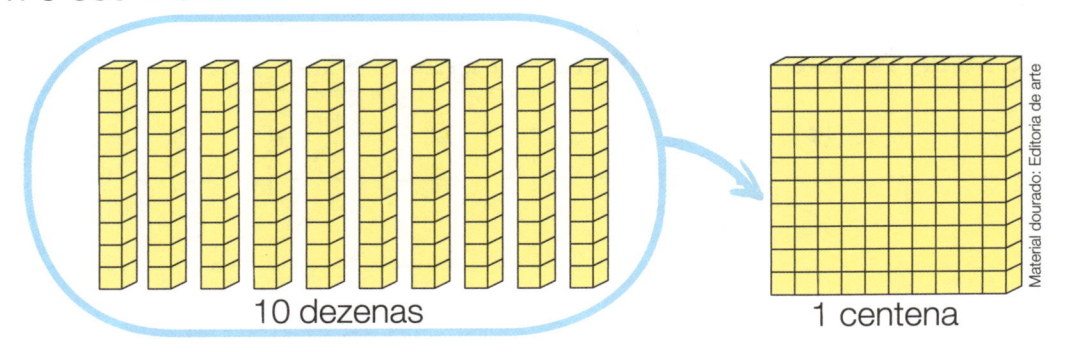

10 dezenas → 1 centena

- Agora, complete.

_____ dezenas →

C	D	U

cem

8 Em cada 📦 há 10 livros, ou 1 dezena de livros.

Quantas dessas caixas eu preciso para ter 100 livros? _____

9 A turma da escola foi ao teatro assistir **Os Saltimbancos**.

MEU NOME É ANA. EU ESTOU NA CADEIRA _____.

EU SOU O PEDRO. A MINHA CADEIRA É A _____.

95 96 98 100

a. O número da cadeira que vem logo antes da cadeira de Ana é _____.

b. O número da cadeira que vem logo depois da cadeira de Pedro é _____.

10 Que número vem antes? Que número vem depois? Complete as tabelas.

Antecessor	Número	Sucessor
	48	
	65	

Antecessor	Número	Sucessor
	73	
	89	

11 Ana e Pedro gostaram tanto do musical **Os Saltimbancos** que resolveram comprar um DVD do espetáculo. Veja o dinheiro que eles tinham.

a. Em cada pilha há 10 moedas, todas de 1 real. Complete o total de reais de cada criança.

Ana

Ana tinha _____ reais.

Pedro

Pedro tinha _____ reais.

b. Quem tinha a maior quantia? _____

12 Em cada caso, pinte de 🟡 o cartão em que o número for **maior**.

a. 43 ou 34   **b.** 94 ou 49

13 Em cada caso, pinte de 🟢 o cartão em que o número for **menor**.

a. 25 ou 52   **b.** 98 ou 89

14 Quase todos os cartões caíram do varal. Recoloque-os, escrevendo os números em **ordem crescente**.

| 30 | | | | | |

67   76   48

91   84

> Ordem crescente: do menor para o maior.

QUAL É A SUA OPINIÃO?

Vamos ler esta história de pescador?

- NA ÚLTIMA PESCARIA, PEGUEI 43 PEIXES!
- EU PESQUEI 1 A MAIS QUE VOCÊ. FORAM 44 PEIXES!
- GANHEI! NA MINHA ÚLTIMA PESCARIA, CONSEGUI PEGAR 45 PEIXES.
- EM CONVERSA DE PESCADOR, QUEM INVENTA POR ÚLTIMO SEMPRE GANHA.

- Agora, responda: você acha que algum dos pescadores disse a verdade? _____

PARA SE DIVERTIR

Veja o quadrinho a seguir.

MUITO BEM! VOCÊ CONTA ATÉ VINTE ENQUANTO A GENTE SE ESCONDE!

HUM... HUM... HUM...

Turma da Mônica, de Mauricio de Sousa. *A Gazeta do Norte*, 8 abr. 2001.

- Converse com um colega sobre essa história. Até que número você já sabe contar? E seu colega? _____

FAZENDO ESTIMATIVAS

Veja a sequência.

30 | 31 | 32 | **33** | 34 | 35 | 36 | 37 | **38** | 39 | 40

O número 33 está mais próximo de 30 do que de 40.

O número 38 está mais próximo de 40 do que de 30.

A dezena inteira mais próxima de:

a. **43** é 40 ou 50? _____

b. **52** é 50 ou 60? _____

c. **77** é 70 ou 80? _____

Quem inventou o dinheiro?

Algumas crianças fazem trocas com os amigos. Trocam figurinhas por bolinhas de gude, chocolate por bolacha, carrinho por bola...

Era desse jeito que as pessoas faziam, antigamente, quando o dinheiro ainda não existia: trocavam, por exemplo, peixe fresco por milho, leite por ovos, pele de animal por objetos que fabricavam etc.

Muitas trocas eram feitas por sal, porque ele era muito usado para conservar os alimentos, já que não existia geladeira.

Com o tempo, ouro, prata, cobre e bronze começaram a ser utilizados nas trocas.

> Essas trocas eram chamadas de *escambo*.

As primeiras moedas tinham forma de ferramentas, como faca e enxada.

O tempo foi passando, e essas moedas se transformaram em peças de formato circular com um furo no meio.

Esse furo servia para que as pessoas pudessem carregar as moedas amarradas por um fio à cintura, evitando perdê-las.

Moeda antiga com furo quadrado no meio.

A primeira moeda usada no Brasil foi o real português, ou réis, como era chamado pelo povo.

Real português.

As moedas têm a forma de círculo, mas, dependendo do país, podem ter outras formas.

Moeda de Aruba.

Moeda com forma de octógono, figura de oito lados.

Paanga, moeda do Reino de Tonga, localizado na Oceania.

O dinheiro de papel surgiu depois... Mas essa é outra história.

1. Você conhece as notas e moedas do nosso país?

Pinte de:
- vermelho a nota de 10 reais
- azul a nota de 100 reais
- verde a moeda de 1 real

2. Qual é a nota que vale o mesmo que:

a. ?_____

b. ?_____

c. ?_____

Destaque as notas e moedas de real da página 299. Você vai usá-las nas atividades a seguir e em outras atividades do livro.

3 Faça com o seu grupo.

Escreva por extenso a quantia em reais indicada em cada linha da tabela.

☝	nota de	R$10	→ dez reais
✌	notas de	R$10	→ vinte reais
🖐3	notas de	R$10	→ _____
🖐4	notas de	R$10	→ _____
🖐	notas de	R$10	→ _____
☝🖐	notas de	R$10	→ _____
✌🖐	notas de	R$10	→ _____
🖐3 🖐	notas de	R$10	→ _____
🖐4 🖐	notas de	R$10	→ _____
🖐 🖐	notas de	R$10	→ _____

4 Escreva ou desenhe duas maneiras diferentes de obter cem reais com as notas e moedas que você conhece.

5 Serginho está guardando dinheiro para comprar um jogo de *videogame*. Ele já tem 3 notas de 10 reais e uma nota de 5 reais. O tio de Serginho prometeu que hoje lhe daria mais 20 reais. Com quanto Serginho vai ficar então?

6 Juliana separa mensalmente 5 reais de sua mesada para doar a um grupo que apoia o tratamento de crianças com câncer. Em 5 meses, de quanto será a contribuição de Juliana para esse grupo?

7 Mário gastou 25 reais na padaria. Que notas ele usou para pagar a despesa, se recebeu 5 reais de troco? Troque ideias com seus colegas e, depois, circule para mostrar.

QUAL É A SUA OPINIÃO?

Milena e Gabriel estão juntando dinheiro para comprar uma geladeira.

EU ECONOMIZEI CEM REAIS.

QUE SORTE A SUA! EU SÓ CONSEGUI A METADE DISSO.

Gabriel.

Milena.

Economizar é juntar dinheiro.

a. Quanto Gabriel economizou? Marque com um ✗.

☐ 2 notas de 50 reais.
☐ 1 nota de 100 reais.
☐ 1 nota de 50 reais.

b. Quanto Milena economizou? Marque com um ✗.

☐ 2 notas de 50 reais.   ☐ 1 nota de 100 reais.
☐ 1 nota de 50 reais.

c. É bom economizar? Qual é a sua opinião? _____

Compondo e decompondo números

1 Veja como podemos compor números usando cartões.

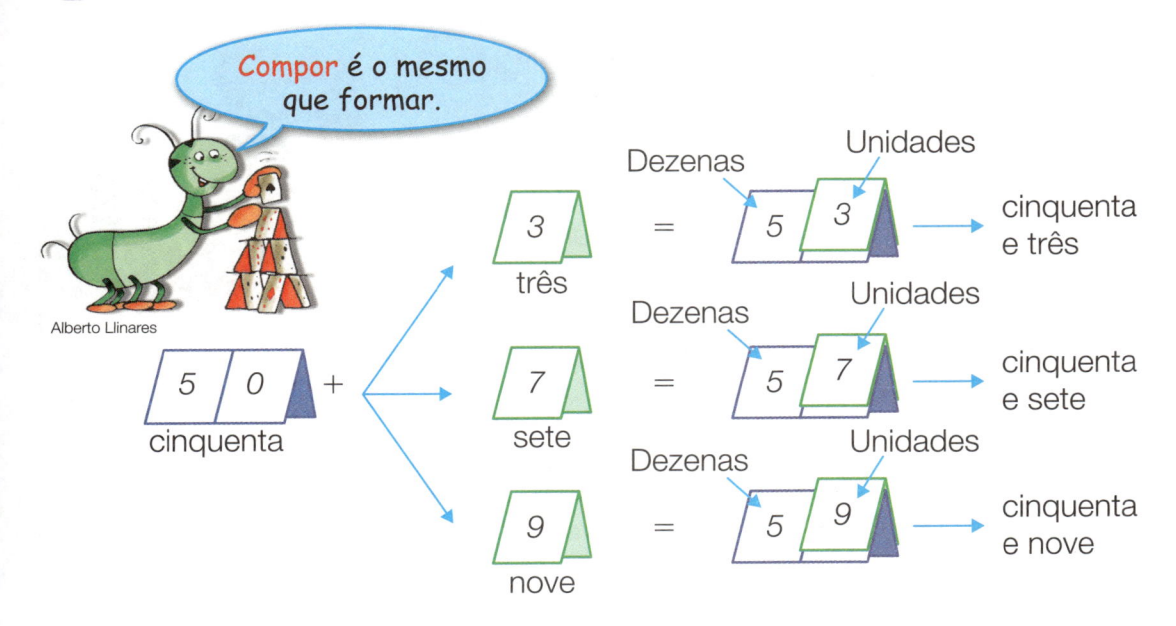

Compor é o mesmo que formar.

50 (cinquenta) + 3 (três) = 53 → cinquenta e três

50 + 7 (sete) = 57 → cinquenta e sete

50 + 9 (nove) = 59 → cinquenta e nove

Continue compondo os números.

a. 40 + 6 = ☐☐ → _____

b. 70 + 4 = ☐☐ → _____

2 Veja como podemos compor 75 reais usando notas de real.

50 mais 20 mais 5 são 75 reais.

Com um colega, descubra outras formas de compor 75 reais usando notas e moedas de real. Faça desenho ou escreva.

3 Agora, vamos decompor números. Observe.

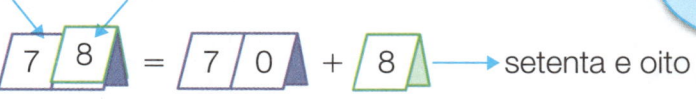

Dezenas Unidades

7 8 = 7 0 + 8 → setenta e oito

Decompor é o contrário de compor.

Dezenas Unidades

8 1 = 8 0 + 1 → oitenta e um

Continue decompondo os números.

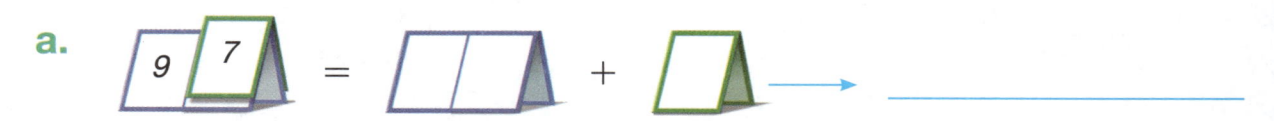

a. 9 7 = ☐☐ + ☐ → _____

b. 8 4 = ☐☐ + ☐ → _____

4 Bryda trocou uma nota de real por notas menores. Nessa troca, ela recebeu dez notas de 10 reais. Que nota Bryda trocou?

5 Luísa economizou dinheiro para uma excursão. Ela guardou 6 notas de 10 reais e 15 moedas de 1 real. Quantos reais Luísa juntou para essa excursão?

BRINCANDO NA MALHA

Na malha a seguir estão faltando alguns números. Complete-os.

1	2	3	4	5	6	7	8	9	10
11	12			15					20
21			24				28		
31			34			37			40
	42	43			46			49	
		54	55				58		60
		63		65	66	67			
	72				76		78	79	
81			84			87			
	92	93						98		100

Agora, faça o que se pede.

a. Circule os números de 2 em 2.

b. Pinte de os quadrinhos, contando de 10 em 10.

c. O que os números dos quadrinhos pintados de amarelo representam? _____

Par ou ímpar?

1 Veja algumas coisas que usamos aos pares.

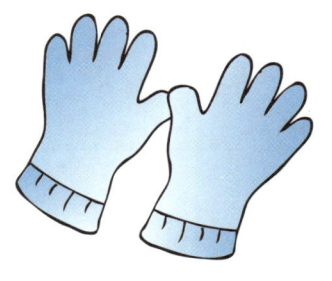

1 par de luvas. 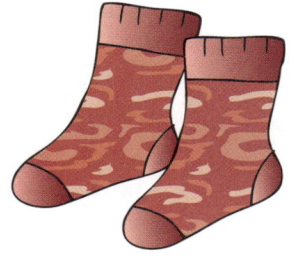   1 par de meias.    1 par de chinelos.

- Que outras coisas você conhece que usamos aos pares?

2 Forme os pares para a dança de salão.

    a. Quantas são as pessoas? _____

    b. Quantos pares você formou? _____

3 Forme os pares para dançar a quadrilha.

    a. Quantas são as crianças no total? _____

    b. Quantos pares você formou? _____

4 Contorne as meias de 2 em 2, formando pares.

a. Quantas são as meias? _____

b. Quantos pares há no total? _____

> Os **números pares** são aqueles cujo algarismo das unidades é 0, 2, 4, 6 ou 8.

5 Junte os sapatos aos pares.

a. Quantos são os sapatos? _____

b. Quantos pares você formou? _____

6 Ligue um par de sapatos a cada caixa.

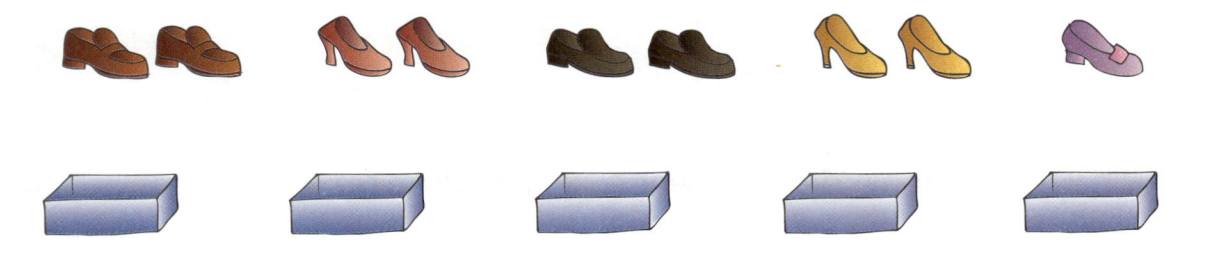

a. Quantos sapatos há no total? _____

b. Quantos pares você formou? _____

c. Sobrou sapato sem formar par? _____

7 Contorne os 👞 de 2 em 2, formando pares.

a. Quantos são os 👞? _____

b. Quantos pares você formou? _____

c. Sobrou 👞 sem formar par? _____

> Os **números ímpares** são aqueles cujo algarismo das unidades é 1, 3, 5, 7 ou 9.

8 Ana escolheu uma página do livro entre as páginas 16 e 26. Se o número da página for par, que página Ana pode ter escolhido?

_____

9 Gilberto tem mais de 4 e menos de 10 pares de meias.

a. Quantos pares de meias Gilberto pode ter?

_____

b. Quantos pés de meias ele pode ter ao todo?

_____

10 Quantos reais há ao todo em cada item? A quantia é par ou ímpar?

a.    b.    c.

_____   _____   _____

BRINCANDO NA MALHA

Descubra o segredo e termine de pintar a sequência.

a. As figuras formadas por quadrados de cada cor lembram um triângulo.
- Quantos ☐ é preciso pintar para formar cada "triângulo"?

_____

b. O número de ☐ em cada "triângulo" é par ou ímpar? _____

c. Na malha, ao todo há:

☐ menos de 1 centena de ☐.

☐ exatamente 1 centena de ☐.

☐ mais de 1 centena de ☐.

141

O doze, a dúzia, a meia dúzia

1 Veja o calendário a seguir.

JANEIRO	FEVEREIRO	MARÇO	ABRIL
D S T Q Q S S	D S T Q Q S S	D S T Q Q S S	D S T Q Q S S
1 2 3 4 5 6 7	1 2 3 4	1 2 3 4	1
8 9 10 11 12 13 14	5 6 7 8 9 10 11	5 6 7 8 9 10 11	2 3 4 5 6 7 8
15 16 17 18 19 20 21	12 13 14 15 16 17 18	12 13 14 15 16 17 18	9 10 11 12 13 14 15
22 23 24 25 26 27 28	19 20 21 22 23 24 25	19 20 21 22 23 24 25	16 17 18 19 20 21 22
29 30 31	26 27 28	26 27 28 29 30 31	23 24 25 26 27 28 29
			30

MAIO	JUNHO	JULHO	AGOSTO
D S T Q Q S S	D S T Q Q S S	D S T Q Q S S	D S T Q Q S S
1 2 3 4 5 6	1 2 3	1	1 2 3 4 5
7 8 9 10 11 12 13	4 5 6 7 8 9 10	2 3 4 5 6 7 8	6 7 8 9 10 11 12
14 15 16 17 18 19 20	11 12 13 14 15 16 17	9 10 11 12 13 14 15	13 14 15 16 17 18 19
21 22 23 24 25 26 27	18 19 20 21 22 23 24	16 17 18 19 20 21 22	20 21 22 23 24 25 26
28 29 30 31	25 26 27 28 29 30	23 24 25 26 27 28 29	27 28 29 30 31
		30 31	

SETEMBRO	OUTUBRO	NOVEMBRO	DEZEMBRO
D S T Q Q S S	D S T Q Q S S	D S T Q Q S S	D S T Q Q S S
1 2	1 2 3 4 5 6 7	1 2 3 4	1 2
3 4 5 6 7 8 9	8 9 10 11 12 13 14	5 6 7 8 9 10 11	3 4 5 6 7 8 9
10 11 12 13 14 15 16	15 16 17 18 19 20 21	12 13 14 15 16 17 18	10 11 12 13 14 15 16
17 18 19 20 21 22 23	22 23 24 25 26 27 28	19 20 21 22 23 24 25	17 18 19 20 21 22 23
24 25 26 27 28 29 30	29 30 31	26 27 28 29 30	24 25 26 27 28 29 30
			31

a. Quantos meses tem o ano? _____

b. Em que mês nós estamos? _____

c. Em que mês você faz aniversário? _____

d. Qual é o primeiro mês do ano? Qual é o décimo segundo?

2 Uma receita de quindim leva uma dúzia e meia de ovos. Quantos são os ovos que vão nessa receita?

> Uma dúzia de ovos são doze ovos.
> Meia dúzia é a metade de uma dúzia.
> Meia dúzia de ovos são seis ovos.

3 Em cada sacola, há uma dúzia de laranjas. Complete o quadro abaixo.

Quantidade de sacolas	Dúzia	Quantidade de laranjas
1	1	12
2		
	3	

4 Elaine e Márcia fizeram colares para uma festa à fantasia. Elaine usou 4 dúzias de contas, e Márcia usou 4 dezenas de contas. Qual delas usou mais contas? Por quê?

LENDO E CONSTRUINDO GRÁFICOS

Faça uma pesquisa com os alunos de sua classe para descobrir em que mês cada um faz aniversário.

Pinte um ☐ para cada resposta.

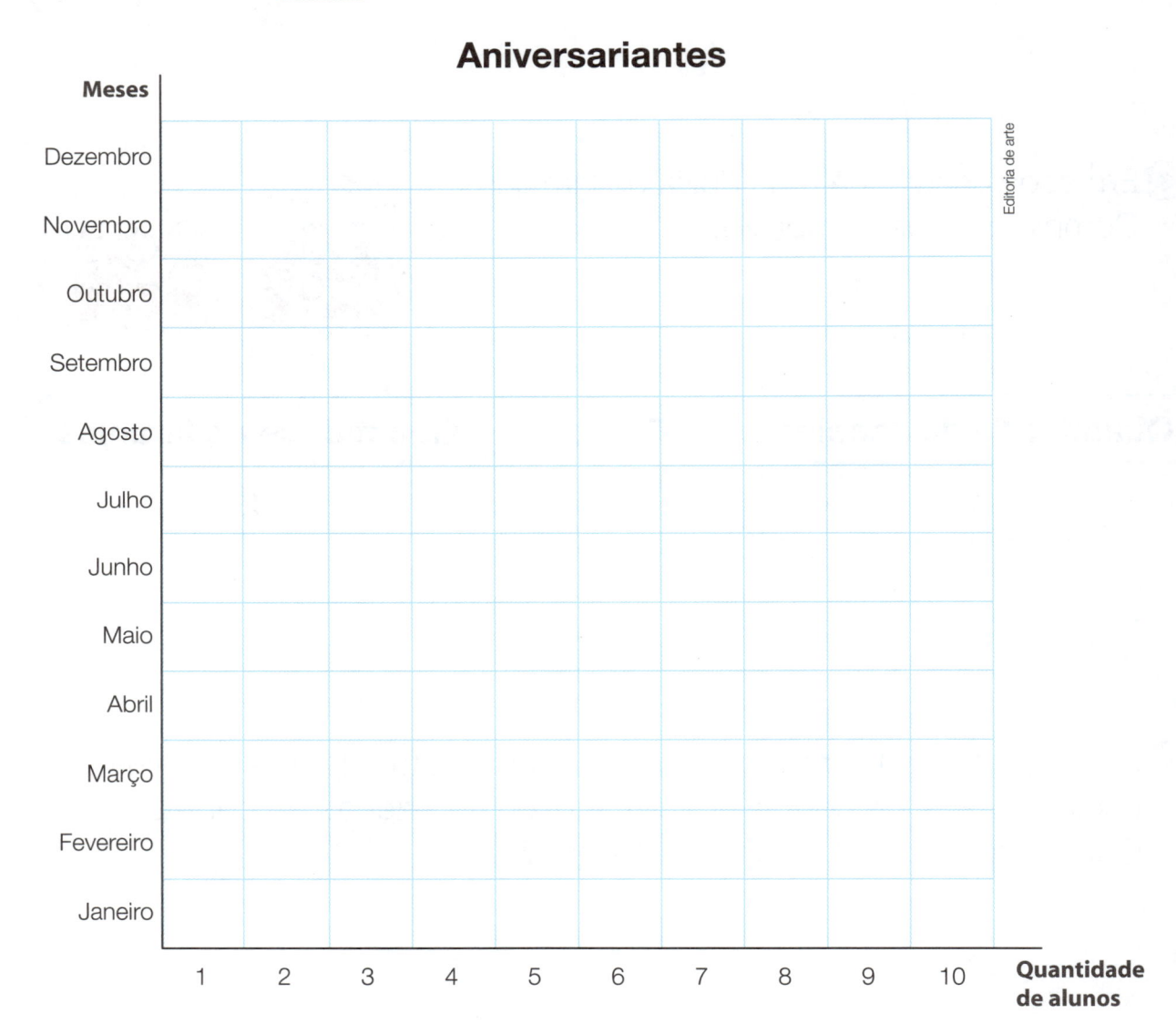

Aniversariantes

a. Em que mês há mais aniversariantes? _____

b. Há algum mês sem aniversariante? _____

c. Quantos aniversariantes há no mês do seu aniversário? _____

QUAL É A SUA OPINIÃO?

Converse com um colega sobre o que vocês veem na cena.

OLHE A LARANJA DOCINHA, DOCINHA!

COMPRE 1 DÚZIA DE OVOS E LEVE 14.

1 dúzia: 5 reais

Pacote com 1 dúzia: 3 reais

Pacote com 2 dúzias: 6 reais

É comum encontrar ofertas em feiras livres.

a. Você acha que vale a pena aceitar a oferta da vendedora de ovos?

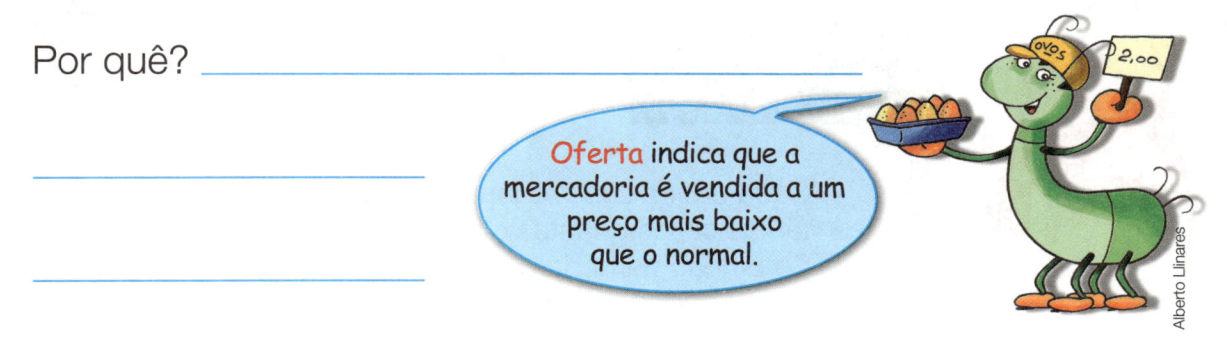

Por quê? _____

_____

Oferta indica que a mercadoria é vendida a um preço mais baixo que o normal.

b. No caso, é mais vantajoso comprar 2 pacotes com 1 dúzia de laranjas cada ou comprar 1 pacote com 2 dúzias? Por quê?

_____

_____

PARA SE DIVERTIR

Você conhece a história de **Ali Babá e os 40 ladrões**?

É assim: Ali Babá vive várias aventuras para prender 40 ladrões e recuperar os tesouros roubados.

Neste jogo, você participa dessas aventuras.

INÍCIO

6 — Você deve se esconder dos ladrões. Descanse uma jogada.

10 — Os ladrões vêm aí. Corra! Avance 3 casas.

19 — É preciso buscar um esconderijo. Volte 2 casas.

27 — Você foi esperto. Deixou os ladrões para trás. Jogue outra vez.

31 — Perigo! Volte 3 casas.

40 — **FINAL** — Parabéns! Você conseguiu prender os ladrões e recuperar os tesouros.

a. Acabe de escrever os números da trilha.
b. Convide um colega para jogar com você.
- Arranjem um dado comum e botões de cores diferentes para servir de peões (podem também fazer uma bolinha de papel de cor diferente para cada jogador).
- Coloquem seus peões no INÍCIO e decidam no par ou ímpar a ordem de jogada.
- Cada um na sua vez joga o dado e avança com o peão tantas casas quantas o dado indicar.
- Se o peão parar nas casas 6, 10, 19, 27 ou 31, o jogador deve obedecer ao comando dado.
- Vence o jogo aquele que primeiro chegar ao FINAL.

SÓ PARA LEMBRAR

1) Veja quantas figurinhas cada criança tem.

EU SOU A MÁRCIA. TENHO 40 FIGURINHAS.

OI, SOU O SÉRGIO. NO MEU ÁLBUM HÁ 90 FIGURINHAS.

Quantas dezenas de figurinhas tem:

a. a Márcia? _____

b. o Sérgio? _____

2) Escreva por extenso a quantia formada por:

a. 3 notas de 10, 1 nota de 5 e 2 notas de 2.

_____

b. 4 notas de 10, 2 notas de 5 e 2 notas de 2.

_____

3) Descubra o segredo e complete as sequências.

a. 1, 3, 5, 7, ___, ___, ___, ___, ___, ___

b. 2, 4, 6, 8, ___, ___, ___, ___, ___, ___

c. 10, 20, 30, 40, ___, ___, ___, ___, ___, ___

4 Vamos arredondar? Veja, o número 37 está mais próximo do 40 do que do 30.

Assinale com um ✗ a dezena inteira mais próxima de:

a. 47 40 ou 50   d. 24 20 ou 30
b. 58 50 ou 60   e. 62 60 ou 70
c. 73 70 ou 80   f. 86 80 ou 90

5 Complete com o número que vem **logo antes** e com o que vem **logo depois** de:

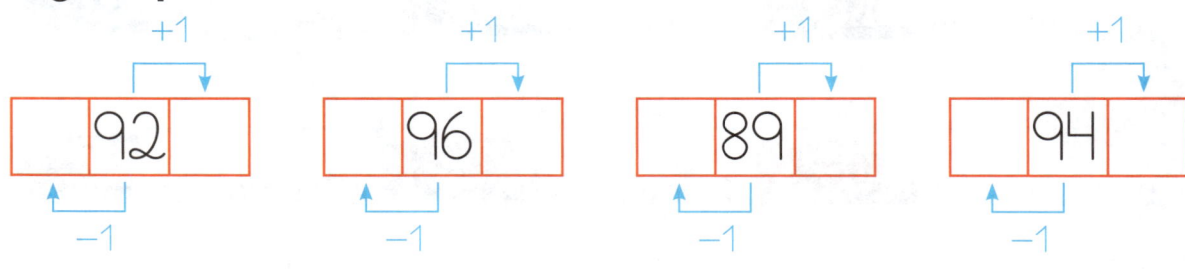

| | 92 | | | 96 | | | 89 | | | 94 | |

6 Sofia comprou 2 dúzias de ovos. Usou meia dúzia para fazer uma omelete, 5 ovos para fazer um bolo e 4 ovos ela cozinhou para usar na salada. Sobrou mais ou menos de meia dúzia de ovos?

7 A numeração das casas nas ruas geralmente é assim: de um lado ficam as casas de número par e do outro ficam as casas de número ímpar. E a sua casa, fica de que lado da rua? Qual é o número de sua casa? _____

UNIDADE 9

MEDIDAS DE TEMPO, COMPRIMENTO, MASSA E CAPACIDADE

Medindo o tempo

O ano, os meses e os dias da semana

1 Vamos brincar de adivinha?

> O QUE É, O QUE É? SÃO SETE IRMÃOS, CINCO FORAM À FEIRA E DOIS NÃO.

> AH, ESSA É FÁCIL! SÃO OS DIAS DA SEMANA.

E você, sabe quais são os dias da semana?

2 Pra não esquecer, aprenda a parlenda.

> Bom dia, segunda!
> Como vai, terça?
> Assim, assim, quarta.
> E você, quinta?
> Diga à sexta-feira
> Que eu parto sábado
> Para chegar domingo.

Converse com os seus colegas sobre o que você costuma fazer em cada dia da semana.

3 Junte-se a um colega. Consultem um calendário deste ano e respondam às perguntas.

   a. Quantos meses têm o ano? _____

   b. Preencha o calendário abaixo com o ano e mês em que estamos.

MÊS:					ANO:	
DOMINGO	SEGUNDA-FEIRA	TERÇA-FEIRA	QUARTA-FEIRA	QUINTA-FEIRA	SEXTA-FEIRA	SÁBADO

   c. Esse é um mês de _____ dias.

   d. O mês que vem é o mês de _____.

   É um mês de _____ dias.

4 Aprenda a quadrinha popular que ajuda a lembrar quantos dias cada mês tem.

> Trinta dias têm novembro,
> abril, junho e setembro.
> Vinte e oito ou vinte e nove
> só tem um.
> Todos os outros têm
> trinta e um.

   a. Quais os meses de 31 dias?

   _____

   _____

   b. O mês de fevereiro deste ano tem 28 ou 29 dias?

   _____

   _____

5) Conte aos seus amigos o que você costuma fazer aos domingos.

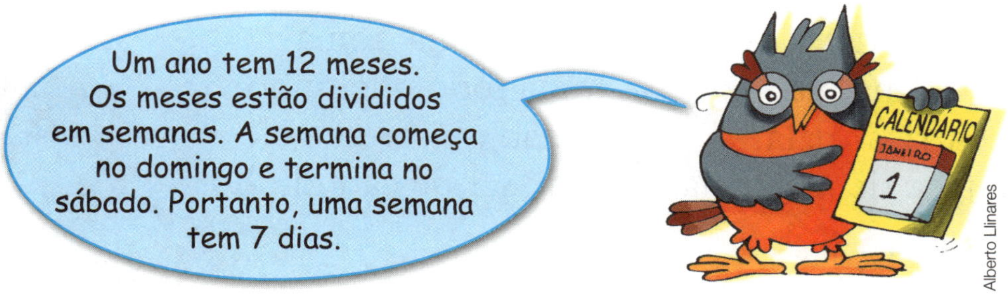

> Um ano tem 12 meses. Os meses estão divididos em semanas. A semana começa no domingo e termina no sábado. Portanto, uma semana tem 7 dias.

Manhã, tarde e noite

1) Que horas são agora? Pergunte ao professor e escreva aqui.

_____

- Observando um relógio de ponteiros, desenhe, no relógio ao lado, como eles estão agora.

2) Veja como é o dia de Theo.

| De manhã, ele acorda e vai à escola. | À tarde, Theo brinca com os amigos. | À noite, Theo dorme. |

- O que você faz de manhã? E à tarde? E à noite?
Converse com seus amigos sobre as atividades de cada um.

3 Leia.

Acorda que já é dia.
Lava o rosto lá na pia.
Tá com a barriga vazia?
Come um teco de melancia.

Tá na hora da escola
Quero ler e escrever
Quando chegar o recreio,
Não vou parar de correr.

Toma, toma, toma
Toma todo o leitinho.
Se não quiser de gole,
Pode ser de canudinho.

Trechos do livro *Todo dia, qualquer hora*, de João Bianco e Mônica Marsola, Caramelo.

- Agora, conte um pouco do que você faz durante o dia.

Às 8 horas da manhã eu _____

Ao meio-dia eu _____

Às 6 horas da tarde eu _____

4 Observe o relógio abaixo, que marca 3 horas.

a. Quantos números aparecem no mostrador desse relógio? _____

b. Em que número o ponteiro maior está? _____

c. Em que número o ponteiro menor está? _____

5 Observe os ponteiros dos relógios e diga que horas cada relógio está marcando.

_____   _____   _____

FIQUE SABENDO

Durante o dia, quando os dois ponteiros estão juntos no 12, é meio-dia.

Durante a noite, quando os dois ponteiros estão juntos no 12, é meia-noite.

6 Descubra qual é o relógio de cada criança. Ligue para mostrar.

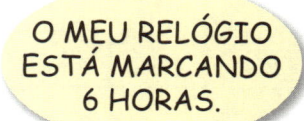

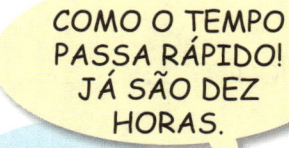

"O MEU RELÓGIO ESTÁ MARCANDO 6 HORAS."

"COMO O TEMPO PASSA RÁPIDO! JÁ SÃO DEZ HORAS."

"COMO O SOL ESTÁ QUENTE! CLARO... JÁ É MEIO-DIA."

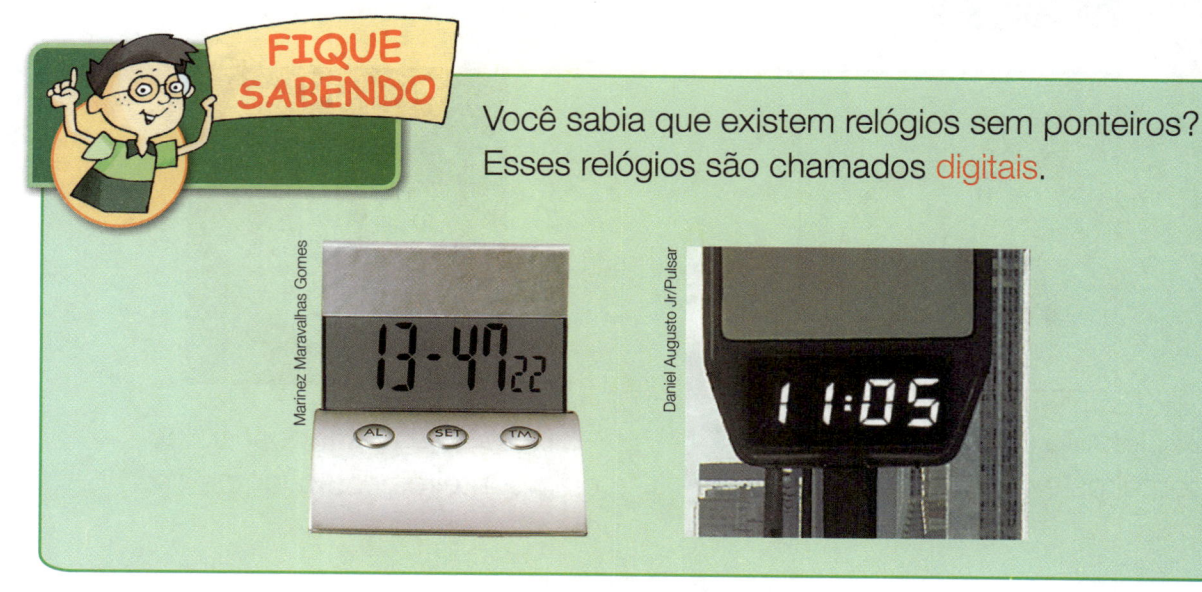

Ilustrações: Alberto Llinares

10:00   12:00   6:00

FIQUE SABENDO

Você sabia que existem relógios sem ponteiros? Esses relógios são chamados digitais.

Marinez Maravalhas Gomes

13:47:22

Daniel Augusto Jr/Pulsar

11:05

TRABALHANDO COM CÁLCULO MENTAL

Os dentes de leite começam a nascer por volta dos 6 meses de idade. Essa primeira dentição é composta por 20 dentes. A segunda dentição, a permanente, surge por volta dos 6 anos de idade e, quando completa, é de 32 dentes.

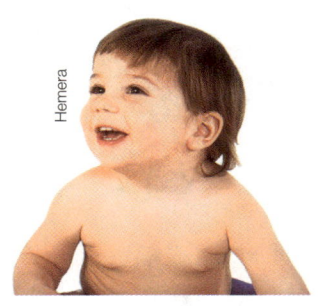

- Quantos dentes a dentição permanente tem a mais que a de leite?

Calcule mentalmente. _____

FIQUE SABENDO

Hum... comer doce é muito gostoso! Mas, depois, é preciso escovar os dentes. Isso porque os doces têm açúcar, que é um dos grandes responsáveis pela cárie.

Cuide bem dos seus dentes para não ficar banguela!

Banguela: também se fala benguela e significa quem não tem um ou mais dentes.

Os benguelas, escravos trazidos do porto de Benguela, na África, tinham o costume de limar os dentes superiores até ficarem bem curtinhos. Daí, a palavra banguela para denominar pessoas sem dentes.

> Viva nosso rei,
> preto de Benguela,
> que casou a princesa
> com o infante de Castela.
>
> Parlenda popular retirada de:
> *Memória das palavras – a cor da cultura.*

PRODUÇÃO

Você conhece a história de Cinderela? Leia este trecho.

Era uma vez um príncipe que, para escolher sua noiva, convidou todas as moças do reino para um baile que começaria às 10 horas da noite.

Cinderela queria muito ir, mas não podia, pois não tinha roupa de festa. Sozinha em casa, Cinderela chorava. Faltava uma hora para o baile começar quando a fada apareceu e transformou as roupas dela em um lindo vestido. Nos pés dela, a fada fez surgir sapatinhos de cristal. Mas avisou: "À meia-noite, o encanto terminará, e tudo voltará ao normal".

Às 10 horas da noite, Cinderela chegou ao baile. O príncipe ficou encantado e com ela dançou o tempo inteiro. Mas, à meia-noite...

Ilustrações: Glair Alonso

1 Você sabe como termina essa história? Se souber, conte para seus colegas.

2 Observe as cenas a seguir e faça o que se pede.

Circule:

a. com lápis azul o que aconteceu antes de meia-noite.

b. com lápis verde o que aconteceu à meia-noite.

c. com lápis vermelho o que você acha que aconteceu depois da meia-noite.

3 Destaque as figuras da página 301 e monte o relógio. Com um colega, releiam a história e marquem as horas solicitadas a seguir nos relógios montados. Depois, desenhem nestes outros relógios como os ponteiros ficaram.

a. A hora em que a fada apareceu para ajudar Cinderela.

b. A hora em que o encanto terminou.

4 No dia seguinte, um ajudante do palácio encontrou Cinderela e entregou a ela o sapato de cristal que ela havia perdido no baile. Com um colega, marquem no relógio a hora que vocês imaginam que isso aconteceu.

- Expliquem às outras duplas por que vocês escolheram esse horário e ouçam o que as outras duplas têm a dizer.

VOCÊ JÁ LEU?

A peteca do pinto,
de Nílson José Machado, Scipione.

O pinto, muito levado, queria uma peteca. Para isso, arrancou penas da mãe dele!
O castigo veio do pai: para cada pena arrancada, uma hora sem brincar. Quanto tempo seria isso?

Medindo comprimentos

O 👣 é a unidade de medida de comprimento.

Quantos 👣 mede cada caminho?

a. São _____ 👣.

b. São _____ 👣.

Usando o centímetro

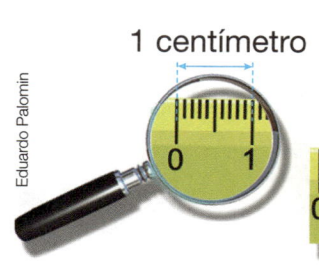

Esta é uma régua de 10 centímetros. Nela destacamos 1 centímetro.

A régua pode nos ajudar a medir a largura, o comprimento e a altura de objetos. Veja como medimos em **centímetros** a altura da tesoura e do tubo de cola.

A tesoura tem 12 centímetros de altura.

Não se esqueça de ajustar bem no zero.

O tubo de cola tem 8 centímetros de altura.

1) Agora, você usa sua régua e mede o comprimento de cada fio.

a.

O fio de lã tem _____ centímetros de comprimento.

b.

O pedaço de barbante tem _____ centímetros de comprimento.

2) Você tem RG? O Registro Geral, conhecido como RG, é um documento muito importante. Ele tem foto e dados da pessoa. Hoje, no Brasil, é possível tirar o RG em qualquer idade. Esse documento é válido em todo o país.

a. Use a régua e meça o comprimento dos lados da foto que aparece nesse RG.

_____ centímetros

por _____

centímetros.

b. Se você tem RG, escreva aqui o número:

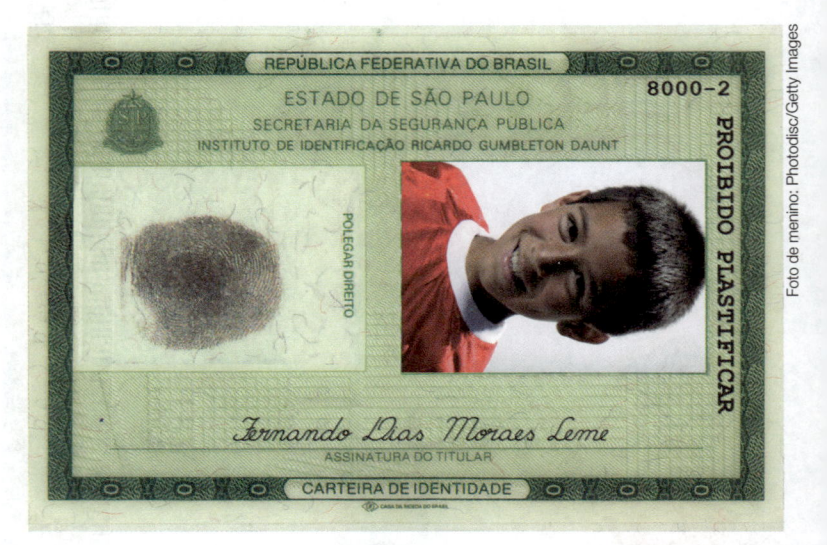

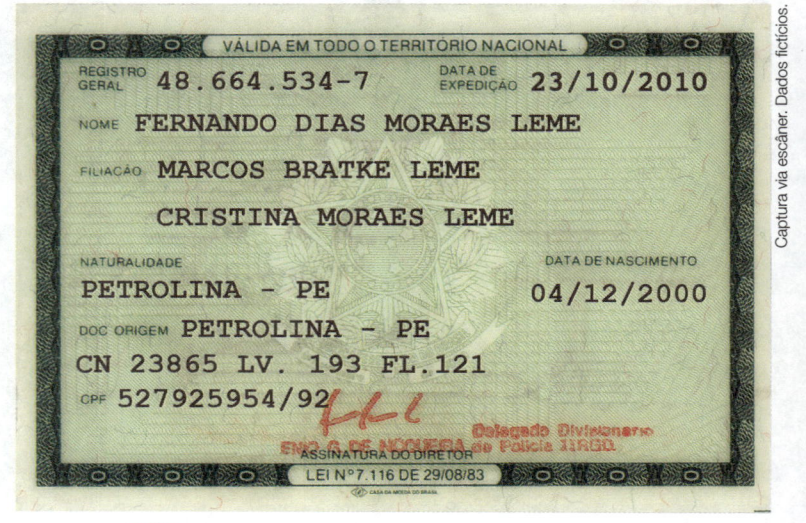

_____

3 Use a régua para medir o comprimento:

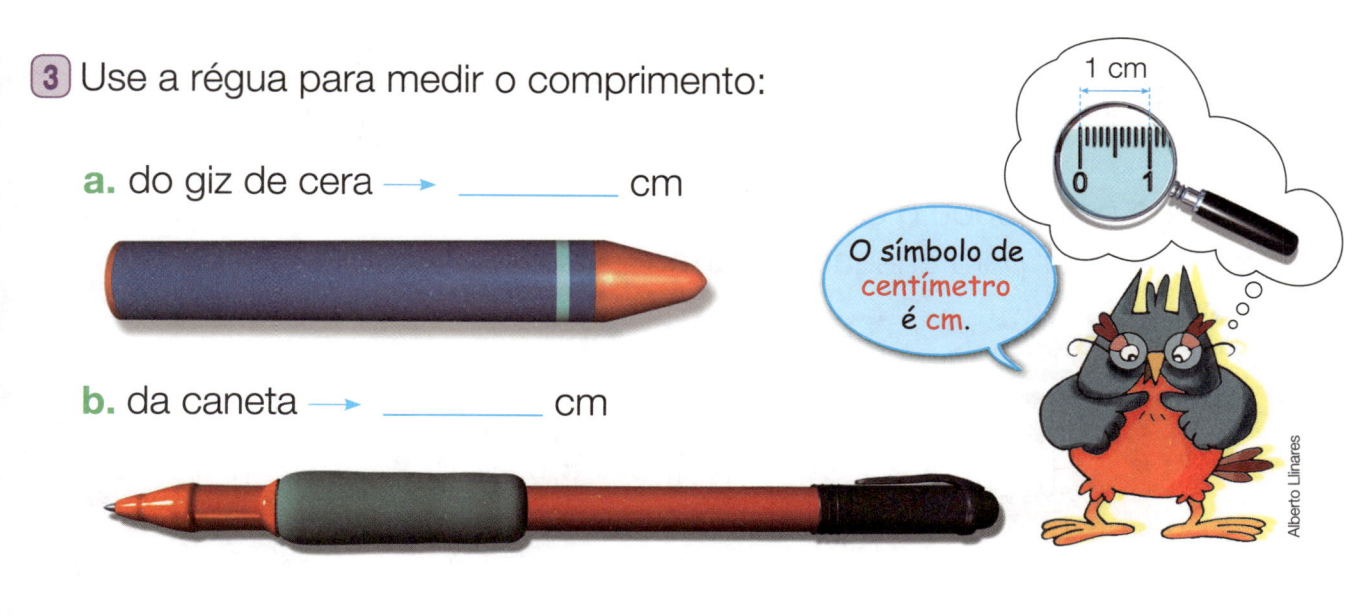

    a. do giz de cera ⟶ _____ cm

    b. da caneta ⟶ _____ cm

O símbolo de centímetro é cm.

    c. do lápis que você está usando ⟶ _____ cm

4 Alguns lápis foram mais apontados que outros. Meça quantos centímetros tem cada um e complete.

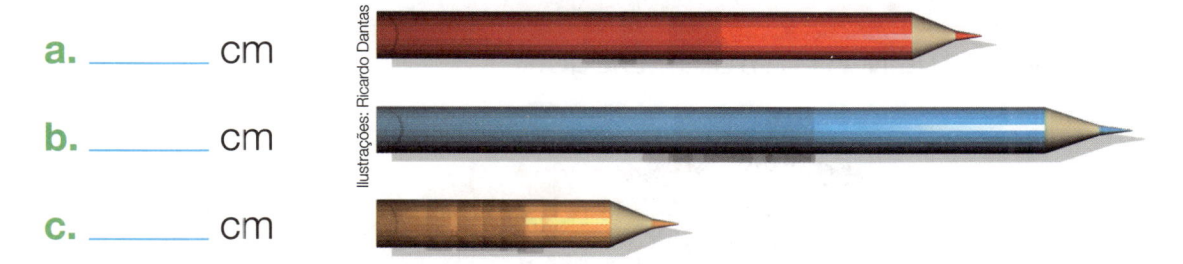

    a. _____ cm

    b. _____ cm

    c. _____ cm

▶▶▶▶▶▶▶▶ **VOCÊ JÁ LEU?** ◀◀◀◀◀◀◀◀

Grande ou pequena?,
de Beatriz Meirelles, Scipione.

Mariana tem um problema: para brincar na rua, ela é pequena; para chupar chupeta, é muito grande. Dá pra entender?

BRINCANDO COM PERCURSOS

Diego estacionou o carro na vaga **C** da rua 3. Trace o percurso que ele deve fazer para chegar ao carro.

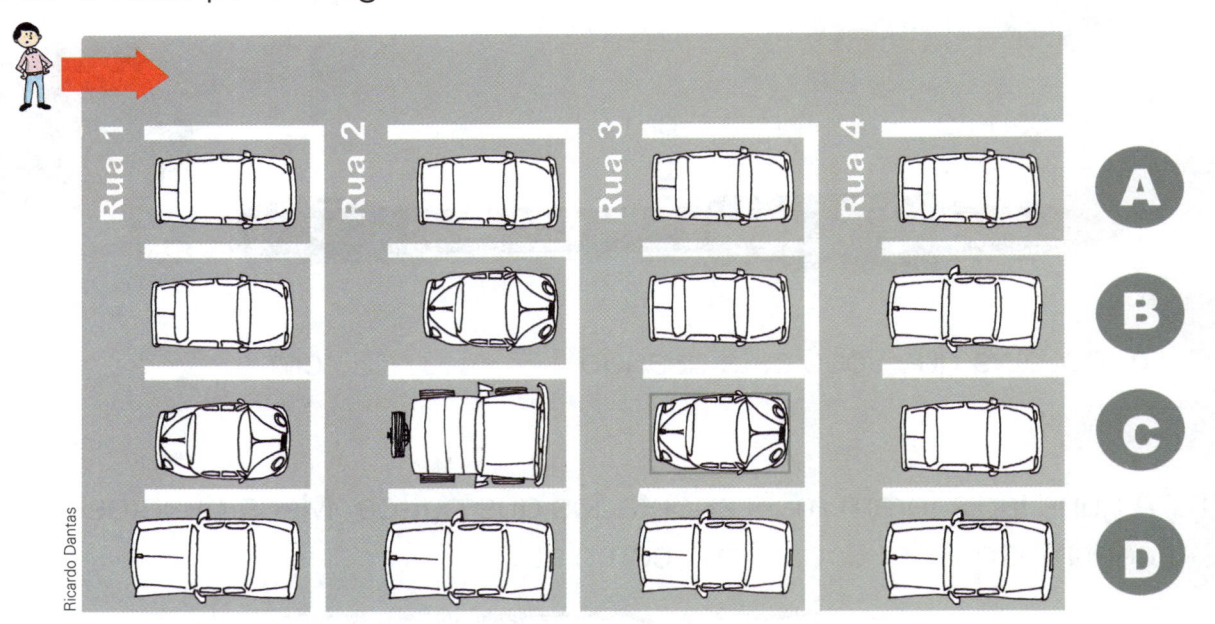

- Pinte de vermelho o carro de Diego.

PARA SE DIVERTIR

Leia esta tirinha.

E EU PESQUEI UM PEIXE DESSE TAMANHO!

NINGUÉM GANHA DO HOME-BORRACHA!

Chico Bento, de Mauricio de Sousa. *O Estado de S. Paulo*, São Paulo, mar. 1997.

- Se você esticar os braços como o homem-borracha, quantos centímetros dá para dizer que teria o peixe que você pescou?

Medindo a massa

1. Você já almoçou num restaurante "por quilo"?

   Nesse tipo de restaurante, você monta o seu prato escolhendo entre a variedade de pratos oferecidos.

   A figura a seguir, conhecida como Pirâmide da Alimentação Saudável, mostra como devemos nos alimentar de forma saudável.

   Pirâmide da Alimentação Saudável

   Fonte de pesquisa: <www.anvisa.gov.br/ALIMENTOS/ROTULOS/GUIADEBOLSO.PDF>. Acesso em: 10 maio 2011.

   - Converse com o seu grupo sobre as informações que essa figura nos traz.

2 Vanessa vai hoje ao mercado e fez uma lista de compras para não se esquecer de nada.

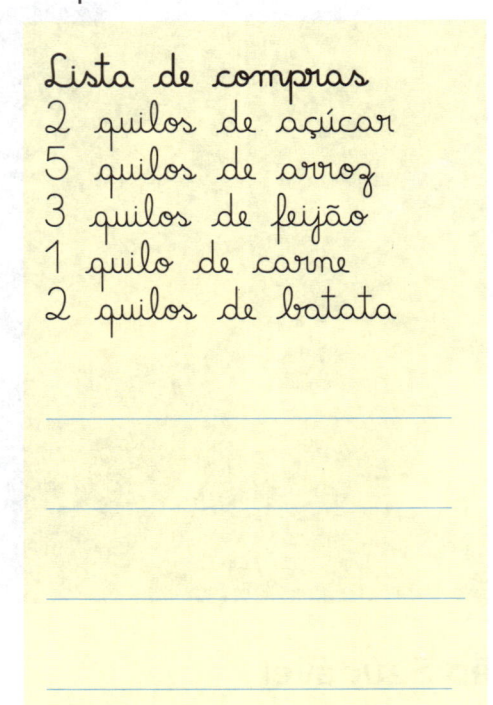

Lista de compras
2 quilos de açúcar
5 quilos de arroz
3 quilos de feijão
1 quilo de carne
2 quilos de batata
_____
_____
_____

a. O que mais você conhece que é vendido por **quilograma**? Acrescente 3 itens nessa lista de Vanessa com produtos que podem ser comprados por quilograma.

> Na linguagem popular, em vez de quilograma, usamos simplesmente quilo.

b. Mostre a um colega os produtos que você acrescentou e veja como ele fez a lista dele.

> Para medir a massa dos alimentos, podemos usar uma unidade de medida chamada quilograma, cujo símbolo é kg.

> Na linguagem popular, costumamos dizer que estamos medindo o "peso".

3 Mariana precisa comprar 10 quilogramas de arroz. Ela encontrou pacotes assim:

Descreva 2 maneiras diferentes de Mariana levar os 10 quilogramas de arroz.

_____

_____

FAZENDO ESTIMATIVAS

1 Observe o tamanho das abóboras da foto. Pinte o desenho da abóbora:
  a. mais pesada, usando a cor laranja.
  b. menos pesada, usando a cor amarela.

2. A menina da foto tem cerca de 20 quilos. Faça uma estimativa de quantos quilos tem a abóbora gigante.

( ) Tem mais de 50 quilos.
( ) Tem cerca de 50 quilos.
( ) Tem menos de 50 quilos.

- Agora, conte para os colegas como você fez essa estimativa.

LENDO E CONSTRUINDO GRÁFICOS E TABELAS

a. Junte-se a 2 colegas e anotem na tabela abaixo quantos quilogramas tem cada um.

Título: _____

Nome			
Peso em quilogramas			

Título: _____

b. Para cada nome, pinte no gráfico a quantidade de quilogramas registrados no quadro. Depois, dê um título para o gráfico.

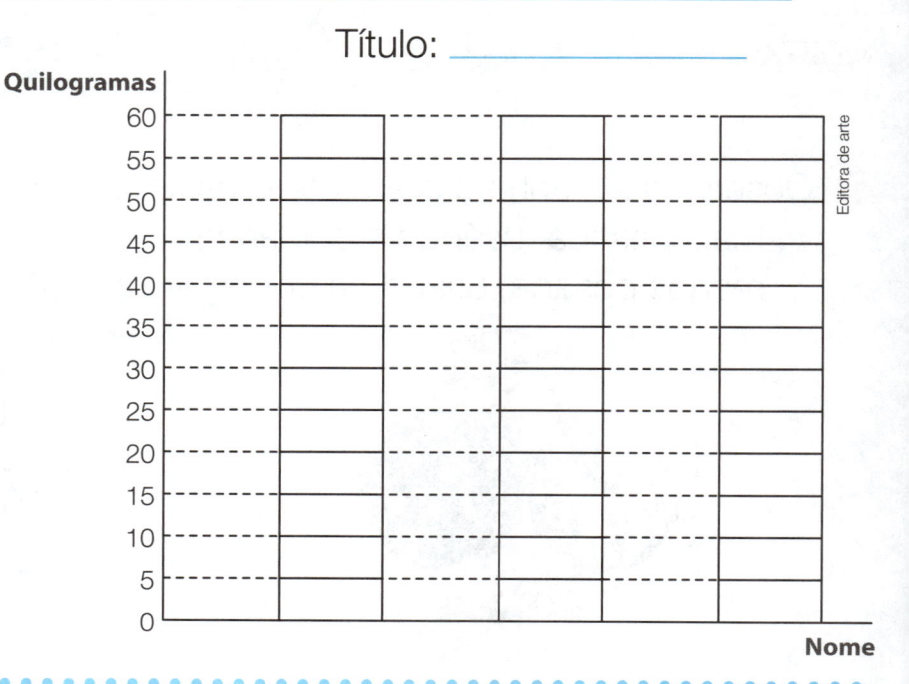

Medindo a capacidade

Você já tomou garapa?

A garapa é uma bebida feita da cana-de-açúcar. Costuma ser vendida em copos ou em litros.

COPO R$ 2,00

GARRAFA 1 litro R$ 8,00

Alguns dizem que a palavra garapa é de origem africana; outros, que é de origem indígena. A verdade é que essas duas culturas contribuíram muito na formação da cultura brasileira.

1 Na lista de compras de Vanessa havia alguns produtos vendidos em litro.

Lista de compras
3 litros de água
1 litro de groselha
_____
_____
_____

a. O que mais você conhece que é vendido por **litro**? Acrescente 3 itens nessa lista de Vanessa com produtos que podem ser comprados por litro.

b. Mostre a um colega os produtos que você acrescentou e veja como ele fez a lista dele.

O símbolo de litro é ℓ ou L.

Para medir a capacidade de um recipiente, podemos usar o **litro**.

Recipiente é um objeto, por exemplo, tigela, vidro, garrafa etc., usado para guardar alguma coisa dentro.

2 Um litro de água enche 4 copos como os da foto abaixo.

a. Uma pessoa que toma 3 desses copos de água por dia, toma mais ou menos de 1 litro de água por dia? _____

b. Segundo a OMS (Organização Mundial da Saúde), é recomendado beber dois litros de água por dia. Para tomar 2 litros de água por dia, quantos desses copos de água uma pessoa precisa tomar? _____

3 Quantas dessas garrafas de meio litro eu preciso para obter:

a. um litro de azeite? _____

b. dois litros de azeite? _____

c. cinco litros de azeite? _____

FAZENDO ESTIMATIVAS

1 A primeira garrafa tem a capacidade de 1 litro.

Pinte de 🟦 as garrafas que tenham capacidade de mais de 1 litro e de 🟨 as que tenham capacidade de menos de 1 litro.

2 Na caçamba menor cabem 20 litros de água. Estime quantos litros cabem na caçamba maior. _____

> **Caçamba** é um balde, amarrado a uma corda, usado para tirar água de poços.

> Caçamba é uma palavra de origem africana.

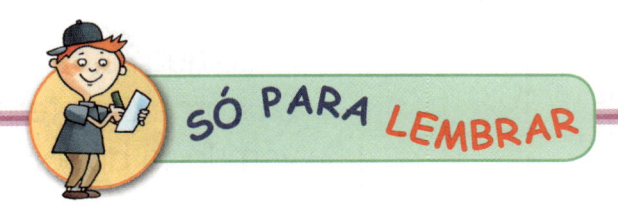

SÓ PARA LEMBRAR

1 Com 1 litro de leite dá para encher exatamente 4 copos como os da figura. Quantos destes copos você consegue encher com 3 litros de leite? _____

2) Bryda faz aulas de futebol duas vezes por semana. Ela quer ser uma grande jogadora, como a Marta, da seleção brasileira.

As aulas de Bryda são em algum horário depois do almoço e antes do jantar. Circule o relógio abaixo que pode estar indicando o início dessas aulas.

3) Escolha um mês de 31 dias, nem mais nem menos, e complete o calendário abaixo.

MÊS:				ANO:		
Dom.	Seg.	Ter.	Qua.	Qui.	Sex.	Sáb.

a. Qual o mês que você escolheu? _____

b. Quantos dias tem o mês que vem logo antes desse que você escolheu? _____

c. Quantos dias tem o mês que vem logo depois desse que você escolheu? _____

d. De quantos dias é o mês de seu aniversário? _____

e. Qual o mês que tem menos de 30 dias? Quantos dias tem esse mês? _____

4 Junte-se a um colega. Um ajuda o outro a medir, com uma régua, em centímetros, algumas partes do corpo.

a. o palmo → ☐ cm

b. o pé → ☐ cm

c. a distância do cotovelo ao punho → ☐ cm

d. a distância do joelho ao chão → ☐ cm

5 Agora, faça estas outras medidas usando uma fita métrica. Anote na tabela.

Outras medidas em centímetros

Contorno da cintura	cm
Contorno do pescoço	cm
Contorno do punho	cm
Distância da cintura ao calcanhar	cm

6 Ligue cada instrumento com o que ele mede:

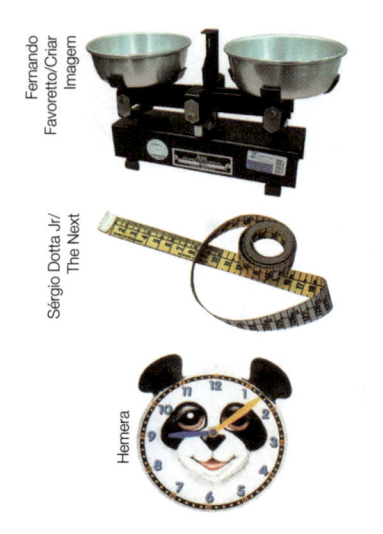

tempo

massa

comprimento

7 Observe as balanças.

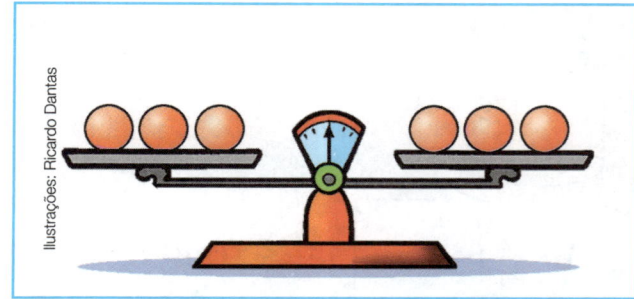

Essa balança está em equilíbrio.   Essa balança não está em equilíbrio.

- Troque ideias com um colega e desenhe ⬤ e ▮ para deixar as balanças equilibradas.

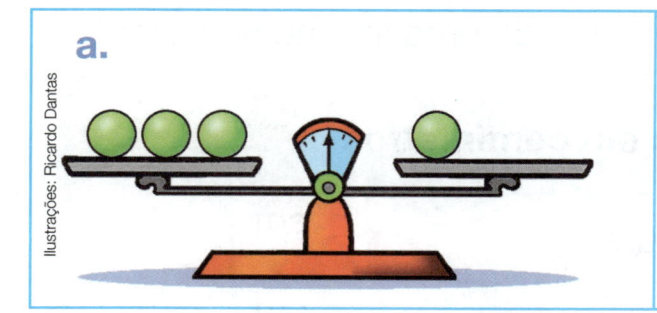

a.

b.

8 Com 1 quilograma de açúcar eu consigo fazer 10 receitas de bolo. Quantos desses bolos eu consigo fazer com:

a. 2 quilogramas de açúcar? _____

b. meio quilograma de açúcar? _____

UNIDADE 10

ADIÇÃO E SUBTRAÇÃO COM REAGRUPAMENTO

Revendo as ideias da adição

A ideia de juntar

1 A turma resolveu comprar uma bola nova para jogar futebol no campinho do bairro. O time da Rua A arrecadou 15 reais, e o time da Rua B arrecadou 22 reais.

Time da Rua A → 10 5

Time da Rua B → 10 10 2

a. Quantos reais os dois conseguiram juntos?
Para descobrir, reúna-se com um colega. Usem as cédulas.

b. Vocês também podem calcular esse total usando as barrinhas e cubinhos do Material Dourado.

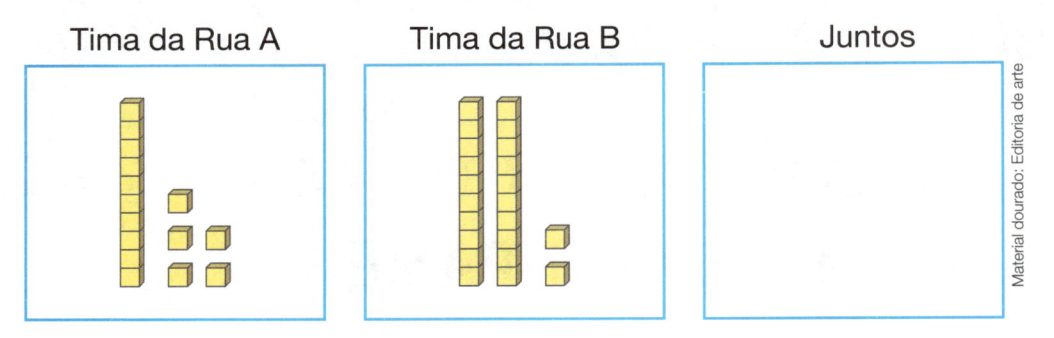

Tima da Rua A   Tima da Rua B   Juntos

2 Podemos, ainda, calcular esse total de outras maneiras.

EU PREFIRO USAR O QUADRO DE ORDENS.

EU PREFIRO DECOMPOR OS NÚMEROS E, DEPOIS, JUNTAR ASSIM:
15   22
10 + 5 + 20 + 2
30 + 7 = 37

Portanto, os times têm, juntos, 37 reais.

- E você, como prefere calcular? Use o espaço abaixo para registrar a sua maneira de calcular esse total.

3 O time de basquete de Nora marcou 23 cestas no primeiro tempo. No segundo tempo, marcou 42 cestas e sofreu 13 cestas. Quantas cestas o time de Nora marcou nos 2 tempos do jogo? Calcule da forma que preferir.

4 Juntando, quanto dá?

> 5 BARRINHAS COM 3 BARRINHAS SÃO 8 BARRINHAS.

5 barrinhas
3 barrinhas

a. 5 dezenas com 3 dezenas são _____ dezenas.

$$50 + 30 = \_\_\_\_\_$$

> Lembre-se de que 10 barras podem ser trocadas por 1 placa.

b. 3 dezenas com 2 dezenas são _____ dezenas.

_____ + _____ = _____

c. 7 dezenas com 3 dezenas são _____ dezenas.

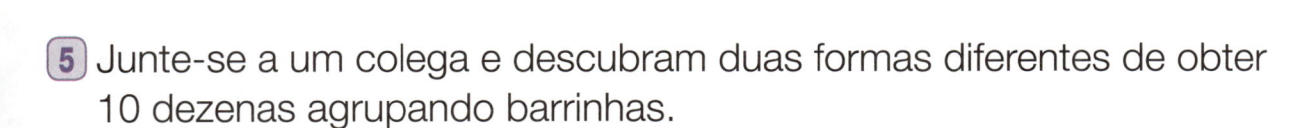

_____ + _____ = _____

5 Junte-se a um colega e descubram duas formas diferentes de obter 10 dezenas agrupando barrinhas.

a. _____ dezenas + _____ dezenas = 10 dezenas

b. _____ dezenas + _____ dezenas = 10 dezenas

A ideia de acrescentar

1. Maurício possui 43 miniaturas de animais. Ele vai ganhar 21 miniaturas de dinossauros do tio. Com quantas miniaturas Maurício vai ficar? Calcule de 3 modos diferentes.

a. Usando as barrinhas e os cubinhos para representar as quantidades.

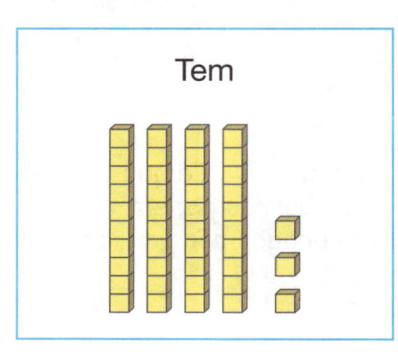

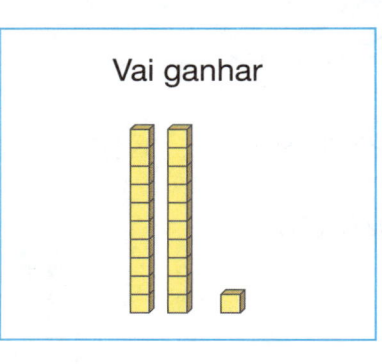

Tem	Vai ganhar	Vai ficar

b. Decompondo os números.

$$43 + 21$$
$$40 + 3 + 20 + 1$$
$$60 + 4 = \_\_\_\_$$

c. Usando o Quadro de Ordens.

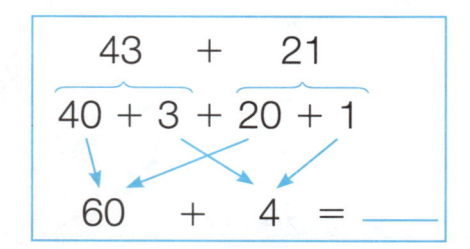

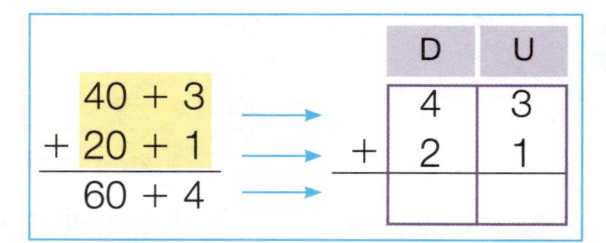

$$40 + 3$$
$$+ 20 + 1$$
$$\overline{60 + 4}$$

	D	U
	4	3
+	2	1

Maurício vai ficar com _____ miniaturas de animais.

- E você, como prefere calcular? Troque ideias com seus colegas sobre as escolhas de cada um. O espaço abaixo é todo seu!

2) Numa escavação à procura de fósseis de dinossauros, foram encontrados 37 ovos de dinossauros na primeira semana, e 22 outros ovos na semana seguinte. Quantos ovos de dinossauros foram encontrados nessas duas semanas?

3) Theo está lendo um livro sobre dinossauros. Na semana passada, ele leu 32 páginas. Nesta semana, leu outras 43 e terminou a leitura. Quantas páginas esse livro tem?

FIQUE SABENDO

Cerca de vinte espécies de dinossauros foram descobertas até hoje no Brasil, alguns deles considerados dos mais antigos que se conhece. Na foto ao lado, temos o esqueleto de um dinossauro carnívoro brasileiro, o *Angaturama limai*. Esse esqueleto foi encontrado no Ceará em 1991. Presume-se que estivesse vivo há 110 milhões de anos e poderia ter alcançado sete metros de comprimento e três metros de altura.

4) Mariana tem 57 reais guardados para fazer um lanche para os amigos. Tio Olavo vai ajudar com mais 32 reais. Quantos reais Mariana terá para o lanche?

TRABALHANDO COM CÁLCULO MENTAL

1) Calcule as somas mentalmente e preencha os espaços.

a.
22 + 10 =
22 + 20 =
22 + 30 =
22 + 40 =
22 + 50 =
22 + 60 =

b.
37 + 10 =
37 + 20 =
37 + 30 =
37 + 40 =
37 + 50 =

2) Preencha com os números que faltam.

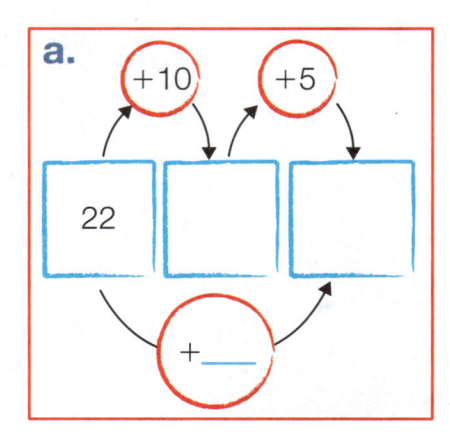

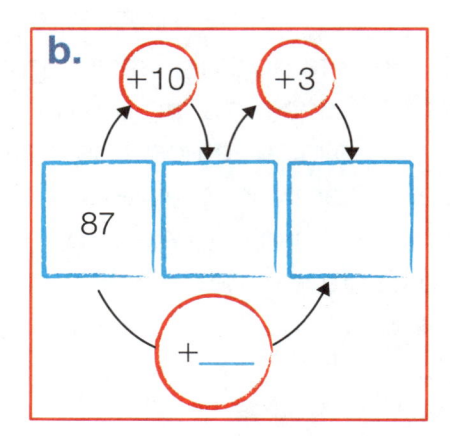

a. +10 → +5 → 22 → ☐ → ☐ ; +___

b. +10 → +3 → 87 → ☐ → ☐ ; +___

BRINCANDO COM PERCURSOS

Ao chegar em casa, Marta beijou o pai, que estava na cozinha. Depois, foi ao quarto para trocar de roupa, lavou as mãos no banheiro e sentou-se à mesa da sala para almoçar.

Trace o percurso que Marta fez ao chegar em casa.

Adição com reagrupamento

1 Tony e Luíza colecionam gibis.

TENHO 46 GIBIS NA MINHA COLEÇÃO.

A MINHA COLEÇÃO ESTÁ COM 38 GIBIS.

Quantos gibis eles já têm no total?

Para calcular, podemos usar barrinhas e cubinhos. Acompanhe os cálculos usando o seu material.

1º) Adicionamos as unidades.

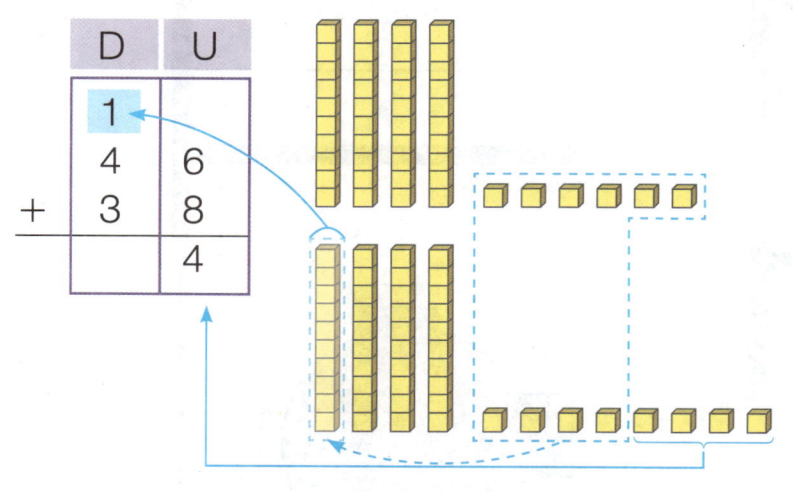

D	U
1	
4	6
+ 3	8
	4

6 + 8 = 14. TROCAMOS 10 UNIDADES POR 1 DEZENA.

2º) Adicionamos as dezenas.

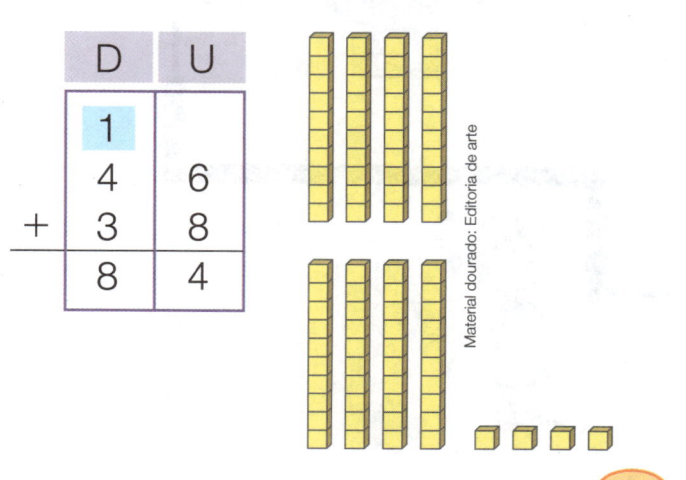

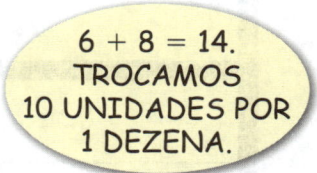

D	U
1	
4	6
+ 3	8
8	4

Podemos, ainda, decompor os números.

46 + 38
40 + 6 + 30 + 8
70 + 14 = 84

2 Calcule as somas. Quando necessário, circule 10 ▭ para trocar por 1 ▭▭▭▭▭▭▭▭▭▭ . Acompanhe os cálculos usando o seu material.

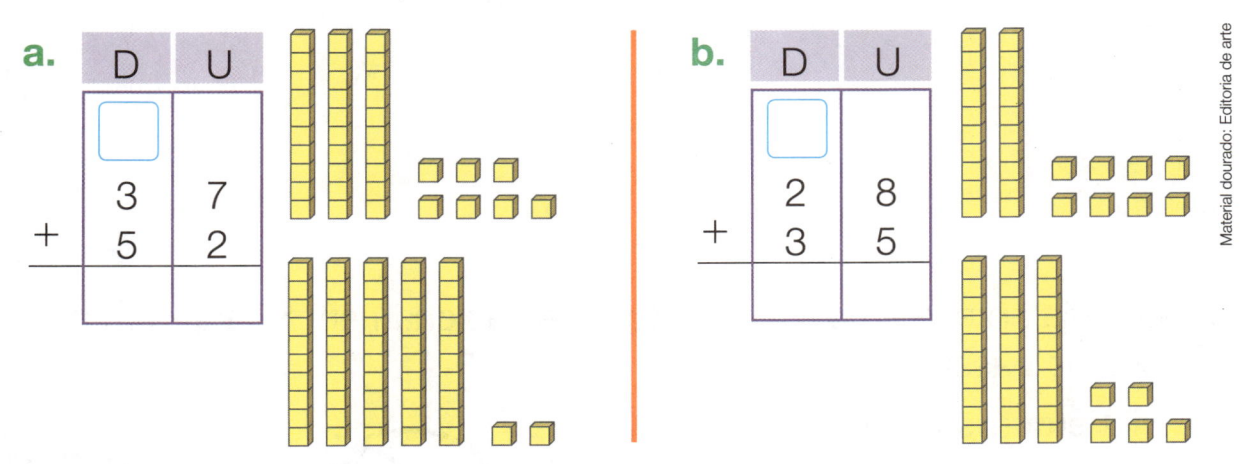

a.
D	U
3	7
+ 5	2

b.
D	U
2	8
+ 3	5

3 Complete a trilha com os números de 25 a 35.

| 25 | | | | | | 31 | | 33 | | 35 |

a. Encontre dois números "seguidos" na trilha cuja soma seja 53.

b. Encontre dois números "seguidos" na trilha cuja soma seja 57.

c. Essas somas de dois números "seguidos" na trilha são pares ou ímpares?

d. Encontre dois números "seguidos" na trilha cuja soma seja 64.

4 Para uma encomenda de doces, dona Selma vai usar 3 dúzias de ovos e mais 8 ovos. Quantos ovos ela usará no total?

5 A tabela apresenta o movimento do estacionamento Pare Bem na semana passada.

Veículos estacionados

Dias da semana	Total de veículos
Segunda-feira	43
Terça-feira	24
Quarta-feira	26
Quinta-feira	45
Sexta-feira	21
Sábado	29
Domingo	27

Dados fictícios.

a. Calcule o total de veículos estacionados no final de semana (sábado e domingo).

b. Qual o total de veículos estacionados no Pare Bem na quarta e na quinta-feira?

SÓ PARA LEMBRAR

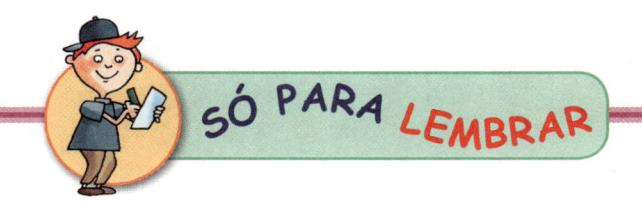

1 Juca tem 3 notas no bolso. Ao todo, são 60 reais. Quais notas ele pode ter no bolso? Use as suas cédulas destacadas para descobrir.

2 Emílio tinha algumas figurinhas repetidas. Deu 18 para a irmã e ainda ficou com 33.

    a. Quantas figurinhas ele tinha?

    b. Ele tinha mais ou menos de meia centena de figurinhas? _____

_____

3 Quantos peixes Jonas e Juca já pescaram no total? _____

JONAS, PESQUEI 35 PEIXES.

EU PESQUEI 27, JUCA.

4 Quando Alice nasceu, sua mãe tinha 23 anos. Quando Alice tiver 15 anos, qual será a idade da mãe dela?

LENDO E CONSTRUINDO
GRÁFICOS E TABELAS

1) Escolha 4 frutas. Escreva os nomes ou desenhe-as na tabela. Em seguida, faça uma pesquisa com 10 alunos da classe, perguntando a cada um qual das frutas ele prefere. Marque um **X** para cada voto que a fruta receber.

A fruta preferida

Frutas				
Votos				

2) Com as informações da tabela, construa o gráfico.

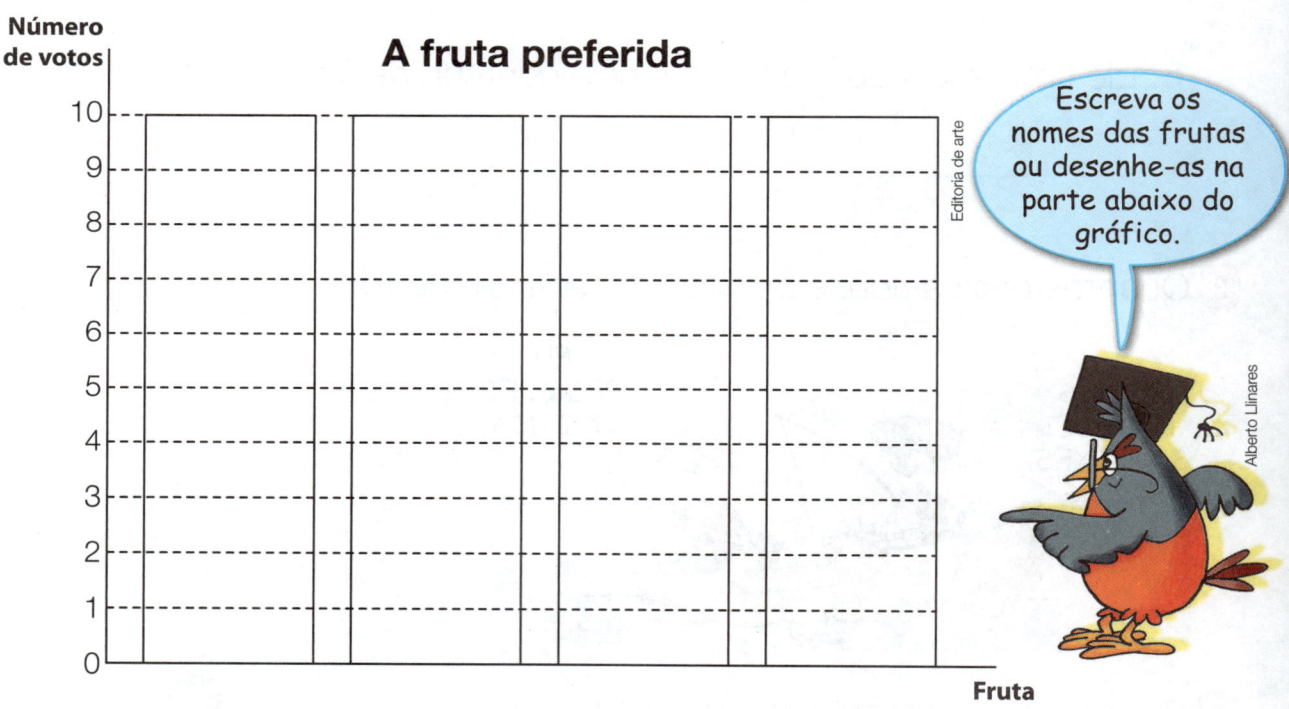

A fruta preferida

Número de votos (eixo vertical de 0 a 10)
Fruta (eixo horizontal)

> Escreva os nomes das frutas ou desenhe-as na parte abaixo do gráfico.

3) Qual das frutas foi a preferida pelos alunos de sua turma?

_____

4) E você, de que fruta mais gosta? _____

Marília Centurión, Júnia La Scala e Arnaldo Rodrigues

Regras & Peças

Porta aberta

Matemática

2º ano

Com este bloco você vai aprender muito! Leia as instruções, destaque as peças e divirta-se!

FTD

FIGURAS E SOMBRAS

3

CUIDANDO DA NATUREZA

Dobre - - - - -
Cole

VAMOS JOGAR E CANTAR

INSTRUÇÕES

JOGUE COM UM COLEGA E PREPARE A GARGANTA, PORQUE VOCÊS VÃO CANTAR MUITO!

1ª MONTE OS DADOS DA PÁGINA 11, ASSIM:

2ª MONTE OS PEÕES DA PÁGINA 11, ASSIM:

3ª CADA UM POSICIONA O SEU PEÃO NA CASA **SAÍDA** DO TABULEIRO.

4ª NA SUA VEZ, LANCE OS DADOS. ANDE A QUANTIDADE DE CASAS CORRESPONDENTE À DIFERENÇA ENTRE OS PONTOS DOS DADOS.

5ª QUANDO PARAR EM UMA CASA COM DESENHO, CANTE O TRECHO DA MÚSICA INDICADA NAS FICHAS DAS PÁGINAS 13 E 15. GANHA QUEM CANTAR MAIS MÚSICAS ATÉ CHEGAR AO FIM DO TABULEIRO!

Ilustrações: José Luís Juhas

VAMOS JOGAR E CANTAR

Dobre ----------
Cole

VAMOS JOGAR E CANTAR

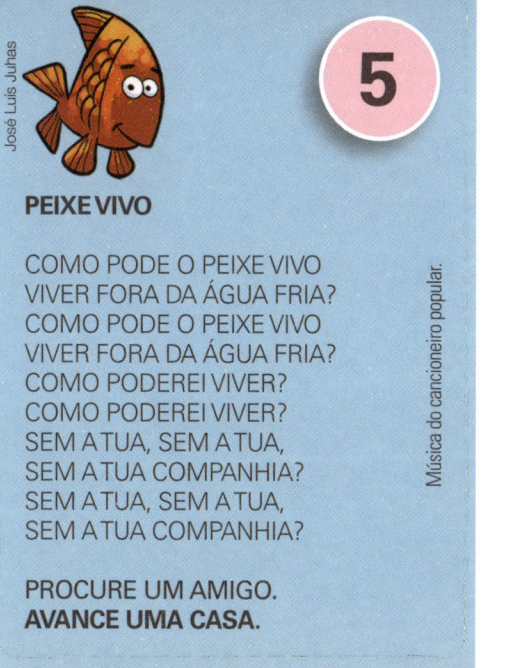

---

5 — PEIXE VIVO

Música do cancioneiro popular.

COMO PODE O PEIXE VIVO
VIVER FORA DA ÁGUA FRIA?
COMO PODE O PEIXE VIVO
VIVER FORA DA ÁGUA FRIA?
COMO PODEREI VIVER?
COMO PODEREI VIVER?
SEM A TUA, SEM A TUA,
SEM A TUA COMPANHIA?
SEM A TUA, SEM A TUA,
SEM A TUA COMPANHIA?

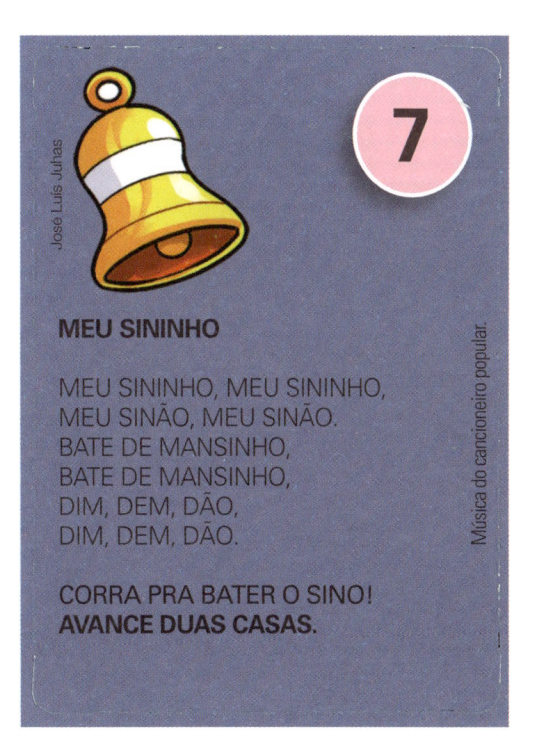

PROCURE UM AMIGO.
AVANCE UMA CASA.

José Luis Juhas

---

14 — O CRAVO E A ROSA

Música do cancioneiro popular.

O CRAVO BRIGOU COM A ROSA,
DEBAIXO DE UMA SACADA.
O CRAVO SAIU FERIDO,
E A ROSA, DESPEDAÇADA.

QUE COISA! BRIGAR NÃO LEVA A NADA.
VOLTE UMA CASA.

José Luis Juhas

---

7 — MEU SININHO

Música do cancioneiro popular.

MEU SININHO, MEU SININHO,
MEU SINÃO, MEU SINÃO.
BATE DE MANSINHO,
BATE DE MANSINHO,
DIM, DEM, DÃO,
DIM, DEM, DÃO.

CORRA PRA BATER O SINO!
AVANCE DUAS CASAS.

José Luis Juhas

---

3 — O MEU BOI MORREU

Música do cancioneiro popular.

O MEU BOI MORREU.
QUE SERÁ DE MIM?
MANDA BUSCAR OUTRO, MORENA,
LÁ NO PIAUÍ.
O MEU BOI MORREU.
QUE SERÁ DE MIM?
O MEU BOI MORREU,
CHORAM AS SANFONAS.
MANDA BUSCAR OUTRO, MORENA,
LÁ NO AMAZONAS.

CORRA PRA BUSCAR OUTRO BOI.
AVANCE UMA CASA.

José Luis Juhas

---

10 — CAI, CAI, BALÃO

Música do cancioneiro popular.

CAI, CAI, BALÃO!
CAI, CAI, BALÃO!
AQUI NA MINHA MÃO.
NÃO CAI, NÃO!
NÃO CAI, NÃO!
NÃO CAI, NÃO!
CAI NA RUA DO SABÃO.

É PERIGOSO SOLTAR BALÕES.
FIQUE UMA VEZ SEM JOGAR.

José Luis Juhas

VAMOS JOGAR E CANTAR

15

A BARATA DIZ QUE TEM

A BARATA DIZ QUE TEM
SETE SAIAS DE FILÓ.
É MENTIRA DA BARATA.
ELA TEM É UMA SÓ.
AH, AH, AH! OH, OH, OH!
ELA TEM É UMA SÓ.

FUJA DA BARATA, ELA É MENTIROSA.
AVANCE UMA CASA.

Música do cancioneiro popular.

17

MOTORISTA

MOTORISTA, MOTORISTA
OLHA A PISTA, OLHA A PISTA.
NÃO É DE SALSICHA,
NÃO É DE SALSICHA,
NÃO É NÃO, NÃO É NÃO.

CUIDADO, MOTORISTA, VÁ MAIS DEVAGAR.
VOLTE UMA CASA.

Música do cancioneiro popular.

20

O SAPO NÃO LAVA O PÉ

O SAPO NÃO LAVA O PÉ.
NÃO LAVA PORQUE NÃO QUER.
ELE MORA LÁ NA LAGOA,
NÃO LAVA O PÉ PORQUE NÃO QUER.

QUE CHULÉ!
CORRA E AVANCE DUAS CASAS.

Música do cancioneiro popular.

23

CIRANDA, CIRANDINHA

CIRANDA, CIRANDINHA
VAMOS TODOS CIRANDAR.
VAMOS DAR A MEIA-VOLTA,
VOLTA E MEIA VAMOS DAR.

CIRANDOU?
AVANCE UMA CASA.

Música do cancioneiro popular.

28

BORBOLETINHA

BORBOLETINHA, TÁ NA COZINHA.
FAZENDO DOCE PARA A MADRINHA.
POTI, POTI,
PERNA DE PAU.
OLHO DE VIDRO
E NARIZ DE PICA-PAU.

PARE PARA COMER O DOCE, QUE FICOU UMA DELÍCIA!
DESCANSE UMA RODADA.

Música do cancioneiro popular.

TRABALHANDO COM A CALCULADORA

1 Use a sua calculadora para adicionar 13 e 7.

Aperte as teclas: ON 1 3 + 7 = ☐

- Agora, registre o número que apareceu no visor.

2 Continue a usar a calculadora para efetuar as adições.

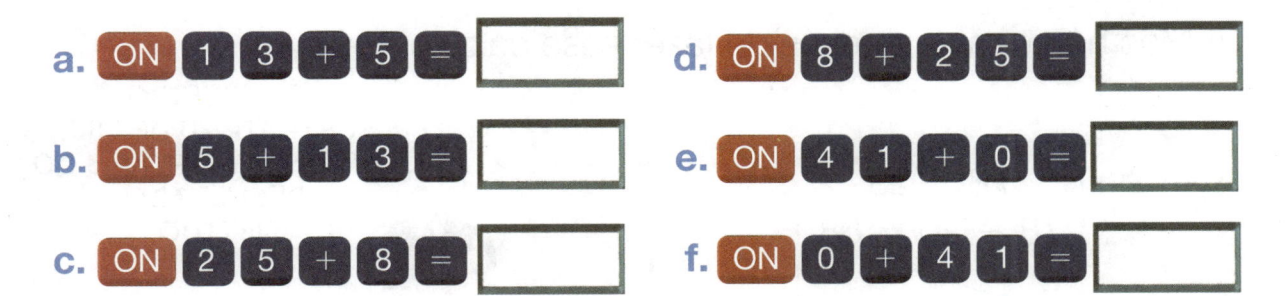

a. ON 1 3 + 5 = ☐ d. ON 8 + 2 5 = ☐

b. ON 5 + 1 3 = ☐ e. ON 4 1 + 0 = ☐

c. ON 2 5 + 8 = ☐ f. ON 0 + 4 1 = ☐

3 Analisando os resultados da atividade anterior, o que você pode concluir? Converse com um colega e veja se ele chegou às mesmas conclusões que você.

Revendo as ideias da subtração

A ideia de tirar

Júlia está colecionando um álbum de figurinhas. Hoje ela ganhou 78 figurinhas, mas 23 eram repetidas. Quantas figurinhas novas sobraram para Júlia colar no álbum?

Para responder, podemos pensar assim:

Desenhamos 78 figurinhas e riscamos as 23 que eram repetidas.

Mas há outras maneiras de fazer esse cálculo. Veja:

$$78 - 23$$
$$78 - 20 = 58$$
e
$$58 - 3 = 55$$

EU PREFIRO SUBTRAIR 20 DE 78 E, DEPOIS, SUBTRAIR 3 DO RESULTADO OBTIDO.

EU PREFIRO USAR O QUADRO DE ORDENS.

D	U
7	8
− 2	3
5	5

Portanto, sobraram 55 figurinhas para Júlia colar no álbum.
- E você, como prefere calcular? O espaço abaixo é todo seu!

A ideia de comparar

1 Nicole tem um jogo de montar com 37 peças vermelhas e 24 peças de outras cores. Quantas peças vermelhas há a mais que peças de outras cores?

Para responder, podemos usar barrinhas e cubinhos. Acompanhe com seu material.

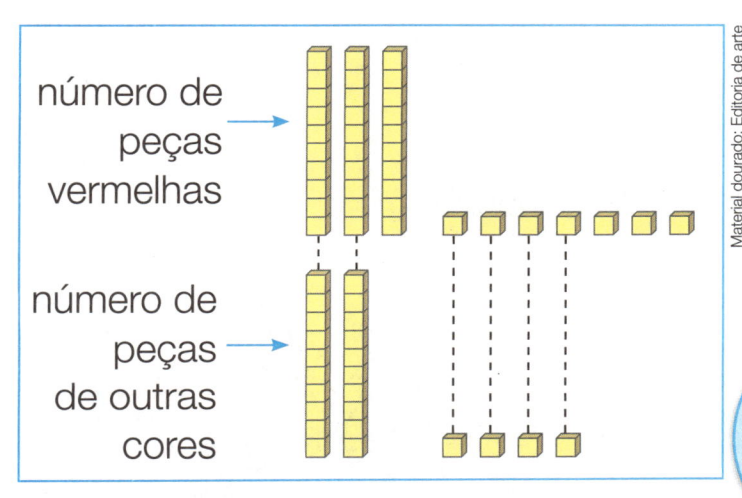

número de peças vermelhas

número de peças de outras cores

> Comparando as quantidades de peças vermelhas com as de outras cores, concluímos que há 13 peças vermelhas a mais.

Também podemos calcular destas maneiras:

$$\begin{array}{r} 30 + 7 \\ -\ 20 + 4 \\ \hline 10 + 3 \end{array}$$

$37 - 24$
$37 - 20 = 17$
e
$17 - 4 = 13$

Há 13 peças vermelhas a mais que peças de outras cores.

• E você, como prefere calcular a diferença 37 − 24? Anote abaixo.

2 Há uma bandeja com brigadeiros e outra com docinhos de coco.

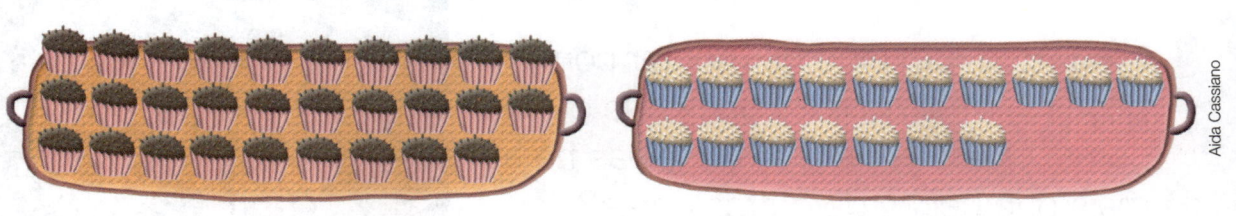

- O que posso fazer para ficar com a mesma quantidade de doces nas duas bandejas?

3 Quantos anos Adriana tem a menos que Sérgio?

4 Quantas meninas há a mais que meninos na classe de Emílio?

NA MINHA CLASSE, HÁ 15 MENINOS E 29 MENINAS.

A ideia de completar

1. André ganhou um álbum de pintar de animais marinhos. Ele já pintou até a página 50.

Agora ele vai pintar a página 51. Pinte também a página 51 do álbum de André. Depois de pintar, responda às perguntas.

a. Quantas páginas faltam agora para André chegar até a página dos pinguins?

b. André acabou de pintar a página dos pinguins. O álbum tem 99 páginas. Quantas páginas faltam para completar o álbum?

2 Bibi está guardando dinheiro para comprar um álbum igual ao de André. O álbum custa 58 reais. Veja quanto Bibi já tem.

Quantos reais faltam para Bibi conseguir comprar o álbum?

3 Faça os cálculos e complete.

UMA DEZENA PARA TRÊS DEZENAS, QUANTO FALTA?

a. 1 dezena para 3 dezenas, faltam _____ dezenas.

30 − 10 = _____

b. 2 dezenas para 8 dezenas, faltam _____ dezenas.

_____ − _____ = _____

c. 9 dezenas para 1 centena, falta _____ dezena.

100 − _____ = _____

TRABALHANDO COM CÁLCULO MENTAL

1 Calcule mentalmente as diferenças e preencha os espaços.

a. 45 − 10 = ☐
45 − 20 = ☐
45 − 30 = ☐
45 − 40 = ☐

b. 87 − 10 = ☐
87 − 20 = ☐
87 − 50 = ☐
87 − 60 = ☐

c. 63 − 30 = ☐
63 − 40 = ☐
63 − 50 = ☐
63 − 60 = ☐

d. 100 − 10 = ☐   100 − 20 = ☐   100 − 30 = ☐

2 Veja que modo interessante Pedro usa para calcular mentalmente 38 − 15.

$$38 - 15 \rightarrow \begin{cases} 30 - 10 = 20 \\ e \\ 8 - 5 = 3 \end{cases} \rightarrow 20 + 3 = 23$$

Então: 38 − 15 = 23.

• Usando a ideia de Pedro, faça os cálculos.

a. 56 − 22 → { 50 − 20 = _____ ; e ; 6 − 2 = _____ } → _____ + _____ = _____
Então: 56 − 22 = _____

b. 79 − 34 → { 70 − _____ = _____ ; e ; 9 − _____ = _____ } → _____ + _____ = _____
Então: 79 − 34 = _____

Subtração com reagrupamento

1 Ana levou 43 reais para comprar óculos e maiô para natação. Voltou com 25 reais. Quanto ela gastou?

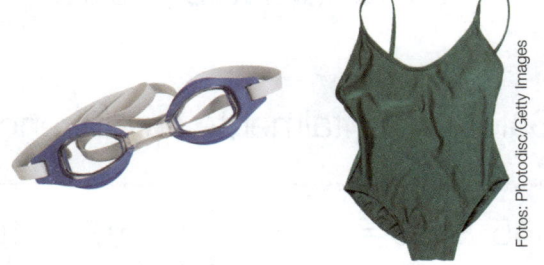

a. Para subtrair 25 de 43, use as barrinhas e os cubinhos para representar o cálculo.

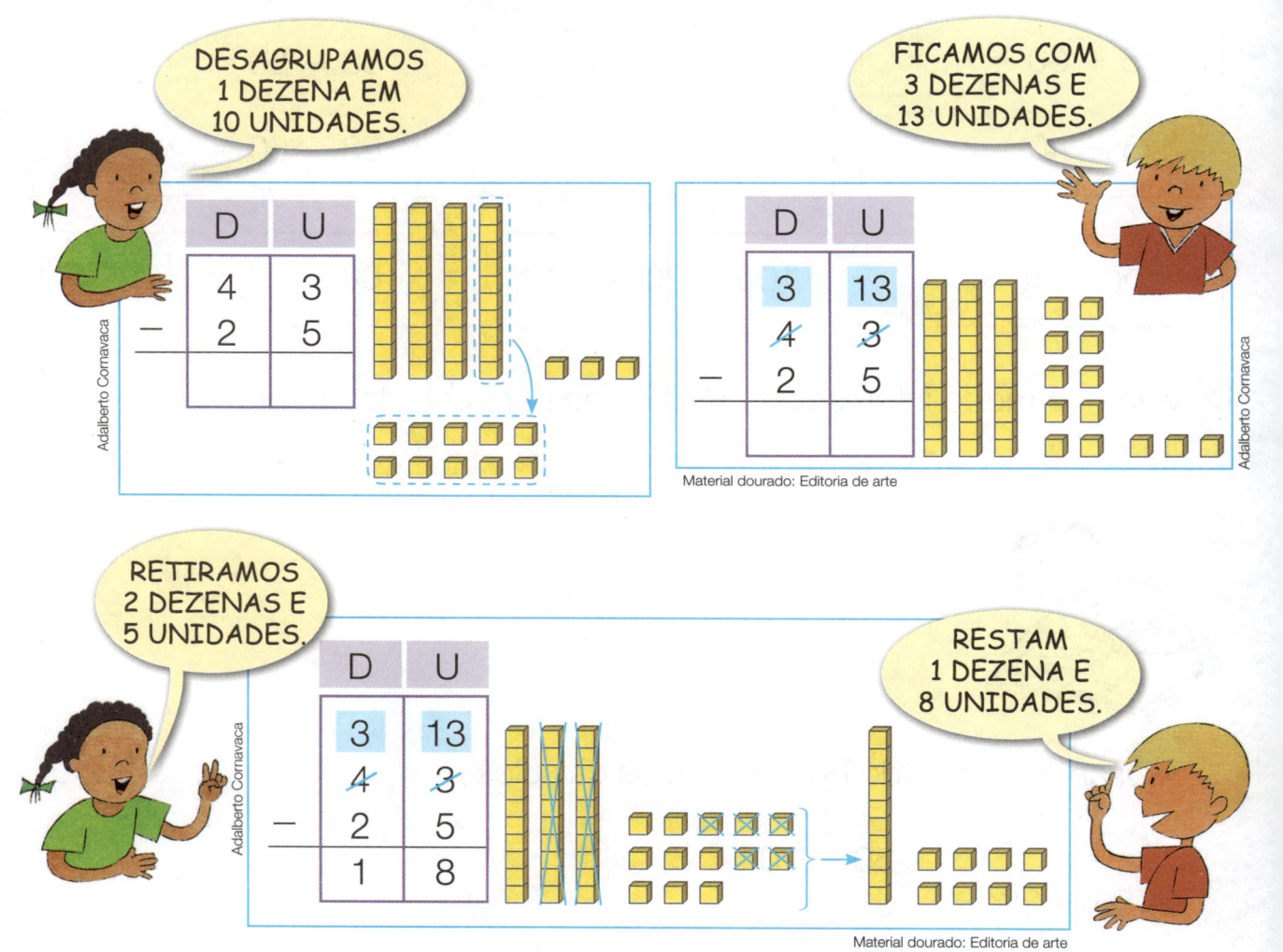

DESAGRUPAMOS 1 DEZENA EM 10 UNIDADES.

FICAMOS COM 3 DEZENAS E 13 UNIDADES.

RETIRAMOS 2 DEZENAS E 5 UNIDADES.

RESTAM 1 DEZENA E 8 UNIDADES.

Portanto, Ana gastou 18 reais.

b. Use as notas e moedas destacadas da página 299 para conferir esse cálculo.

c. Veja como Marilda calculou a diferença 43 − 25.

> PRIMEIRO,
> EU TIRO 20 DE 40: 40 − 20 = 20.
> ENTÃO, EU TIRO 5 DO RESULTADO: 20 − 5 = 15.
> AGORA, EU SOMO 3: 15 + 3 = 18.
> PORTANTO, 43 − 25 = 18.

- E você, como prefere calcular a diferença 43 − 25?

2 Qual é a diferença de preço entre os dois livros?

Viagens fantásticas — 35 reais

Guia da Boa Viagem — 18 reais

3 Quantos pontos Lucila tem a menos que Fausto?

LUCILA	FAUSTO
27	32

4 No álbum do Ricardo cabem 56 figurinhas. Ele já colou 19 figurinhas. Quantas figurinhas Ricardo precisa para completar seu álbum?

(Saresp)

5 Observe os peões na trilha.

a. Quantas casas o 🔴 está na frente do 🔵? _____

b. Quantas casas o 🟢 está atrás do 🔴? _____

c. Quantas casas separam o 🟢 do 🔵? _____

6 Escreva mais três números em cada lista de números, observando a sua sequência.

a. 210, 212, 214, 216, _____, _____, _____.

b. 80, 75, 70, 65, _____, _____, _____.

(Saresp)

TRABALHANDO COM CÁLCULO MENTAL

Para calcular mentalmente a diferença entre 30 e 18, alguns alunos primeiro subtraíram 10 de 30 e, depois, subtraíram 8 do resultado obtido.

ASSIM, 30 − 18 = 12.

30 − 10 = 20   e   20 − 8 = 12

Outros alunos pensaram no número que deveriam juntar a 18 para obter 30.

18 + 10 = 28
18 + 11 = 29
18 + 12 = 30

ASSIM, COMO 18 + 12 = 30, ENTÃO 30 − 18 = 12.

Calcule as diferenças da maneira que preferir.

a. 40 − 12 = _____

b. 73 − 25 = _____

c. 80 − 47 = _____

FAZENDO ESTIMATIVAS

1 Luciana ganhou uma caixa com 26 bombons e deu 8 para a sua irmã. Então, Luciana ficou com:

☐ cerca de 20 bombons.   ☐ cerca de 30 bombons.

2 No álbum de figurinhas de Alex há 32 figurinhas coladas. Se ainda falta colar 16, quantas figurinhas o álbum terá?

☐ cerca de 40.   ☐ cerca de 50.

TRABALHANDO COM A CALCULADORA

1 Use a sua calculadora para subtrair 9 de 95. Aperte as teclas:

ON 9 5 − 9 = ☐

- Agora, registre o número que apareceu no visor.

2 Continue a usar a calculadora para encontrar as diferenças.

a. ON 1 5 − 9 = ☐

b. ON 2 5 − 9 = ☐

3 Calcule as diferenças mentalmente. Depois, use a calculadora para verificar se seus cálculos estavam corretos.

a. 29 − 19 = ☐   c. 54 − 21 = ☐

b. 29 − 20 = ☐   d. 53 − 21 = ☐

LENDO E CONSTRUINDO GRÁFICOS E TABELAS

1) Olhe o calendário. Ele é do mês de novembro. As letras indicam os dias da semana (domingo, segunda, terça, quarta, quinta, sexta e sábado), e os números indicam os dias do mês.

Mês de novembro

D	S	T	Q	Q	S	S
					1	2
3	4	5	6	7	8	9
10	11	12	13	14	15	16
17	18	19	20	21	22	23
24	25	26	27	28	29	30

a. Quantos dias tem o mês de novembro? _____

b. O último domingo de novembro que dia será? _____

(Saresp)

2) A professora Vilma perguntou a seus alunos qual sua cor preferida. Depois, ela organizou um gráfico e mostrou a eles quantos alunos escolheram cada cor. Ela explicou que seis alunos escolheram a cor amarela.

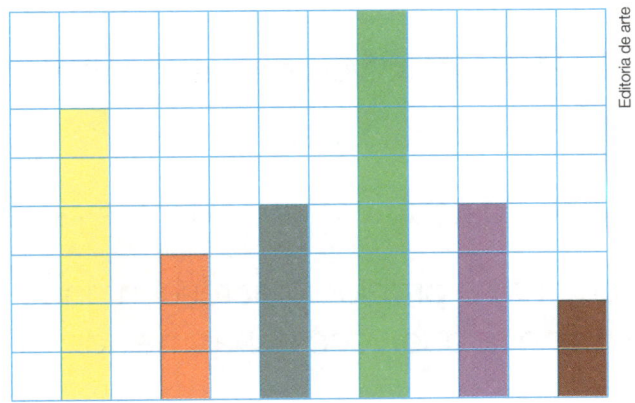

De acordo com esse gráfico, responda.

a. Qual a cor preferida da turma? _____

b. Quantos alunos escolheram essa cor? _____

(Saresp)

SÓ PARA LEMBRAR

Calcule como preferir.

1 Amélia gastou em uma compra 20 reais e ainda ficou com 30 reais. Quantos reais Amélia tinha?

2 Tenho de contar os cubinhos de Material Dourado que estão sobre a minha mesa. Já formei 6 grupos de 10 cubinhos. Ainda tenho 25 cubinhos sem agrupar. Quantos cubinhos há sobre a minha mesa?

3 Gil e Oto guardam as economias em cofrinhos. Gil já tem 30 reais em seu cofrinho. Quantos reais Oto economizou a mais que Gil?

　a. Com esses dados, é possível resolver o problema? _____

　b. Para resolvê-lo, é preciso saber:

　　☐ quanto Oto gastou.　　☐ quantos reais Oto economizou.

　c. Escreva novamente o problema acrescentando o que está faltando, da maneira que você achar melhor. Depois, resolva-o.

4) Uma ONG de proteção às baleias tinha 39 voluntários até o ano passado. Neste ano, outras 27 pessoas filiaram-se a essa ONG. Com quantos voluntários essa ONG conta agora?

5) Ari tinha 15 carrinhos em sua coleção e ganhou mais alguns. Agora, ele tem 29 carrinhos. Quantos carrinhos ele ganhou?

6) Em uma classe há 40 alunos. Desses, 22 são meninas. Quantos são os meninos dessa classe?

7) A prefeitura de uma cidade distribuiu 85 convites para um baile da terceira idade. Por causa da chuva, 18 pessoas não puderam comparecer. Quantos convidados foram a esse baile?

8 Em uma cooperativa trabalham 88 empregados. Desse total, 53 são mulheres. Entre os empregados, quantos homens há a menos que mulheres?

9 Quantos alunos há na classe de Armando?

> NA MINHA CLASSE, HÁ 28 MENINAS E 14 MENINOS.

10 Alice está lendo um livro de 94 páginas. Só faltam 20 páginas para ela terminar a leitura.

Escreva no livro ao lado o número da página em que ela está e o da página seguinte.

UNIDADE 11

AS IDEIAS DA MULTIPLICAÇÃO

Multiplicação: a ideia de adicionar quantidades iguais

1 A escola vai participar da campanha **Diga NÃO à violência**. As crianças foram divididas em grupos para desenhar cartazes de apoio à campanha.

a. Quantos são os grupos? _____

b. Quantas crianças há em cada grupo? _____

c. No total, são _____ crianças.

d. Como você fez para calcular? Troque ideias com o seu grupo.

2 Junte-se ao seu grupo para criar um cartaz para essa campanha.

3 A classe de Ronaldo também participou da campanha. Lá, as crianças foram divididas em grupos de 3 crianças.

> Neste caso, multiplicar é o mesmo que adicionar quantidades iguais.

Calcule o total de crianças da classe de Ronaldo, adicionando e multiplicando.

3 + 3 + 3 + 3 + 3 = ☐   e   5 × 3 = ☐

4 Vamos formar grupos com moedas de 1 real. Desenhe:

a. 3 🪙 em cada cofrinho.

- Quantas  🪙 você desenhou ao todo?

  Adição: 3 + 3 = ☐

  Multiplicação: 2 × 3 = ☐

b. 4 🪙 em cada cofrinho.

- Quantas  🪙 você desenhou ao todo?

  Adição: 4 + 4 + 4 = ☐

  Multiplicação: 3 × 4 = ☐

Multiplicação: a ideia de organização retangular

1 Hoje é o dia do grande desfile de encerramento da campanha **Diga NÃO à violência**. Veja como o desfile está sendo organizado e calcule o total de crianças em cada bloco do desfile.

a. As crianças que vão carregar os cartazes já estão chegando.

FILA 1
FILA 2

2 × 1 = _____

b. Chegaram mais 2 crianças...

2 × 2 = _____
No total, são _____ crianças.

c. As crianças com bandeiras formam 3 fileiras com 3 crianças em cada fileira.

3 × 3 = _____

d. Veja que linda a bandinha! Este é o último bloco do desfile. São 2 fileiras de crianças com 4 crianças em cada uma.

2 × 4 = _____

2 O jogral da escola está se apresentando.

> Todos somos mais felizes se na vida houver mais amor.
> Diga não à violência.
> Viva em paz, seja onde for.

- Quantas crianças fazem parte desse jogral? _____

3 Anthony está construindo mosaicos com pastilhas coloridas. Descubra o segredo e termine de colorir os mosaicos. Depois, use a multiplicação para calcular o número de pastilhas de cada um.

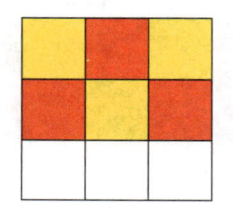

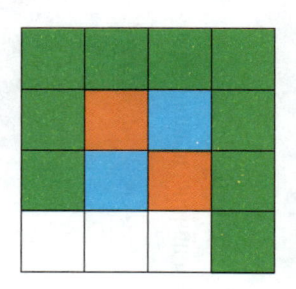

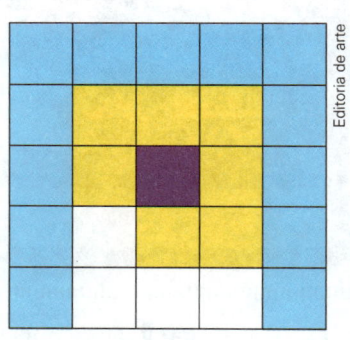

3 × 3 = ☐   4 × ☐ = ☐   ☐ × ☐ = ☐

4 Construa um mosaico como o de Anthony para representar duas multiplicações, como quiser. Depois, mostre a um colega como você fez.

5 Quantos quindins o tabuleiro da baiana tem? _____

OLHE O QUINDIM!

FIQUE SABENDO

A palavra quindim é de origem africana e significa meiguice, encanto, benzinho, amorzinho...

"Te adoro, meu quindim", dizem alguns namorados e namoradas.

Quindim é também um doce delicioso feito de gema de ovo, açúcar e coco.

6 Junto com um colega, organize 12 quindins no tabuleiro. Desenhe os quindins em fileiras, todas com a mesma quantidade de quindins.

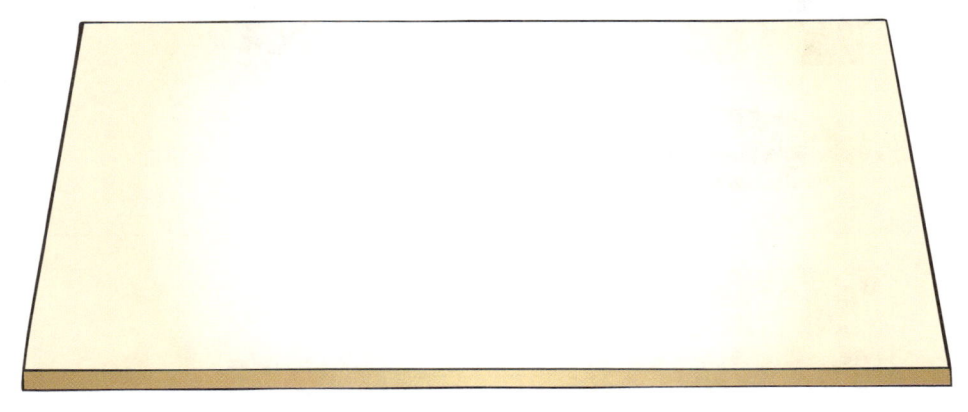

a. Use uma multiplicação para representar essa situação. _____

b. Veja se as outras duplas fizeram da mesma forma.

Multiplicação: a ideia de proporcionalidade

1 Para fazer o suco, dissolvo o conteúdo de 1 envelope em 4 copos de água. Com 3 envelopes, quantos copos de água usarei?

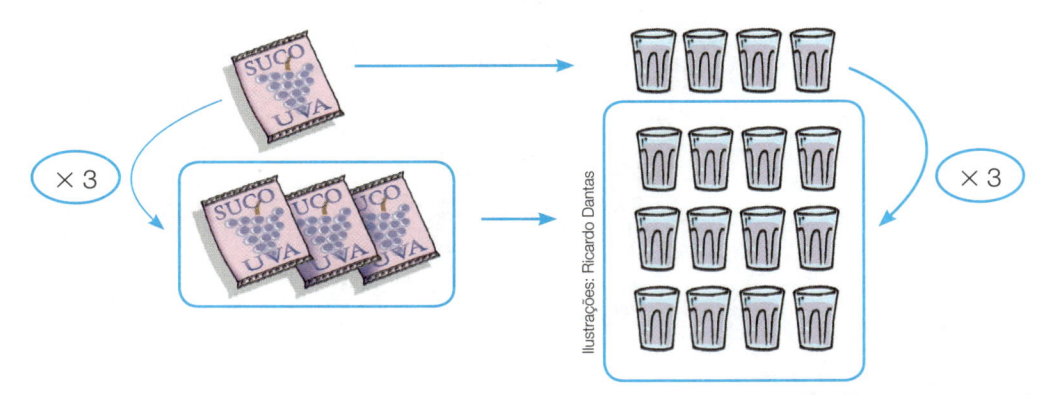

Com 3 envelopes de suco, usarei 3 vezes a quantidade de água, ou seja, 12 copos de água.

- E se forem 4 envelopes de suco, de quantos copos de água precisarei? Troque ideias com um colega. Se quiser, desenhe.

2 Veja a oferta da Loja das Camisetas. Quanto se gasta na compra de 9 camisetas? Desenhe para mostrar e complete os espaços.

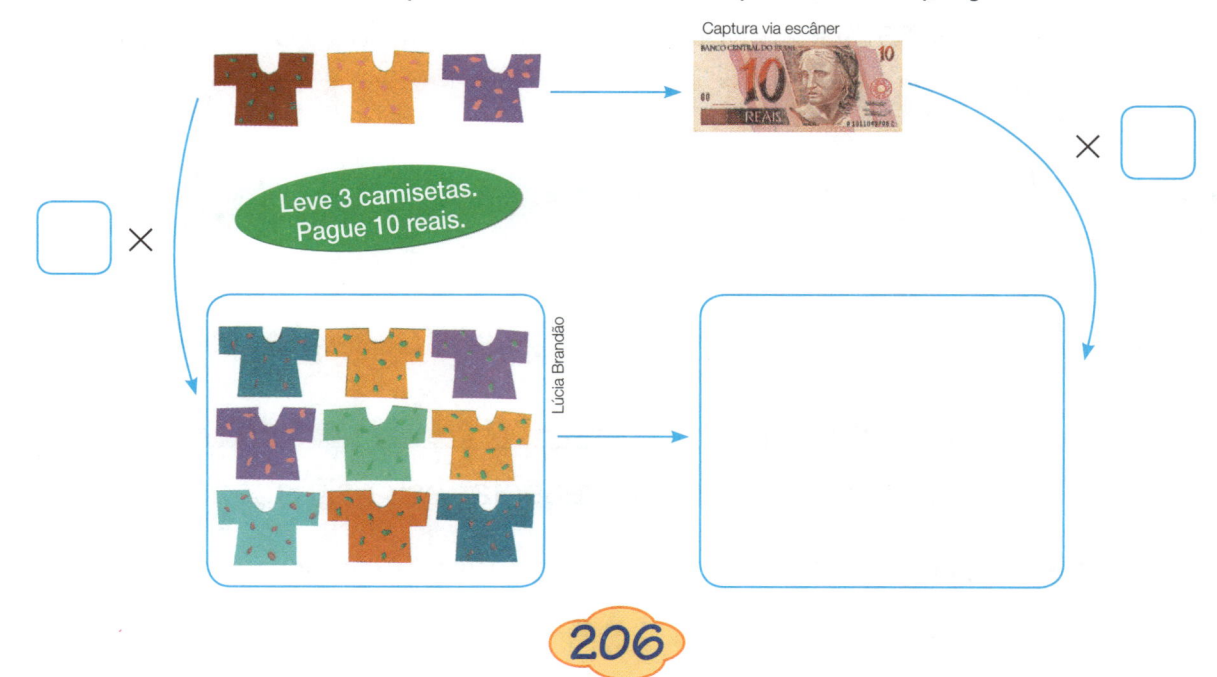

Leve 3 camisetas. Pague 10 reais.

Multiplicação: a ideia combinatória

1 Samuel está em dúvida quanto ao sabor do sorvete que vai escolher e se vai ser na casquinha ou no copinho. Veja que são 2 jeitos (casquinha ou copinho) e 3 sabores (limão, chocolate ou morango).

limão
chocolate
morango

a. Quantas escolhas diferentes ele pode fazer? Para descobrir, destaque as figuras da página 303 e siga as instruções.

_____

b. E você, que sabor escolheria? Na casquinha ou no copinho?

2 Para montar pequenos vasos com plantas, Denise pode escolher entre 3 cores de vasos e 4 tipos de plantas. Desenhe para descobrir quantas escolhas diferentes ela pode fazer.

- Denise pode fazer _____ escolhas diferentes.

3 Ligue a camiseta às calças e bermudas, combinando-as para mostrar as diferentes maneiras de Hélcio se vestir. Faça o mesmo para a camisa.

• São _____ maneiras diferentes de Hélcio se vestir.

4 Márcia tem duas calças, uma azul e uma verde, e três camisetas, uma rosa, uma amarela e uma vermelha.

a. Pinte para mostrar de quantas maneiras diferentes ela pode se vestir.

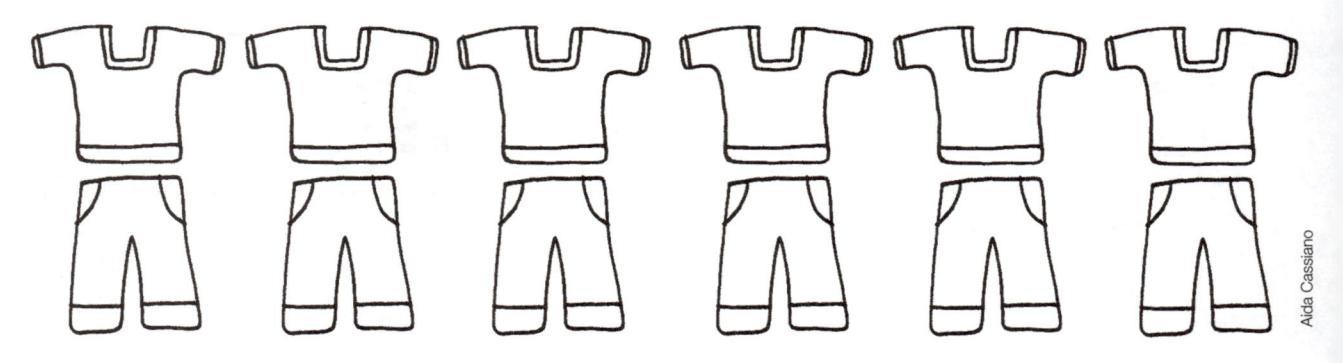

b. Márcia pode se vestir de _____ maneiras diferentes.

208

Tabelas de multiplicação

Usando a adição, termine de construir as tabelas de multiplicação.

2 × 0 = 0 + 0 = 0

2 × 1 = 1 + 1 = 2

2 × 2 = 2 + 2 = 4

2 × 3 = 3 + ___ = ___

2 × 4 = 4 + ___ = ___

2 × 5 = ___ + ___ = ___

2 × 6 = ___ + ___ = ___

2 × 7 = ___ + ___ = ___

2 × 8 = ___ + ___ = ___

2 × 9 = ___ + ___ = ___

2 × 10 = ___ + ___ = ___

---

5 × 0 = 0 + 0 + 0 + 0 + 0 = 0

5 × 1 = 1 + 1 + 1 + 1 + 1 = 5

5 × 2 = 2 + 2 + ___ + ___ + ___ = ___

5 × 3 = 3 + ___ + 3 + ___ + ___ = ___

5 × 4 = 4 + ___ + ___ + ___ + ___ = ___

5 × 5 = ___ + ___ + ___ + ___ + ___ = ___

5 × 6 = ___ + ___ + ___ + ___ + ___ = ___

5 × 7 = ___ + ___ + ___ + ___ + ___ = ___

5 × 8 = ___ + ___ + ___ + ___ + ___ = ___

5 × 9 = ___ + ___ + ___ + ___ + ___ = ___

5 × 10 = ___ + ___ + ___ + ___ + ___ = ___

---

3 × 0 = 0 + 0 + 0 = 0

3 × 1 = 1 + 1 + 1 = 3

3 × 2 = 2 + 2 + ___ = ___

3 × 3 = 3 + ___ + 3 = ___

3 × 4 = 4 + ___ + ___ = ___

3 × 5 = ___ + ___ + ___ = ___

3 × 6 = ___ + ___ + ___ = ___

3 × 7 = ___ + ___ + ___ = ___

3 × 8 = ___ + ___ + ___ = ___

3 × 9 = ___ + ___ + ___ = ___

3 × 10 = ___ + ___ + ___ = ___

---

4 × 0 = 0 + 0 + 0 + 0 = 0

4 × 1 = 1 + 1 + 1 + 1 = 4

4 × 2 = 2 + 2 + ___ + ___ = ___

4 × 3 = 3 + ___ + 3 + ___ = ___

4 × 4 = 4 + ___ + ___ + ___ = ___

4 × 5 = ___ + ___ + ___ + ___ = ___

4 × 6 = ___ + ___ + ___ + ___ = ___

4 × 7 = ___ + ___ + ___ + ___ = ___

4 × 8 = ___ + ___ + ___ + ___ = ___

4 × 9 = ___ + ___ + ___ + ___ = ___

4 × 10 = ___ + ___ + ___ + ___ = ___

QUAL É A CHANCE?

Para ganhar um prêmio, o candidato tem de escolher uma das portas. Ele não sabe o prêmio que está escondido em cada uma.

a. Quantas escolhas diferentes ele pode fazer? _____

b. Quantas dessas escolhas representam o carro? _____

c. Que chance ele tem de ganhar o carro? _____

PARA SE DIVERTIR

TRÊS VEZES NOVE, VINTE E SETE.
TRÊS VEZES SETE, VINTE E UM.
MENOS DOZE FICAM NOVE.
MENOS OITO FICA UM.

Duas vezes cinco são dez.

Duas vezes oito, dezesseis.

Menos nove ficam _____.

Menos quatro ficam _____.

Três vezes quatro são doze.

Três vezes oito, vinte e quatro.

Menos quatro ficam _____.

Menos dez ficam _____.

O dobro

1 Conta a fábula.

Havia uma galinha que todos os dias, sem falta, botava um ovo.

A dona da galinha pensou assim: se eu dobrar a quantidade de ração, a galinha vai botar o dobro de ovos.

Sabe o que aconteceu? A galinha engordou tanto que se tornou preguiçosa e nunca mais botou ovo algum.

O que você achou dessa história? Converse com seus colegas sobre isso.

2 Na caixa verde, há 3 bolinhas de gude. Desenhe o **dobro** de bolinhas na caixa azul.

a. Quantas bolinhas você desenhou? _____

b. Complete a frase abaixo.

O dobro de 3 é _____.

> Encontra-se o **dobro** de um número multiplicando esse número por 2.

3. Qual é o dobro de 8? _____

4. Qual é o número cujo dobro é 4? _____

5. Complete os ☐ , escrevendo o dobro dos números.

a. 2 → ×2 → ☐ → ×2 → ☐

b. 4 → ×2 → ☐ → ×2 → ☐

c. 3 → ×2 → ☐ → ×2 → ☐

6. Qual a nota que vale o dobro de [nota de 5 reais] ?

O triplo

1. Você se lembra da fábula da galinha que botava um ovo por dia? Pois fique sabendo que a galinha do vizinho botava o triplo de ovos por dia.

A galinha botava um ovo por dia.

Desenhe o triplo de ovos para a galinha do vizinho.

a. Quantos ovos você desenhou? _____

b. Complete: O triplo de 1 é _____.

Encontra-se o *triplo* de um número multiplicando esse número por 3.

2) Na caixa amarela, há 2 miçangas. Desenhe o **triplo** de miçangas na caixa verde.

a. Quantas miçangas você desenhou? _____

b. Complete: O triplo de 2 é _____.

3) Qual é o triplo de 5? _____

FIQUE SABENDO

Miçangas são pequenas contas coloridas de vidro que servem para fazer arte em pulseiras, colares, bordados em roupas etc. Essa arte é de origem africana.

Ao usar miçangas em nossas roupas, prestamos uma homenagem à cultura africana, que também faz parte da nossa.

4) Complete os ☐, escrevendo o triplo dos números.

a. 3 ☐ ☐ (×3) (×3)

b. 1 ☐ ☐ (×3) (×3)

c. 2 ☐ ☐ (×3) (×3)

5) Qual o triplo da sua idade? _____
- Você conhece alguém com o triplo da sua idade?

PARA SE DIVERTIR

Efetue as multiplicações e pinte no quadro as partes que têm os resultados obtidos. Você vai descobrir aqui um personagem da história que contamos.

a. Qual é o dobro de:

- 7? _____   • 5? _____   • 4? _____   • 9? _____

b. Qual é o triplo de:

- 2? _____   • 5? _____   • 4? _____   • 7? _____

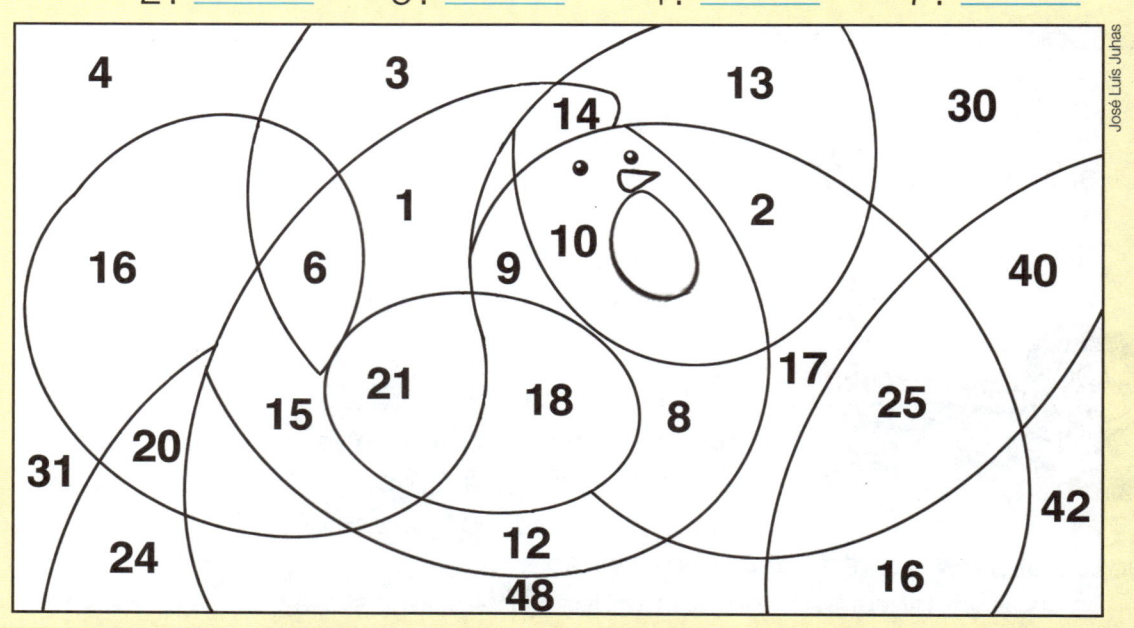

SÓ PARA LEMBRAR

1 Escreva as multiplicações sugeridas pelas figuras a seguir.

a.   □ × □ = □

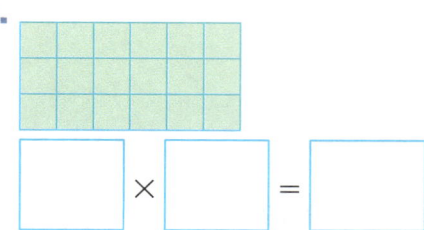

b.   □ × □ = □

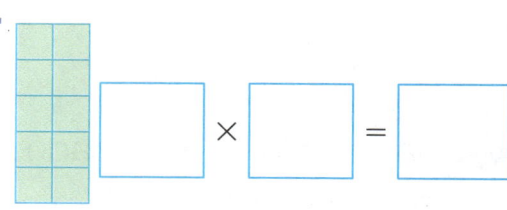

2 Para fazer uma bicicleta, o fabricante usa 2 rodas. Quantas rodas ele usa para fazer 2 bicicletas? Continue completando.

Bicicletas	1	2	3	4	5
Rodas	2				

3 Dona Clara faz empadinhas. Ela coloca duas azeitonas em cada empada. Se ela fizer uma dezena de empadas, quantas azeitonas vai usar?

4 São 5 cestas. Desenhe 2 🥚 em cada cesta.

Adição: 2 + 2 + 2 + 2 + 2 = _____

Multiplicação: 5 × 2 = _____

5) Observe os 🝮 que já foram colocados.

   a. Quantos 🝮 ainda faltam para completar a figura?

   _____ × _____ = _____

   b. Depois de completa a figura, quantos 🝮 serão ao todo?

   _____ × _____ = _____

6) Veja ao lado a quantia que Jerônimo economizou para doar às vítimas de uma enchente em sua cidade. Mário vai doar o dobro dessa quantia. Quantos reais Mário vai doar?

7) Amanda gasta todo dia 15 reais no mercado. Quanto ela vai gastar em 6 dias? (Saresp)

8) Durante 5 dias pingarei, por dia, 6 gotinhas de um remédio na água para borrifar uma planta atacada por pulgões. No total, quantas gotinhas de remédio vou usar para borrifar a planta nesses dias?

9 Quero fazer 2 bolos, cada um com 6 ovos. De quantos ovos vou precisar?

10 Uma pizzaria oferece duas opções de massa (massa fina ou grossa) e 5 opções de recheio (mozarela, calabresa, quatro queijos, portuguesa ou atum).

De quantos modos diferentes um cliente pode escolher uma *pizza* com um recheio, sem misturar recheios diferentes?

11 A raquete custa o triplo do valor da bola. Quanto custa a raquete? Escreva na etiqueta.

4 reais

_____ reais

12 Na cantina da escola, há 5 mesas com 6 cadeiras em cada uma. Quantas cadeiras há no total?

UNIDADE 12

AS IDEIAS DA DIVISÃO

Divisão: a ideia de repartir em partes iguais

1 Leia a história da galinha-d'angola e faça o que se pede.

A galinha-d'angola
bota ovos com carinho.
Espera a toda hora
a chegada dos pintinhos.
Bota um, bota dois, bota três,
Bota quatro, bota cinco, bota seis,
Bota sete, bota oito,
bota nove, bota dez.

O galo é meu, e a galinha é do vizinho.
Quem ficará com os pintinhos?

Já está decidido: metade fica comigo.
A outra metade, com o vizinho.

Desenhe aqui os pintinhos:

a. do dono do galo

b. do dono da galinha

> Dizemos que 10 dividido por 2 é igual a 5. Indicamos essa divisão assim → 10 : 2 = 5
> ↑ dividido

2 E se a galinha-d'angola tivesse colocado 12 ovos, quantos pintinhos ficariam com o dono do galo? E com o dono da galinha?

3 Divida as 12 crianças igualmente em 4 grupos, ou seja, cada grupo deverá ter a mesma quantidade de crianças.

a. Você colocou _____ crianças em cada grupo.

b. Então, 12 dividido por 4 é igual a _____.

c. Indique a divisão: _____ : _____ = _____

4. O vizinho ganhou 24 reais com a venda dos pintinhos e quer repartir essa quantia igualmente entre seus filhos.

a. Se o vizinho tiver 3 filhos, é possível repartir essa quantia em partes iguais? Desenhe para mostrar.

b. E se forem 4 filhos, é possível repartir os 24 reais para que todos recebam a mesma quantia? Desenhe para mostrar.

c. E se forem 5 filhos, é possível repartir os 24 reais igualmente entre os 5? Desenhe para mostrar.

5 Quantos doces cada criança vai comer, se todas devem comer a mesma quantidade?

- Indique a divisão: _____ : _____ = _____

6 Com os ovos desta bandeja dá para fazer 5 bolos, cada um com a mesma quantidade de ovos. Quantos ovos são utilizados em cada bolo?
- Indique a divisão:

_____ : _____ = _____

7 Você tem esta nota e esta moeda de real: .

Junte-se a um colega e decidam o que vocês fariam para repartir essa quantia igualmente entre 3 pessoas. Desenhem para mostrar as notas com que cada pessoa vai ficar.

- Verifique se as outras duplas fizeram igual.

BRINCANDO COM PERCURSOS

Que brinquedo cada criança vai buscar?

Trace os percursos e descubra.

Use uma cor para cada criança.

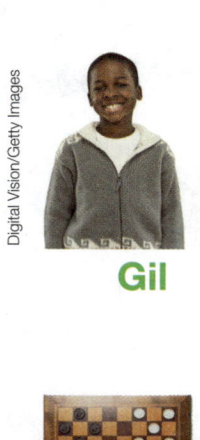

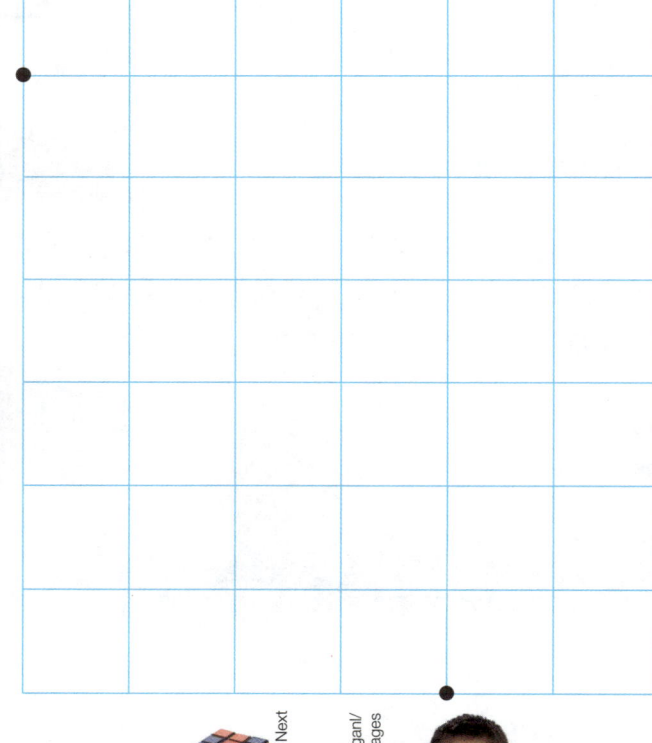

a. Gil: → → ↓ ↓ ↓ ↓ ↓ ↓

b. Edu: ↑ ↑ ↑ ← ← ← ←

c. Bia: ↓ ← ↓ → →

Gil

Bia

Edu

Divisão: a ideia de medir

1 Os 20 alunos da classe de Simone vão formar grupos de 5 alunos para fazer uma atividade. Circule para formar os grupos.

a. Quantos grupos você formou? _____

b. Indique a divisão: _____ : _____ = _____

c. Seus colegas dividiram os grupos do mesmo modo que você?

2 Quantas garrafas de 2 litros são necessárias para encher um balde de 10 litros?

3 Moacir está reformando sua casa. Na loja de materiais de construção, o cimento é vendido em sacos de 5 kg. Quantos sacos de 5 kg Moacir precisa comprar, se ele precisa de 25 kg de cimento?

4 Quantas vezes a tira azul cabe na tira verde? _____

2 cm   10 cm

5 Guilherme precisa colar 16 fotografias em um álbum. Se ele quiser colar 4 fotos por página, quantas páginas do álbum serão ocupadas?

> Desenhe as páginas do álbum. Use bolinhas de papel, palitos, clipes etc. para representar as fotos.

TRABALHANDO COM A CALCULADORA

Quantas vezes o 5 cabe em 15? Para descobrir, podemos usar uma calculadora. Veja:

1º Aperte as teclas 1 e 5 para que apareça o 15 no visor da calculadora.

2º Aperte o sinal − e o número 5 na calculadora. Repita esse procedimento **uma vez, duas vezes, três vezes**, até aparecer o número 0 no visor.

Assim, o 5 cabe **três vezes** em 15.

• Agora, use a calculadora para responder: Quantas vezes o 6 cabe em 24?

BRINCANDO NA MALHA

Veja o quadrado que foi pintado na malha.

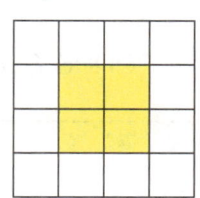

Podemos dizer que o ▢ é formado por 4 ▫.

• Pinte na malha quadrados formados por:

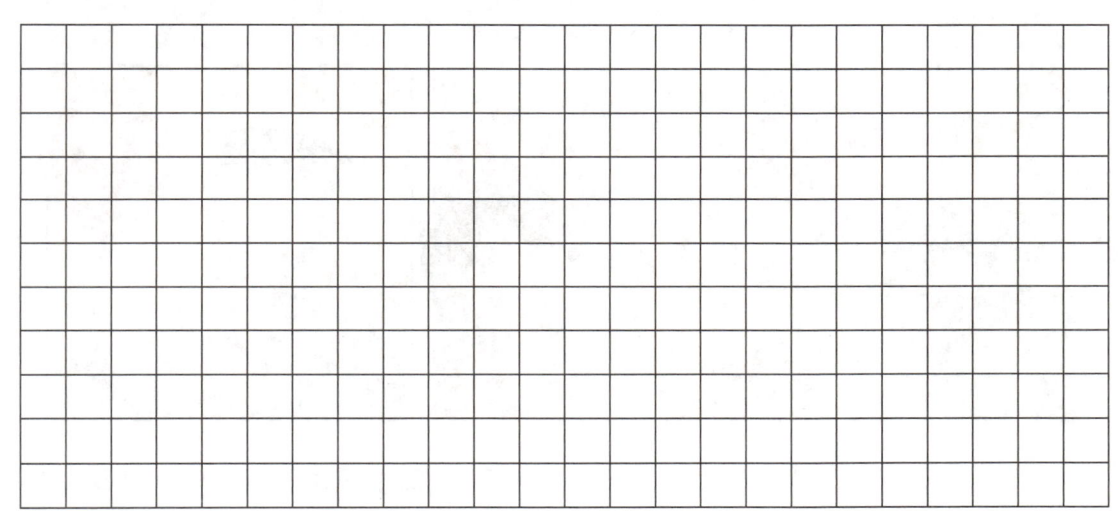

a. 9 ▫   b. 16 ▫   c. 25 ▫

VOCÊ JÁ LEU?

Quem parte e reparte...,
de Tatiana Belinky, FTD.

Como você faria para repartir cinco gansos assados entre seis pessoas?

Difícil? Para Nhô Jeca, isso é muito fácil. Saiba como ele consegue fazer a divisão, agradar a todo mundo e, ainda por cima, tirar proveito da situação.

PRODUÇÃO

Numa folha, escreva uma história para a sequência de cenas abaixo.

Troque a sua história com a de um colega. Cada um lê a história que o outro criou e comenta. Leia a história de outros colegas também.

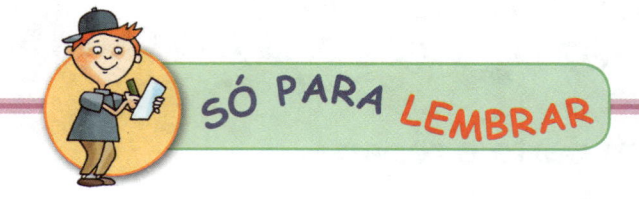

SÓ PARA LEMBRAR

1) Danilo organizou as 28 pedras de dominó em 4 fileiras, cada uma com a mesma quantidade de pedras. Quantas pedras ele colocou em cada fileira?

2 A professora formará 4 rodas com 6 crianças em cada uma. Quantas serão as crianças?

3 Quantas rodas com 6 crianças em cada uma é possível formar com 24 crianças?

4 No trenzinho do parque de diversões, cada vagão acomoda 7 pessoas. Se 5 vagões forem ocupados, quantas pessoas serão no total?

5 Há 35 pessoas na fila do trenzinho. Quantos vagões com 7 lugares em cada um serão ocupados?

UNIDADE 13

TROCANDO IDEIAS PARA RESOLVER PROBLEMAS

A professora dividiu a classe em grupos e explicou que as crianças iriam resolver problemas.

— ANTES DE RESOLVER, PRECISAMOS LER O PROBLEMA COM MUITA ATENÇÃO!

— ISSO MESMO! PRECISAMOS ENTENDER DIREITINHO O QUE O PROBLEMA PEDE.

— VAMOS TROCAR IDEIAS PARA VER SE ENTENDEMOS O PROBLEMA DO MESMO JEITO.

— AH, ISSO É BOM, PORQUE UM MESMO PROBLEMA PODE SER RESOLVIDO DE MODOS DIFERENTES.

— TAMBÉM, PODE HAVER PROBLEMA COM MAIS DE UMA SOLUÇÃO OU ATÉ SEM SOLUÇÃO.

— ENTÃO, VAMOS COMEÇAR?

Ilustrações: Glair Alonso

1 Era uma vez uma menina muito curiosa. O nome dela era Alice. Certo dia, correndo atrás de um coelho, ela caiu num buraco e foi parar no País das Maravilhas. Você conhece essa história?

Para que ninguém esquecesse como ela se chamava, Alice resolveu escrever seu nome num cartaz. Ordene as cenas de acordo com a ordem em que ocorreram.

2 Em quantos pedaços deste tamanho é possível partir o bolo ao lado?

- Como você fez para descobrir? _____

3) Comprei um rolo de fita. Com esse rolo, é possível cortar 8 pedaços de fita com 2 metros cada um, sem sobrar nada. Quantos metros de fita o rolo tem?

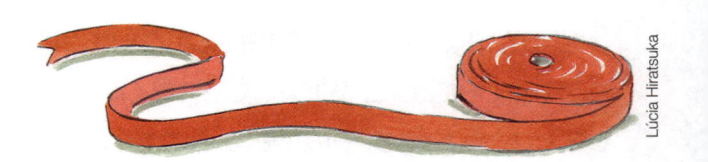

4) Para somar 4 reais usando apenas notas de 2 reais, Carlos precisa de 2 notas. Usando apenas notas de 2 reais, de quantas notas ele precisa para somar:

a. 8 reais? **b.** 10 reais? **c.** 15 reais?

5) Divida ao meio.

a. **b.**

> Dividir ao meio é o mesmo que dividir em 2 partes iguais.

6) Divida meio a meio.

> Dividir meio a meio é o mesmo que dividir por 2.

7 Usando as cores 🔴, 🟢 e 🔵, uma para cada faixa, descubra quantas bandeiras você pode pintar de modos diferentes.

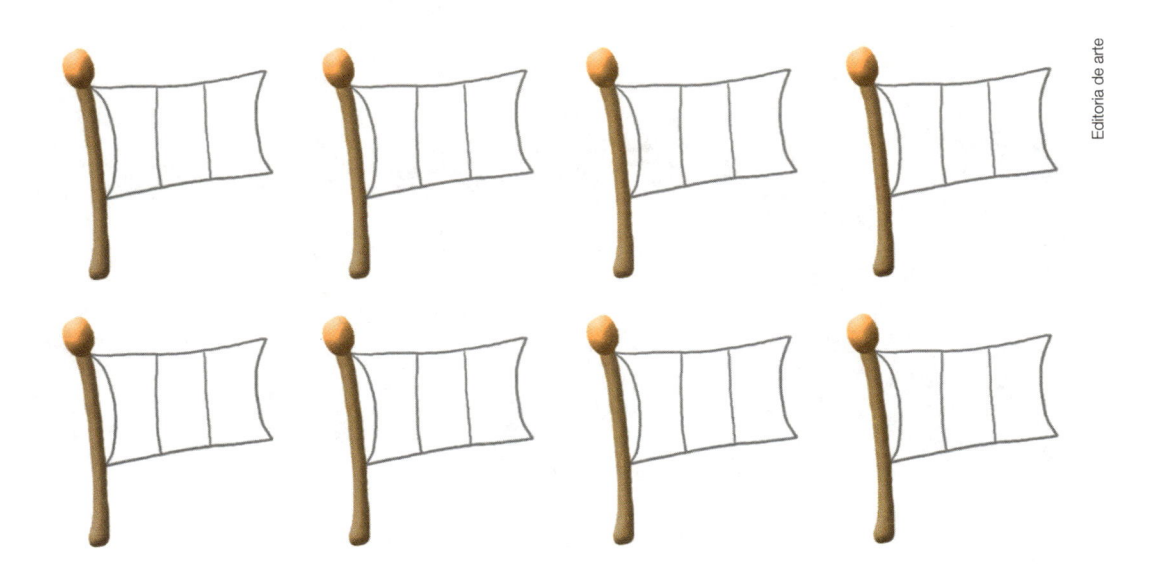

8 Observe a trilha com casas numeradas de 1 a 14.

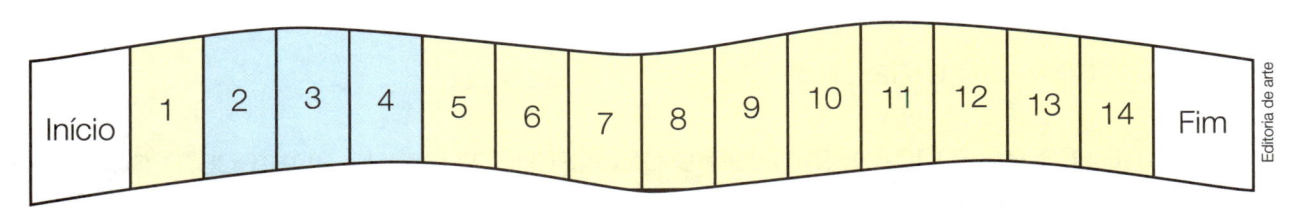

a. Os números 2, 3 e 4 estão em casas vizinhas. Qual é a soma desses 3 números? _____

b. Encontre 3 casas vizinhas em que a soma dos números seja 33.

☐ + ☐ + ☐ = 33

- Como você fez para descobrir? Troque ideias com seus colegas sobre a estratégia que cada um usou.

c. Agora, descubra 3 casas vizinhas em que a soma dos números seja 35. _____

9 Tony usou chinelos do mesmo tamanho para medir os comprimentos da cama e do sofá.

a. Quantos chinelos têm de comprimento:

• a cama? _____ • o sofá? _____

b. Quantos chinelos o comprimento do sofá tem a mais que o comprimento da cama? _____

10 Complete a situação-problema com símbolos que aparecem nos cartões amarelos.

Lígia comprou:
- uma régua de 10 _____ por 3 reais.
- uma garrafa de 2 _____ de suco por 7 reais.
- 1 _____ de salgadinhos por 5 reais.

ℓ

kg

cm

Agora, responda.
Se ela pagou tudo com uma nota de 20 reais, de quanto foi o troco?

11 No comércio, a falta de troco é sempre um problema. Veja a promoção da semana na confeitaria Regina. Como a maioria dos clientes usa uma nota de 10 para pagar a rosca, Regina precisa de notas de 5 para troco e pede a um funcionário:

POR FAVOR, VÁ AO BANCO E TRAGA 40 REAIS EM NOTAS DE 5 REAIS.

- Quantas notas de 5 o funcionário deve trazer?

12 Como você pode obter 20 usando notas ou moedas, todas de mesmo valor?

- Encontre pelo menos 3 soluções.

- Compare as suas respostas com as dos colegas e registre no caderno as soluções diferentes das suas.

13 No depósito de uma loja, há 40 caixas como esta. Usando o empilhamento máximo, quantas pilhas serão formadas?

EMPILHAMENTO MÁXIMO: 8 CAIXAS

14 Em cada pilha há 10 moedas, todas de 1 real.

Rafaela

Cauê

a. Quantos reais Rafaela e Cauê têm no total?

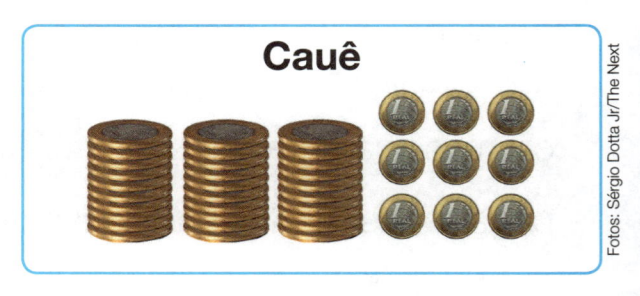

b. Quanto Cauê tem a mais que Rafaela?

15 Você já observou como as embalagens que têm a forma de cilindro são empilhadas nos supermercados?

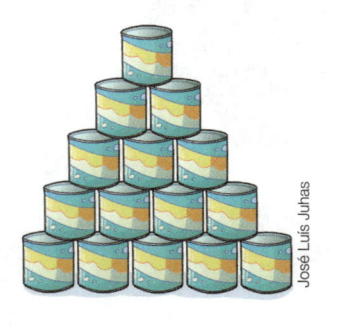

- Na sua opinião, por que elas não são empilhadas desta outra maneira?

16 Alice tinha 87 reais. Comprou 3 caixas de bombons iguais a esta e ficou com 60 reais.

a. Quanto Alice gastou nas 3 caixas?

b. Quanto custou cada uma das caixas?

17 Faça um ✗ para marcar onde os dardos devem cair para que o total de pontos seja 15.

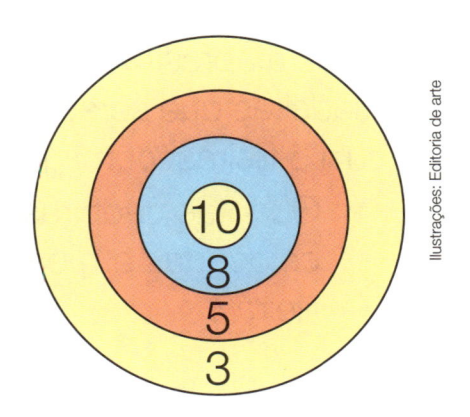

10
8
5
3

18 Para calcular o total de ▢ desta faixa, podemos usar uma multiplicação.

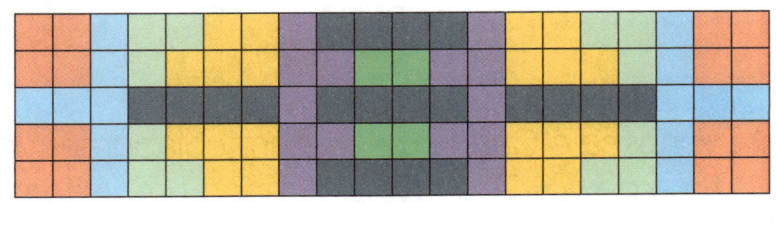

Veja: Os ▦ aparecem 4 vezes na faixa decorativa.

Assim, 4 × ▦ = 4 × 4 ▪ = 16 ▪.

Use a multiplicação para calcular o total de ▢ de cada cor.

a. _____ × _____ ▪ = _____ ▪

b. _____ × _____ ▪ = _____ ▪

c. _____ × _____ ▪ = _____ ▪

d. _____ × _____ ▪ = _____ ▪

19 Use suas notas de real para calcular como dividir igualmente entre:

a. 4 pessoas _____   b. 5 pessoas _____

20. Para a apresentação de fim de ano, as crianças ficarão sentadas em cadeiras que serão colocadas no palco. Serão 30 cadeiras organizadas em 5 fileiras, com igual número de cadeiras em cada uma.

a. Quantas cadeiras serão colocadas em cada fileira?

b. E se fossem 6 as fileiras com igual número de cadeiras, quantas seriam as cadeiras em cada fileira?

21. Vanessa e Carola resolveram colaborar com o time de vôlei do bairro, doando um uniforme que custa 60 reais. Cada uma vai dar metade. Veja as notas que cada uma entregou ao vendedor.

Vanessa

Carola

- Como o vendedor deverá dar o troco para elas?

_____

22. Marcela comeu um pedaço de torta e um cachorro-quente e gastou 7 reais. Flávia comeu um cachorro-quente e um saquinho de pipoca e gastou 5 reais. Descubra os preços e escreva-os nas etiquetas.

3 REAIS

a. Qual é o preço do pedaço de torta? _____

b. Quanto custa o saquinho de pipoca? _____

23 Veja o problema que Júlio inventou com a conta 15 : 3 = 5.

Taís quer distribuir igualmente 15 pirulitos entre seus 3 sobrinhos. Quantos pirulitos ela deve dar a cada um?

- Agora, invente problemas que possam ser resolvidos com as seguintes contas. Depois, faça os cálculos.

	25 + 32 ———
	34 − 12 ———
	6 × 5 ———
	24 : 6 = ___

24 Na classe de Samanta há mais meninos do que meninas. Escolha o gráfico que melhor representa essa classe. Justifique.

a.   b.

Legenda:
■ Meninas
■ Meninos

FAZENDO ESTIMATIVAS

Observe as fotos e leia as legendas.

A esponja tem **menos de** 1 quilograma.

O martelo tem **cerca de** 1 quilograma.

A melancia tem **mais de** 1 quilograma.

Estime se os objetos abaixo têm **mais de** 1 quilograma ou **menos de** 1 quilograma.

Não se deixe enganar pelo tamanho das fotos, que não reproduzem o tamanho real dos objetos.

a. borracha

b. televisão

c. pincel

PRODUÇÃO

Uma caixa de problemas!

A classe toda, dividida em grupos de 4 alunos, está convidada a produzir a **caixa de problemas**. São duas etapas:

1ª etapa

1. Cada grupo elabora uma situação-problema para cada operação matemática: adição, subtração, multiplicação e divisão.
2. Cada problema deve ser escrito em uma folha de papel ou ficha de cartolina, com o nome do grupo que o criou. 
3. Cada grupo entrega ao professor os quatro problemas. O professor coloca-os numa caixa, a caixa de problemas.

2ª etapa

1. Cada aluno retira ao acaso um problema da caixa; lê atentamente e escreve a resolução na folha ou ficha.

2. Em seguida, entrega a folha ao grupo que criou o problema, para que verifique o resultado.

3. Em caso de dúvida, o aluno poderá trocar ideias com os colegas e com o professor.

4. O professor acompanha a correção. As folhas ou fichas com os problemas resolvidos serão colocadas em um varal para que todos possam ver o problema e a solução.

5. Os problemas não resolvidos poderão ser discutidos entre o grupo que os criou e os alunos que tiveram dificuldade na resolução.

LIÇÃO DE CASA

2º ANO

Unidade 1

ESPAÇO E FORMA

LIÇÃO DE CASA 1

DATA ____/____/____

O que é, o que é?
Um castelo para se admirar.
Mas nem rei nem rainha
podem nele morar.

As crianças foram brincar com as formas. Veja o que elas construíram.

Observe as cores destes blocos:

Use a mesma cor para pintar os blocos de **mesma forma**.

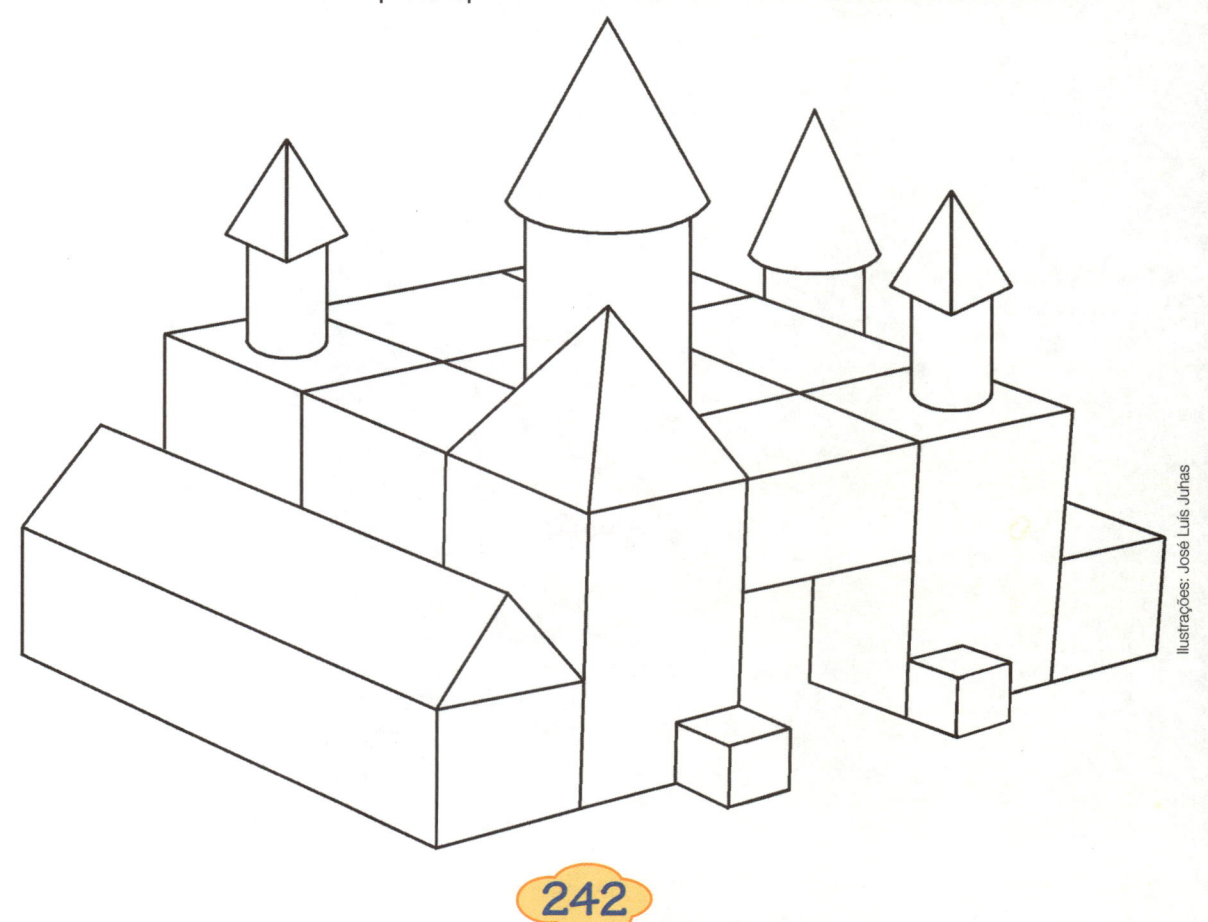

Ilustrações: José Luís Juhas

242

Unidade 1

ESPAÇO E FORMA

LIÇÃO DE CASA 2

DATA ____/____/____

Cada criança está levando um objeto para reciclar. Que objeto será? Descubra e ligue.

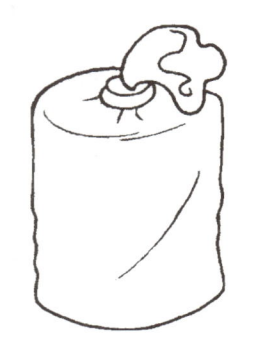

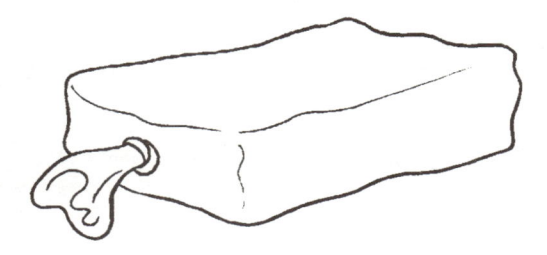

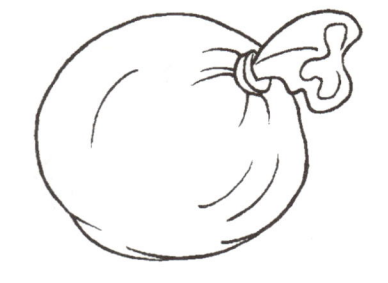

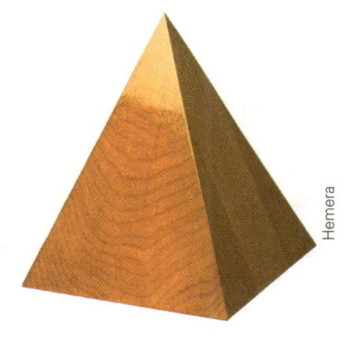

Unidade 2
OS NÚMEROS E OUTROS CÓDIGOS

LIÇÃO DE CASA 3

DATA ____/____/____

1. Você sabe o significado destas placas de trânsito? Pesquise para descobrir. Troque ideias com seus familiares.

_____   _____   _____

2. Agora que você já sabe o significado das placas, pinte o carro que está estacionado em local permitido.

3. Faça um ✗ no carro que está indo no sentido correto.

244

Unidade 2

OS NÚMEROS E OUTROS CÓDIGOS

LIÇÃO DE CASA 4

DATA ____/____/____

1 As fotos de Malu em seus aniversários estão todas misturadas. Ligue cada foto ao lugar correto no álbum.

1 ano 2 anos 5 anos 6 anos
3 anos 4 anos 7 anos 8 anos

Ilustrações: Glair Alonso

2 Desenhe no bolo a quantidade de 🕯 necessárias para comemorar o seu próximo aniversário.

245

Unidade 2

OS NÚMEROS E OUTROS CÓDIGOS

LIÇÃO DE CASA 5

DATA ____/____/____

1 Termine de escrever a letra da música "Indiozinhos".

Um, dois, três indiozinhos

Quatro, _____, _____ indiozinhos

Sete, _____, _____ indiozinhos

Dez num pequeno bote
Vinham navegando pelo rio abaixo
Quando o jacaré se aproximou
E o pequeno bote dos indiozinhos
Quase, quase virou
Mas não virou!
(Cantiga popular.)

Agora, responda às questões.

a. Qual é a cor da pena do primeiro indiozinho? _____

b. O que o terceiro indiozinho está segurando? _____

c. O que o último indiozinho está fazendo? _____

2 Complete a sequência de números ordinais.

246

Unidade 3

LIÇÃO DE CASA 6

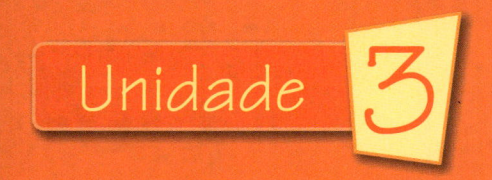

MEDIDAS DE COMPRIMENTO NÃO PADRONIZADAS

DATA ____/____/____

1 Agora, vamos brincar de medir a altura.

a. Pinte quantos ☐ cada criança tem de altura.

Depois escreva o número de azulejos que você pintou para indicar a altura de cada criança.

| ARI | BIA | CIDA | DINO |

b. Pinte de 🟢 a camiseta da criança mais alta.

c. Pinte de 🟡 a camiseta da criança mais baixa.

2 Que tal medir a sua altura usando azulejos como as quatro crianças fizeram?

Unidade 3

MEDIDAS DE COMPRIMENTO NÃO PADRONIZADAS

LIÇÃO DE CASA 7

DATA ___/___/___

Veja as moedas de 1 real e de 50 centavos.

Imagine que você vai colocar moedas como essas lado a lado, como mostra a figura abaixo, para medir a largura de sua carteira da escola. Não vale misturar moedas de valores diferentes.

a. Para usar menos moedas, o que você escolheria: as moedas de 1 real ou as moedas de 50 centavos? Por quê?

_____
_____

b. Estime, em moedas de 1 real, quanto tem de largura este livro.

_____
_____

Use moedas de 1 real e confira se você fez uma boa estimativa.

248

Unidade 4

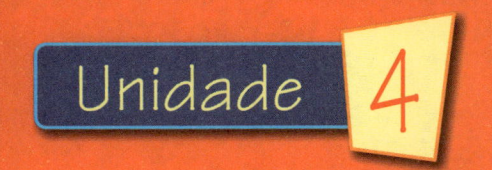

AS IDEIAS DA ADIÇÃO

LIÇÃO DE CASA 8

DATA ____/____/____

1. Levante 2 dedos de uma das mãos e 3 dedos de outra mão.

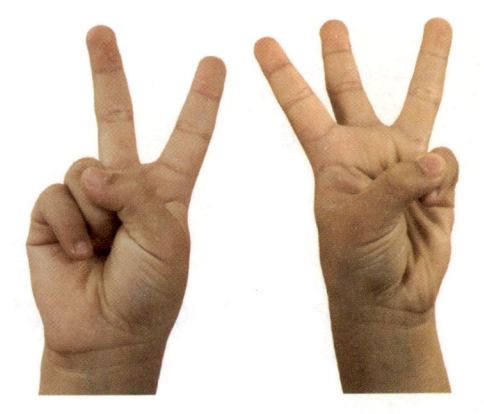

   - Quantos dedos você levantou no total? _____
   - 2 mais 3 são _____.

2. Levante 5 dedos de uma das mãos e 5 dedos da outra mão.

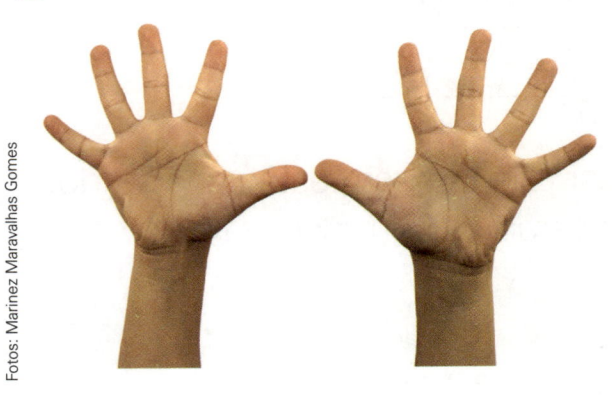

   - Quantos dedos você levantou no total? _____
   - 5 mais 5 são _____.

3. Para obter 7 dedos no total, quantos dedos de cada mão você pode levantar? Se quiser, desenhe para mostrar.

Unidade 4

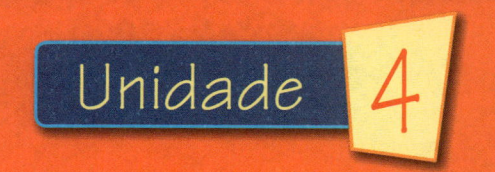

AS IDEIAS DA ADIÇÃO

LIÇÃO DE CASA 9

DATA ____/____/____

1) Quantos reais Diego tinha?

> GASTEI 9 REAIS EM UM LANCHE E AINDA FIQUEI COM 10 REAIS.

2) Hoje é a festa de aniversário de Alice. Já chegaram 13 convidados.

Alex, Cacá e Duda ligaram para avisar que também estão chegando. Depois que eles chegarem, quantos serão os convidados?

3) Observe os pulos do sapo e complete os espaços.

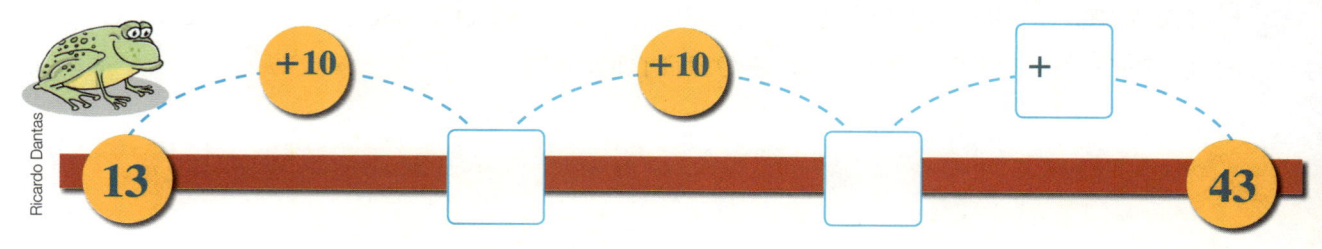

13 +10 ☐ +10 ☐ +☐ 43

4) Encontre três números seguidos cuja soma seja 15.

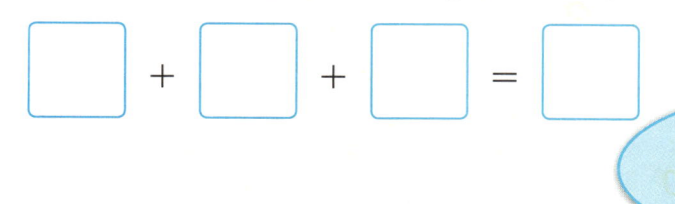

☐ + ☐ + ☐ = ☐

> DICA: 3, 4 e 5 são números seguidos.

250

Unidade 5
AS IDEIAS DA SUBTRAÇÃO

LIÇÃO DE CASA 10

DATA ____/____/____

1 Observe as tirinhas e complete.

Qual é o total de 🟧 e 🟦?		Quantos 🟦 foram cortados?		Quantos 🟧 sobraram?
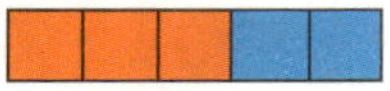	5	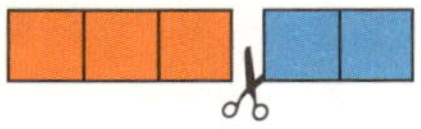	2	3
		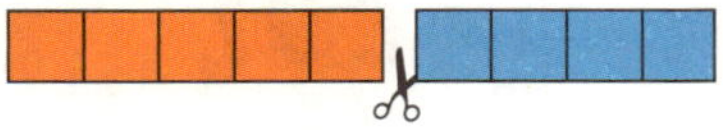		
		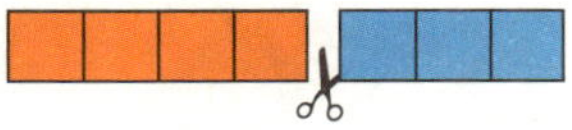		
		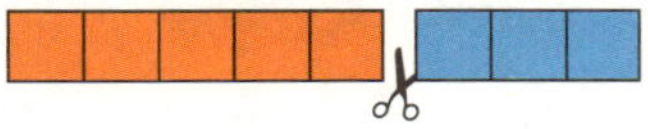		

2 Vamos brincar com os dedos!
Levante 10 dedos. Abaixe 3.
Quantos dedos ficaram levantados? _____

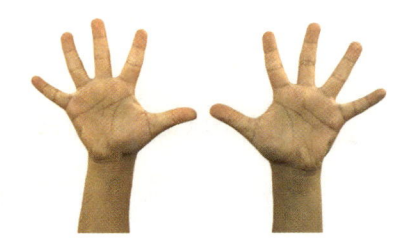

3 Agora, dobre os 10 dedos das mãos. Levante 4.

Quantos dedos ficaram dobrados? _____

Fotos: Marinez Maravalhas Gomes

4 Com as tirinhas coloridas é possível representar diferentes situações. Observe as figuras, calcule mentalmente e complete:

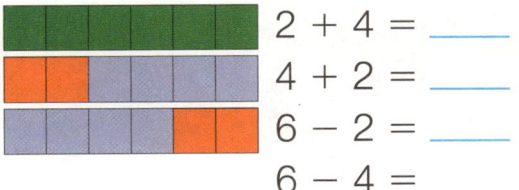

a.
2 + 4 = ____
4 + 2 = ____
6 − 2 = ____
6 − 4 = ____

b. 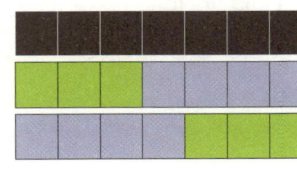
3 + 4 = ____
4 + ____ = ____
7 − ____ = ____
7 − ____ = ____

251

Unidade 5

AS IDEIAS DA SUBTRAÇÃO

LIÇÃO DE CASA 11

DATA ____/____/____

1 Veja a cena e responda.

a. Quantos balões o menino tem? ☐

b. Quantos balões a menina tem? ☐

c. Qual das crianças tem mais balões? Quantos balões a mais?

_____

2 Vamos comparar.

a. O que há mais: 🟢 ou 🟧? _____

b. Quantos 🟢 há a mais? _____

c. Quantos 🟢 você precisa tirar para ficar com a mesma quantidade de 🟧? _____

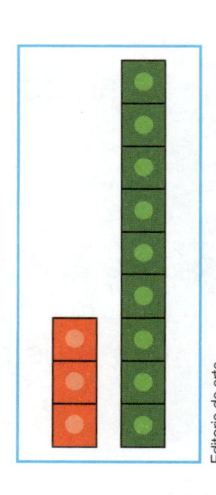

3 Quantas balas você precisa tirar do pote de tampa azul para ficar com a mesma quantidade de balas do pote de tampa branca?

_____

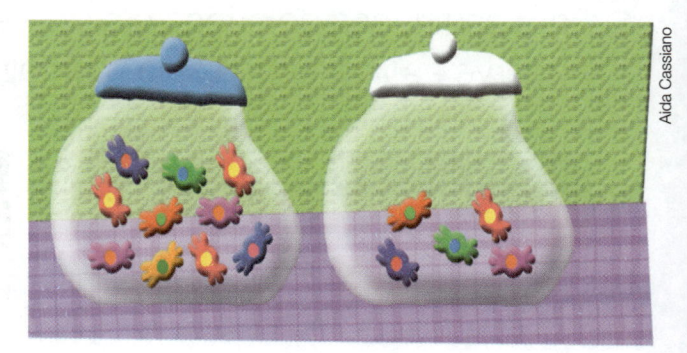

252

Unidade 5

LIÇÃO DE CASA

12

DATA ____/____/____

AS IDEIAS DA SUBTRAÇÃO

1 Alex e Beto jogam tiro ao alvo. Beto joga com dardos vermelhos, e Alex com dardos azuis.

a. Quantos pontos Alex marcou? _____

b. Quantos pontos Beto marcou? _____

c. Quem fez mais pontos? _____

d. Quantos pontos de diferença? _____

2 Desenhe as flores que faltam para que a quantidade de flores fique igual à quantidade de borboletas.

Quantas flores você desenhou? _____

253

Unidade 6

A IDEIA DE METADE E A DE SIMETRIA

LIÇÃO DE CASA 13

DATA ____/____/____

1. O traço azul divide a figura da pera em duas partes iguais. Pinte a outra metade da figura.

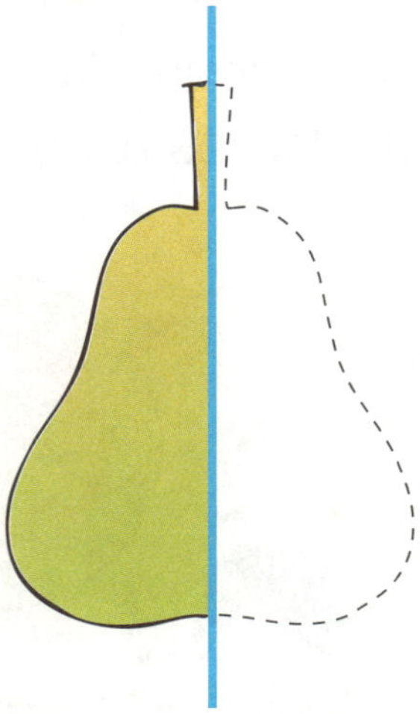

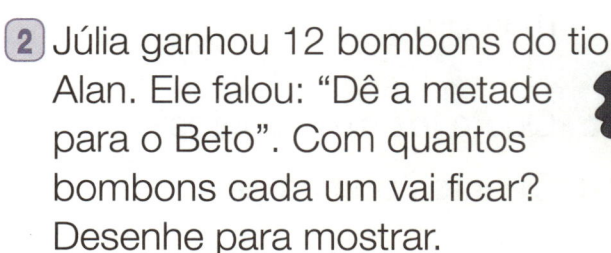

2. Júlia ganhou 12 bombons do tio Alan. Ele falou: "Dê a metade para o Beto". Com quantos bombons cada um vai ficar? Desenhe para mostrar.

   a. Qual é a metade de 12? ☐

   b. E qual é a metade de 20? ☐

3. Pinte a metade de cada figura da mesma cor que sua outra metade. Depois, ligue as duas metades.

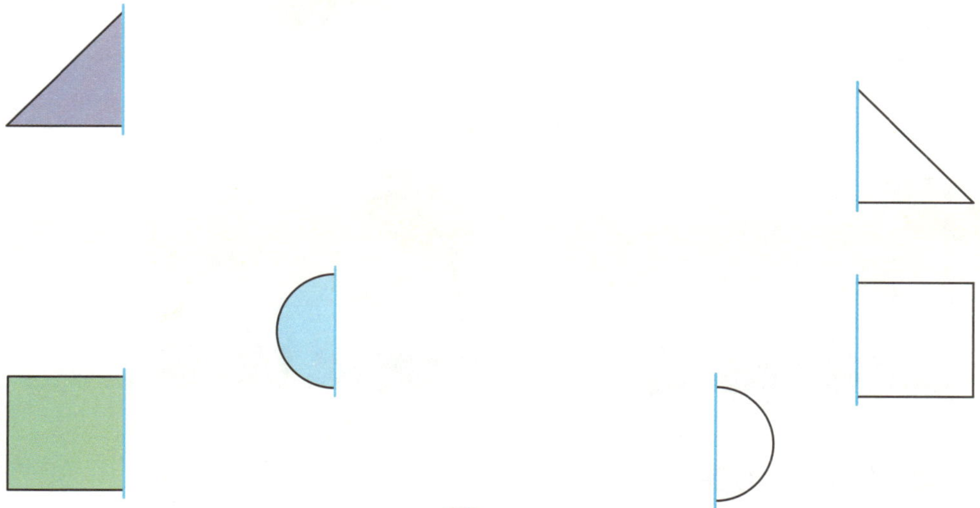

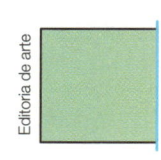

Unidade 6

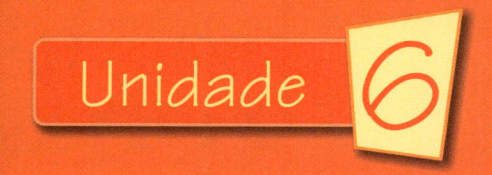

A IDEIA DE METADE E A DE SIMETRIA

LIÇÃO DE CASA 14

DATA ____/____/____

Pinte na malha quadriculada para mostrar como ficaria a imagem da árvore e da casa refletida num espelho-d'água.

Unidade 7

ESPAÇO E FORMA

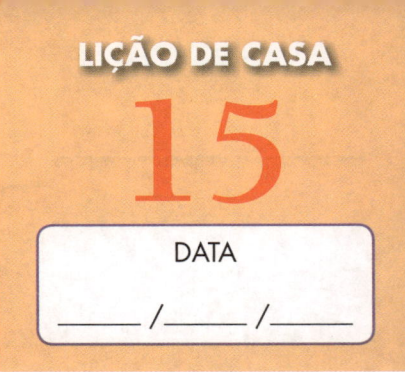

LIÇÃO DE CASA 15

DATA ____/____/____

1. Que tal usar massa de modelar para brincar de fazer marcas?

   Observe as marcas que os objetos deixam na massa de modelar.

2. Ligue cada objeto à marca que ele deixa na massa de modelar.

256

Unidade 7

ESPAÇO E FORMA

LIÇÃO DE CASA 16

DATA ____/____/____

1 Ligue os pontos e continue o traçado.

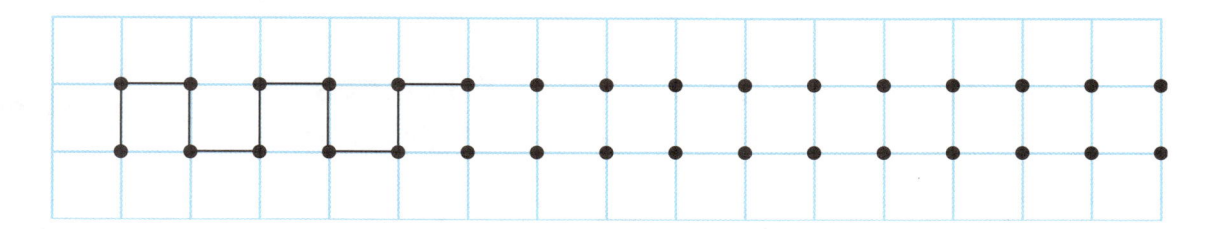

2 Reproduza cada figura na outra metade da malha.

a.

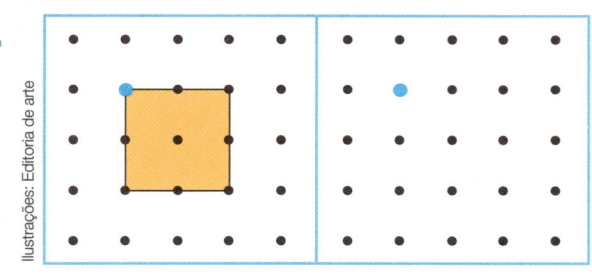

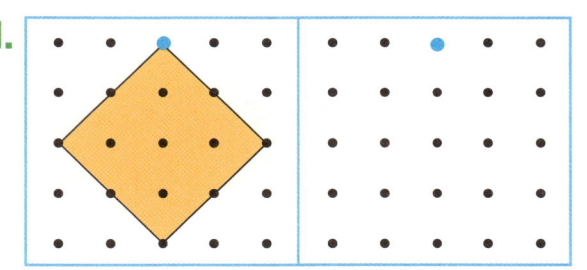

b.

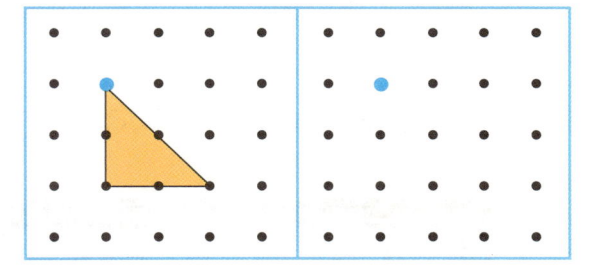

c.

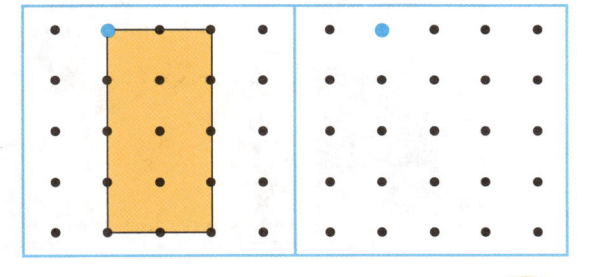

d.

O ● é o ponto de partida.

257

Unidade 8

LIÇÃO DE CASA 17

DATA ____/____/____

AMPLIANDO A SEQUÊNCIA NUMÉRICA: NÚMEROS ATÉ 100

1 Em cada 🟦 há 10 livros ou 1 dezena de livros.

	Mil e uma histórias	A princesa e o príncipe	Zeca, o herói
Livros	(5 caixas + 1 livro)	(6 caixas + 3 livros)	(6 caixas + 5 livros)
Quantidade	_____	_____	_____
Escreva por extenso	_____	_____	_____

2 Escolha o que você acha correto e complete as sentenças.

Esta é a família Silva.

a. (4 ou 40?) O pai de Ana tem _____ anos.

b. (5 ou 50?) O bebê toma _____ mamadeiras por dia.

c. (6 ou 60?) A avó de Ana vai completar _____ anos.

Unidade 8

LIÇÃO DE CASA 18

DATA ____/____/____

AMPLIANDO A SEQUÊNCIA NUMÉRICA: NÚMEROS ATÉ 100

1 Ligue os pontos de 10 em 10 e descubra a resposta da adivinha.

O que é, o que é?
Tem bigode como o gato.
Faz au, au como o cachorro.
Bate palmas e equilibra
a bola no nariz.

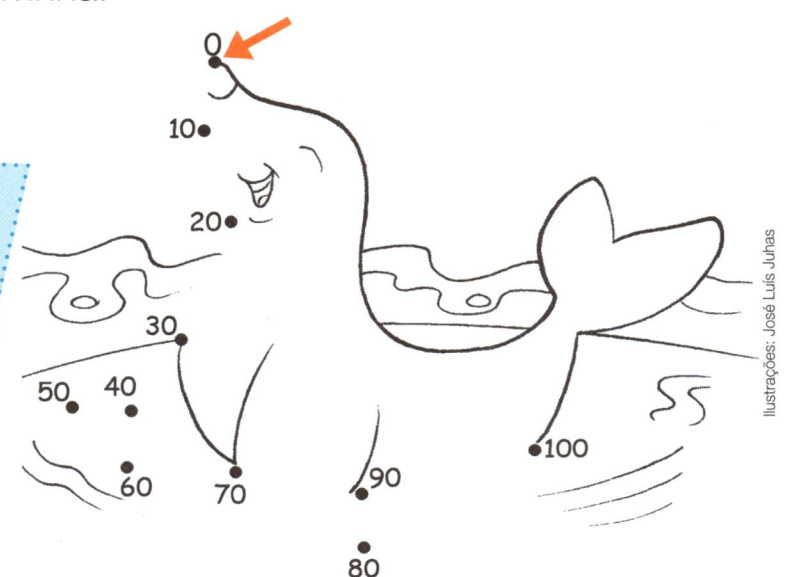

2 Para descobrir a resposta da adivinha, pinte as partes da figura em que aparecem os números de 90 a 99.

O que é, o que é?
Na casquinha ou no palito
No verão ninguém esquece
No calor é o preferido.

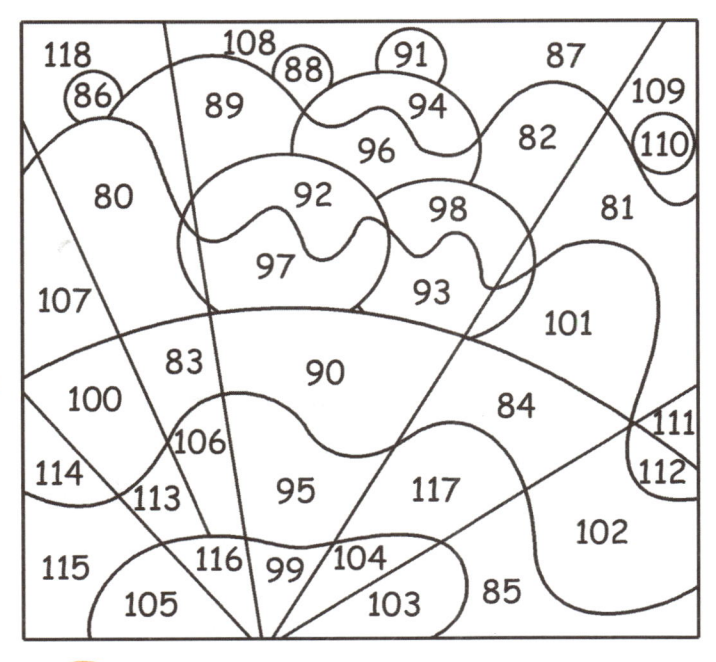

259

Unidade 8

AMPLIANDO A SEQUÊNCIA NUMÉRICA: NÚMEROS ATÉ 100

LIÇÃO DE CASA 19

DATA ____/____/____

1) Veja quantos anos cada pessoa está completando neste ano. Depois, escreva as idades de cada uma.

- no ano passado → ☐
- neste ano → ☐
- no ano que vem → ☐

- no ano passado → ☐
- neste ano → ☐
- no ano que vem → ☐

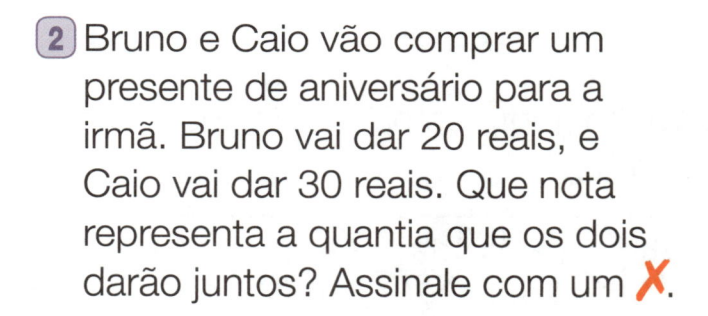

2) Bruno e Caio vão comprar um presente de aniversário para a irmã. Bruno vai dar 20 reais, e Caio vai dar 30 reais. Que nota representa a quantia que os dois darão juntos? Assinale com um **X**.

3) Em cada cofrinho há 1 dezena de moedas de 1 real. Quantos reais são ao todo?

Unidade 8

AMPLIANDO A SEQUÊNCIA NUMÉRICA: NÚMEROS ATÉ 100

LIÇÃO DE CASA 20

DATA ____/____/____

1) Componha os números.

a. 9 0 + 3 = ☐☐ → _____

b. 5 0 + 5 = ☐☐ → _____

2) Veja o que foi feito e, depois, complete.

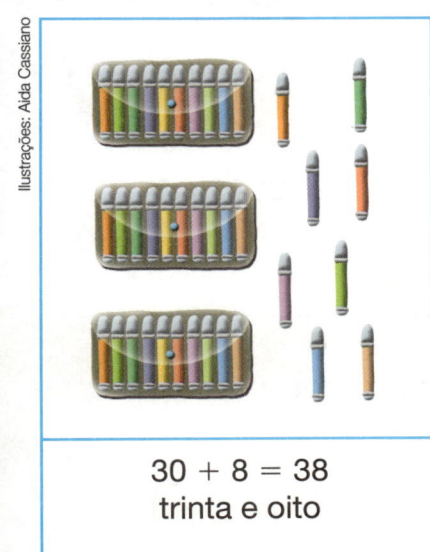

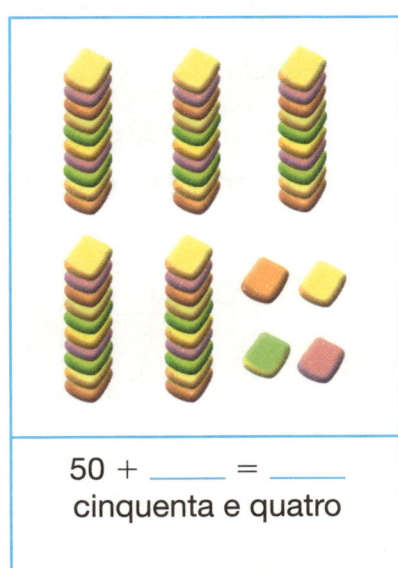

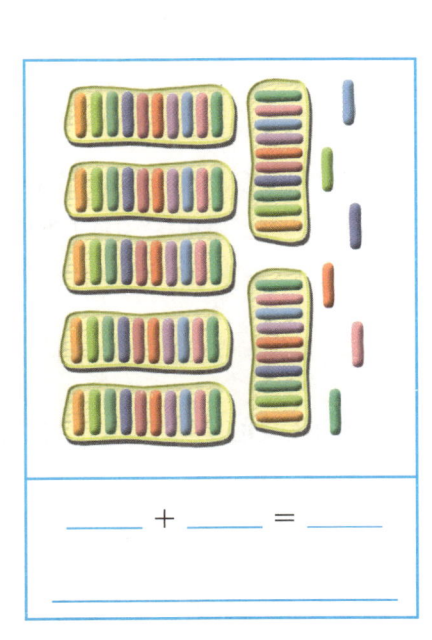

30 + 8 = 38
trinta e oito

50 + ___ = ___
cinquenta e quatro

___ + ___ = ___
_____

3) Qual é a soma? Complete os espaços.

a. 70 + 4 = ☐

setenta e quatro

b. 50 + 7 = ☐

_____

4) Quais são as parcelas? Complete.

a. 37 = 30 + ☐

trinta e sete

b. 66 = ☐ + ☐

_____

261

Unidade 8

AMPLIANDO A SEQUÊNCIA NUMÉRICA: NÚMEROS ATÉ 100

LIÇÃO DE CASA 21

DATA ____/____/____

1 O seu número de chamada é par ou ímpar? E o do aluno que vem logo antes de você? E o do aluno que vem logo depois?

2 Circule a sacola que tem um número ímpar de laranjas.

Uma dúzia.   Meia dúzia.   Uma dezena.   Meia dezena.

3 Felipe comprou 100 canudinhos para a festa de aniversário de Bibi. Ao final da festa restaram 10 canudinhos. Quantas dezenas de canudinhos foram usadas na festa de Bibi?

4 Pinte da mesma cor as diversas escritas de um mesmo número:

vinte e três

quarenta e dois

trinta e sete

noventa e um

23

91

42

37

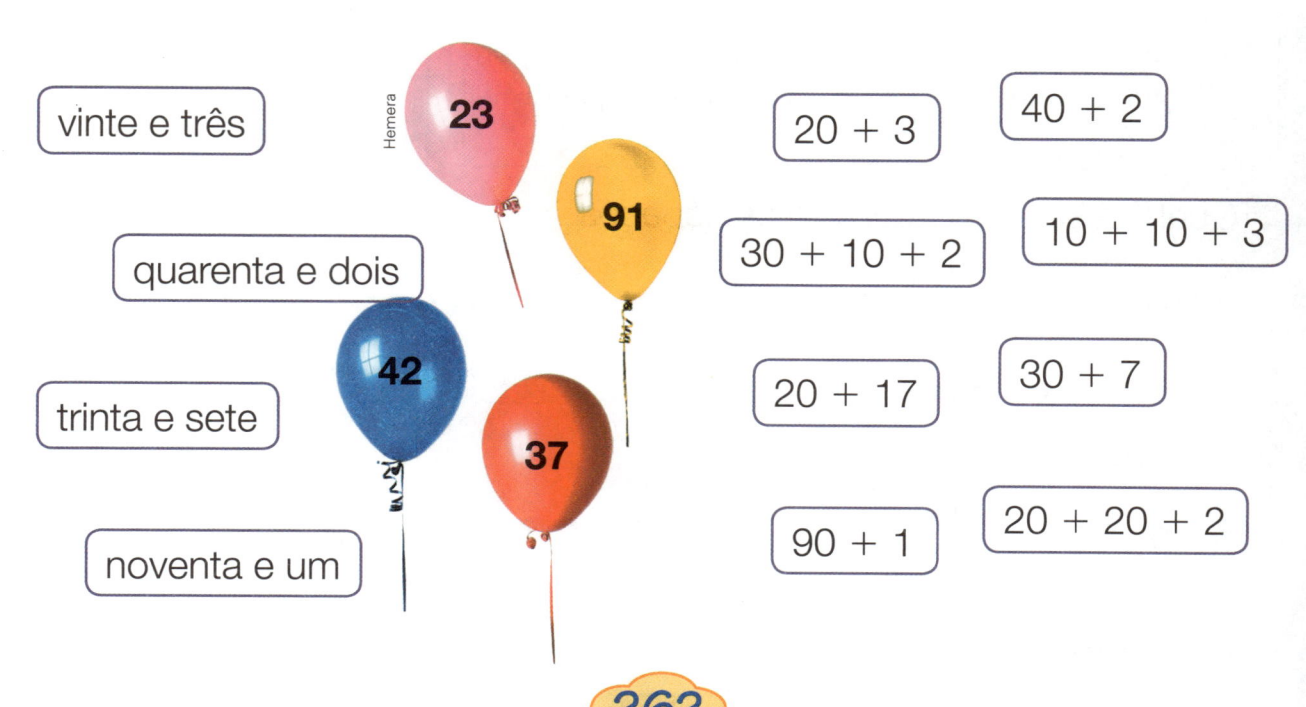

20 + 3

40 + 2

30 + 10 + 2

10 + 10 + 3

20 + 17

30 + 7

90 + 1

20 + 20 + 2

Unidade 9

MEDIDAS DE TEMPO, COMPRIMENTO, MASSA E CAPACIDADE

LIÇÃO DE CASA 22

DATA ____/____/____

O **passado** é o tempo que já vivemos.

Cole aqui uma foto sua de quando era bebê.

Antes eu era assim.

O **presente** é o tempo que estamos vivendo agora.

Cole aqui uma foto sua recente.

Hoje eu sou assim.

O **futuro** é o tempo que ainda viveremos.

Eu imagino que serei assim no **futuro**.

DESENHE AO LADO COMO VOCÊ IMAGINA QUE SERÁ QUANDO FOR ADULTO.

Mariângela Haddad

Aprenda o trava-língua.

O tempo perguntou para o tempo
Quanto tempo o tempo tem.
O tempo respondeu para o tempo
Que tem tanto tempo quanto o tempo tem.

(Trava-língua popular.)

Unidade 9

MEDIDAS DE TEMPO, COMPRIMENTO, MASSA E CAPACIDADE

LIÇÃO DE CASA **23**

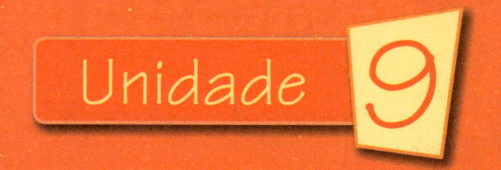

DATA ____/____/____

1 Aprenda a parlenda.

> Hoje é domingo
> Pé de cachimbo
> O cachimbo é de barro
> Bate no jarro
> O jarro é fino
> Bate no sino
> O sino é de ouro
> Bate no touro
> O touro é valente
> Chifra a gente
> A gente é fraco
> Cai no buraco
> O buraco é fundo
> Acabou o mundo
>
> (Parlenda popular.)

Muita gente acha que o primeiro dia da semana é a segunda-feira, mas, na verdade, é o domingo.

2 A semana começa no domingo. Complete a tabela.

	Dias da semana	
1º	primeiro dia da semana	domingo
2º	segundo dia da semana	
3º	terceiro dia da semana	
4º	quarto dia da semana	
5º	quinto dia da semana	
6º	sexto dia da semana	
7º	sétimo dia da semana	

Unidade 9

MEDIDAS DE TEMPO, COMPRIMENTO, MASSA E CAPACIDADE

LIÇÃO DE CASA 24

DATA ____/____/____

AGORA SÃO 10 HORAS.

Duas horas atrás Pedro estava acordando:
10 horas − 2 horas = 8 horas.

Daqui a duas horas Pedro estará almoçando:
10 horas + 2 horas = 12 horas.

Observe a hora que o primeiro relógio está indicando. Depois, desenhe os ponteiros do segundo relógio para indicar a hora solicitada.

a. O relógio indica _____ horas. Daqui a 3 horas estará indicando _____ horas.

b. O relógio indica _____ horas. Três horas atrás estava indicando _____ horas.

Unidade 9

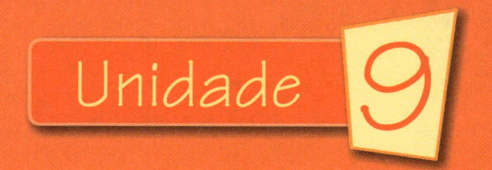

MEDIDAS DE TEMPO, COMPRIMENTO, MASSA E CAPACIDADE

LIÇÃO DE CASA 25

DATA ____/____/____

1) Observe o tamanho de cada lápis de Anthony.

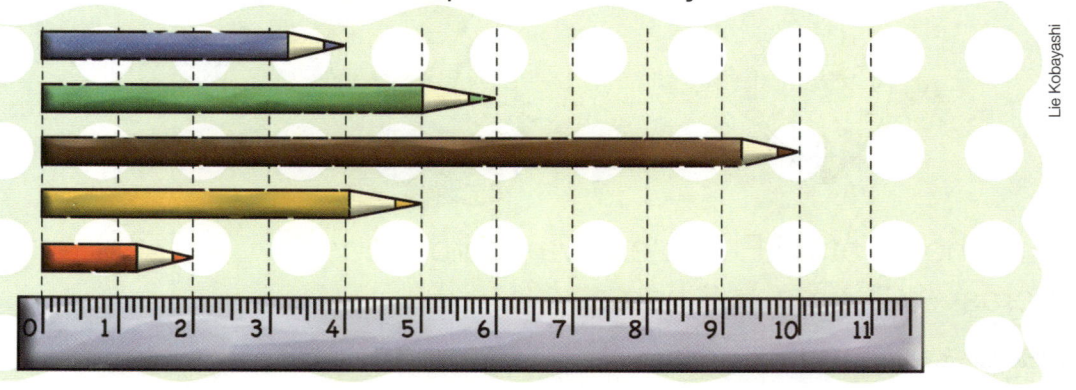

a. Quantos centímetros tem o lápis maior? _____

b. Qual é a medida do comprimento do lápis menor? _____

c. Quantos centímetros o lápis roxo tem a menos que o lápis amarelo? _____

d. Quantos centímetros o lápis verde tem a mais que o lápis vermelho? _____

2) Use a fita métrica para medir os comprimentos dos objetos descritos na tabela. Depois, assinale a alternativa correta:

medida	mais de 1 m	menos de 1 m
comprimento do seu sapato		
largura da porta da sua casa		
sua altura		
comprimento da sua cama		

266

Unidade 9

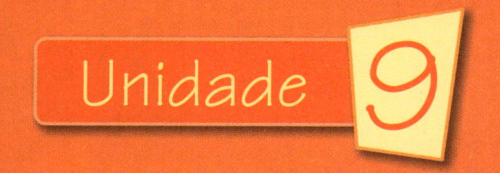

MEDIDAS DE TEMPO, COMPRIMENTO, MASSA E CAPACIDADE

LIÇÃO DE CASA 26

DATA ____/____/____

Faça uma pesquisa sobre a massa que aparece indicada nas embalagens de alguns produtos. Por exemplo, o arroz é encontrado em pacotes de 1 quilograma, de 2 quilogramas e de 5 quilogramas.

Veja como anotamos na tabela. Faça o mesmo para os produtos que você pesquisar.

Produto	Medida de massa que aparece na embalagem			
	meio kg	1 kg	2 kg	5 kg
arroz		×	×	×

- Que tipo de embalagem mais aparece em sua pesquisa: de meio quilo, de 1 kg, de 2 kg ou de 5 kg? _____

Unidade 9

MEDIDAS DE TEMPO, COMPRIMENTO, MASSA E CAPACIDADE

LIÇÃO DE CASA 27

DATA ____/____/____

Agora, faça uma pesquisa sobre a medida de capacidade que aparece indicada nas embalagens ou vasilhames de alguns produtos. Por exemplo, o leite é encontrado em embalagens de 1 litro.

Veja como anotamos na tabela. Faça o mesmo para os produtos que você pesquisar.

Produto	Medida de capacidade que aparece na embalagem			
	meio litro	1 litro	1 litro e meio	2 litros
leite		×		

- Que tipo de embalagem ou vasilhame mais aparece em sua pesquisa: de meio litro, de 1 litro, de 1 litro e meio ou de 2 litros?

Unidade 10

ADIÇÃO E SUBTRAÇÃO COM REAGRUPAMENTO

LIÇÃO DE CASA 28

DATA ____/____/____

1 Descubra o padrão dos azulejos do painel e termine de pintar. Depois, responda:

a. Ao todo, quantos azulejos no painel são:

- azuis? _____

- vermelhos? _____

b. Quantos azulejos há, ao todo, nesse painel?

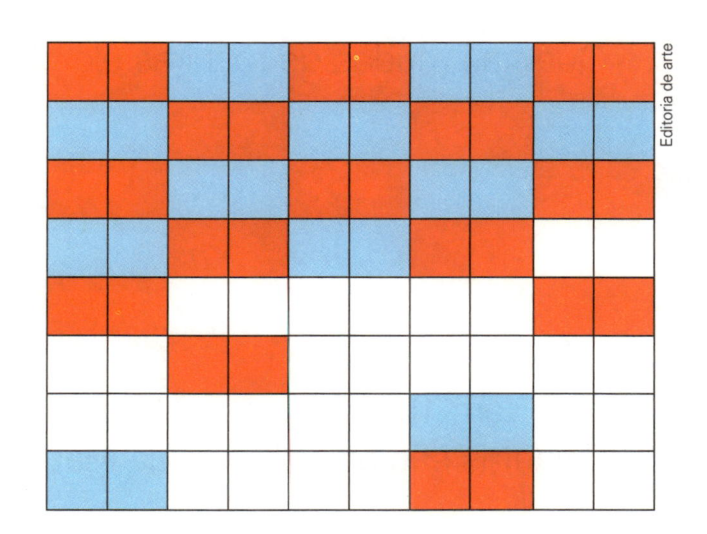

_____

2 Élcio formou 4 pilhas com 10 moedas de 1 real cada uma, mas ainda tem 43 moedas de um real para empilhar. Quantas moedas de 1 real Élcio tem?

3 Edgar está juntando dinheiro para comprar um CD de jogos. Já conseguiu 56 reais. Ainda precisa juntar 22 reais. Quantos reais Edgar vai juntar no total?

Unidade 10
ADIÇÃO E SUBTRAÇÃO COM REAGRUPAMENTO

LIÇÃO DE CASA 29

DATA ____/____/____

1 Hélio plantou mudas de roseiras no jardim de sua casa. Dessas mudas, 13 não sobreviveram. Só 27 mudas vingaram. Quantas mudas de roseiras ele plantou?

2 Caio tem 15 bolinhas, e Mauro tem 27 bolinhas a mais que Caio. Quantas são as bolinhas de Mauro?

3 Escreva um problema para a adição 45 + 28. Depois, resolva.

Unidade 10

ADIÇÃO E SUBTRAÇÃO COM REAGRUPAMENTO

LIÇÃO DE CASA
30

DATA
____/____/____

1. Observe a trilha a seguir.

- Quantas casas faltam para o peão atingir o número 76?

2. Quem tem mais centavos no cofre: Márcia ou Rafael? Quanto a mais?

3. Em uma piscina com 48 metros de comprimento, Olívia já nadou 28 metros. Quantos metros faltam para ela atravessar a piscina?

271

Unidade 10

ADIÇÃO E SUBTRAÇÃO COM REAGRUPAMENTO

LIÇÃO DE CASA 31

DATA ____/____/____

1) Quantos anos Daniela tem agora?

> DAQUI A 15 ANOS TEREI 24 ANOS.

2) Carlos tinha certa quantia em dinheiro, ganhou 1 nota de 50 reais, 1 nota de 20 reais e 1 nota de 5 reais. Então, ficou com 150 reais. Quantos reais Carlos tinha inicialmente?

3) Gislaine tem um álbum para 74 figurinhas. Ela já colou 29. Quantas figurinhas faltam para Gislaine completar o álbum?

4) No teatro da escola cabem 95 pessoas sentadas. Para uma apresentação de dança, 47 lugares já foram ocupados. Há mais lugares ocupados ou vagos?

Unidade 11

LIÇÃO DE CASA 32

AS IDEIAS DA MULTIPLICAÇÃO

DATA ____/____/____

1 Quantos pontos há ao todo?

a.

Adição: 1 + 1 + 1 = ☐

Multiplicação: 3 × 1 = ☐

b.

Adição: _____

Multiplicação: _____

2 Desenhe • nos dados e complete:

a.

2 + 2 + 2 + 2 = ☐

4 × 2 = ☐

b.

4 + 4 + 4 + 4 = ☐

4 × 4 = ☐

Unidade 11
AS IDEIAS DA MULTIPLICAÇÃO

LIÇÃO DE CASA 33

DATA ____/____/____

1) Usando uma régua, termine de desenhar os quadriculados. Depois, acabe de pintar cada quadriculado da forma que preferir. No final, use uma multiplicação para indicar o total de quadrinhos em cada quadriculado.

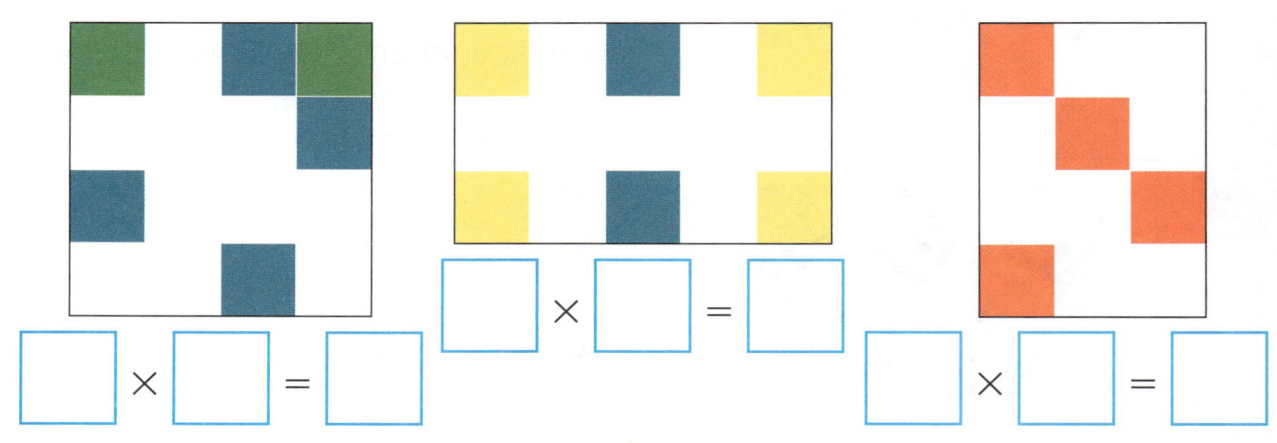

☐ × ☐ = ☐

☐ × ☐ = ☐

☐ × ☐ = ☐

2) Observe a caixa de latinhas de suco.

a. Quantas latinhas há na caixa?
☐ × ☐ = ☐

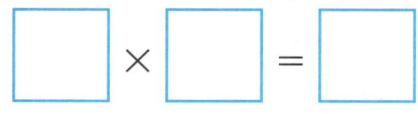

b. Quantas latinhas cabem no total nesta caixa? ☐ × ☐ = ☐

3) Quantas bolas há em cada caixa? Use a multiplicação para calcular.

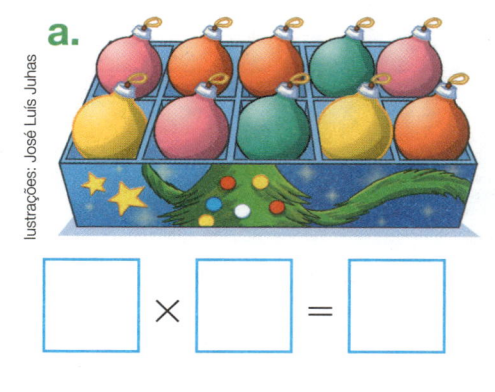

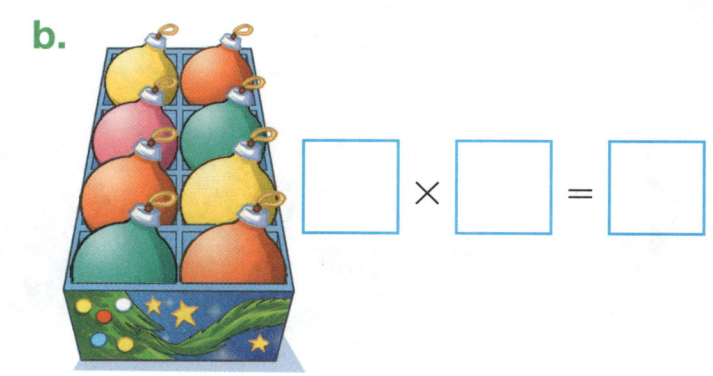

a. ☐ × ☐ = ☐

b. ☐ × ☐ = ☐

Unidade 11

AS IDEIAS DA MULTIPLICAÇÃO

LIÇÃO DE CASA 34

DATA ____/____/____

1) Cada embalagem contém 5 figurinhas. Quantas figurinhas há em 2 embalagens? E em 3 embalagens? Complete a tabela.

Número de embalagens	1	2	3	4	5
Figurinhas	5				

2) Cada pacote tem 4 balas. Quantas balas têm 2 pacotes? E 3? Complete a tabela.

Pacotes	1	2	3	4	5
Balas	4				

3) Com um pacote de gelatina é possível fazer 5 porções. Quantas porções de gelatina é possível fazer com 4 pacotes?

Unidade 11
AS IDEIAS DA MULTIPLICAÇÃO

LIÇÃO DE CASA 35

DATA ____/____/____

Adriana adora sorvete com cobertura! Veja as opções de sorvete e de cobertura que uma sorveteria oferece.

Sabor / Cobertura	Creme	Morango	Flocos
Chocolate			
Caramelo			
Framboesa			

a. Pinte para representar todas as combinações possíveis. Quantas são?

_____

b. Represente o número de combinações possíveis usando uma multiplicação. _____

c. Desenhe para mostrar o seu sorvete preferido.

Unidade 11

AS IDEIAS DA MULTIPLICAÇÃO

LIÇÃO DE CASA 36

DATA ____/____/____

1) Observe as flores do vaso vermelho.
Pinte de:
- azul o vaso que tem o **dobro** de flores do vaso vermelho.
- verde o vaso que tem o **triplo** de flores do vaso vermelho.

2) Desenhe 5 bolinhas na 1ª caixa. Na 2ª caixa, desenhe o dobro de bolinhas da 1ª. Na 3ª caixa, desenhe o triplo de bolinhas da 1ª.

1ª caixa   2ª caixa   3ª caixa

Unidade 12

AS IDEIAS DA DIVISÃO

LIÇÃO DE CASA 37

DATA ____/____/____

1 Faça 18 bolinhas de papel. Use-as para fazer as seguintes divisões nas caixas.

a. 9 : 3 = ____   **b.** 12 : 3 = ____   **c.** 18 : 3 = ____

2 Raul e Raquel vão dividir entre eles as 31 moedas de  que economizaram.

a. Quantas moedas de  cada um vai receber?

b. Sobrou alguma moeda de  ? Como eles podem fazer para continuar a divisão?

Unidade 12

AS IDEIAS DA DIVISÃO

LIÇÃO DE CASA 38

DATA ____/____/____

1) Conte os sorvetes. Quantos grupos de 4 sorvetes podemos formar? Circule para formar os grupos. Depois, complete.

Divisão: 12 : 4 = _____

Adição: 4 + 4 + 4 = _____

Multiplicação: 3 × 4 = _____

2) Conte os botões. Circule para formar grupos de 5 botões. Quantos grupos você formou? Complete.

____ : ____ = ____

3) Com 3 pacotes de suco em pó é possível fazer 12 copos de suco. Quantos copos de suco é possível fazer com cada pacote?

PEQUENO GLOSSÁRIO ILUSTRADO

Adição

◆ a ideia de juntar

3 latinhas

mais

4 latinhas

são 7 latinhas no total

$3 + 4 = 7$

◆ a ideia de acrescentar

SÃO 7 LATINHAS. SE EU TROUXER MAIS 2 LATINHAS, VÃO FICAR 9 LATINHAS.

$7 + 2 = 9$

Antecessor

O antecessor de 6 é 5.
O antecessor de 5 é 4.

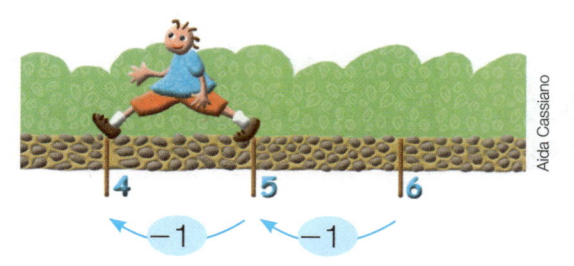

Cem

10 grupos de 10 = 100 (cem)

Centímetro

O símbolo de centímetro é cm.

1 cm

Cilindro

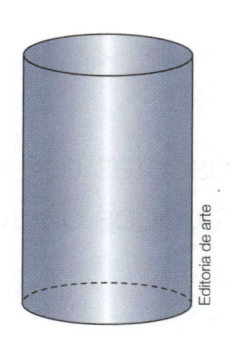

280

Círculo

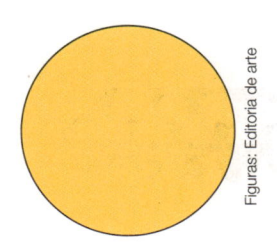

Cubo

Composição de números

Compor é o mesmo que formar.

Dezenas Unidades

| 5 | 0 | + | 3 | = | 5 | 3 |

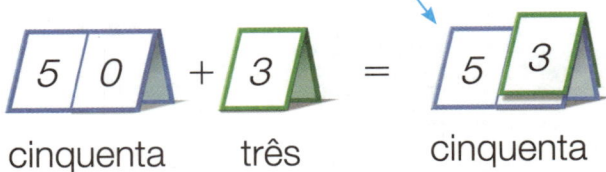

cinquenta   três   cinquenta e três

Cone

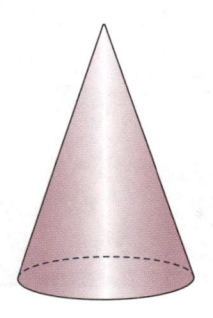

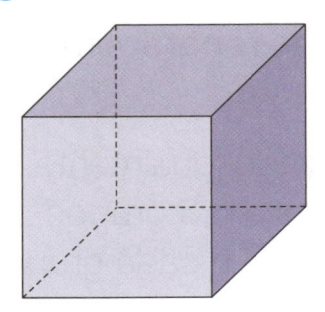

Decomposição de números

Decompor é o contrário de compor.

Dezenas Unidades

| 8 | 4 | = | 8 | 0 | + | 4 |

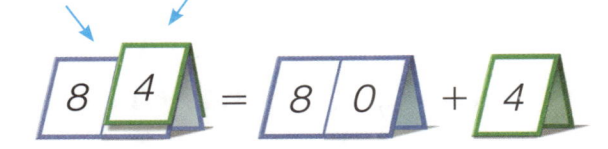

oitenta e quatro

Dezena

1 dezena = 10 unidades

São dez gatos ou uma dezena.

Divisão

◆ a ideia de **repartir** em partes iguais

Distribuindo igualmente 12 joaninhas em 3 grupos, ficam 4 joaninhas em cada grupo.

12 : 3 = 4

◆ a ideia de **medir**

Em um saco de 25 quilogramas cabem 5 pacotes de 5 quilogramas.

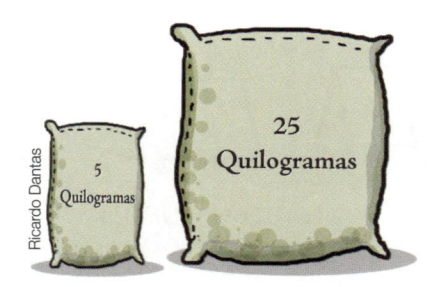

25 : 5 = 5

Dobro

Encontra-se o dobro de um número multiplicando esse número por 2.

O dobro de 2 é 4.

Dúzia

Uma dúzia é doze.

D	U
1	2

Esfera

Estimativa

Estimar é "chutar" a quantidade que você acha que é, ou o resultado que você acha que vai dar.

Exemplo: Estime quantas frutas há no tabuleiro.

Formas geométricas planas

Estas são as representações de algumas formas geométricas planas:

Figuras: Editoria de arte

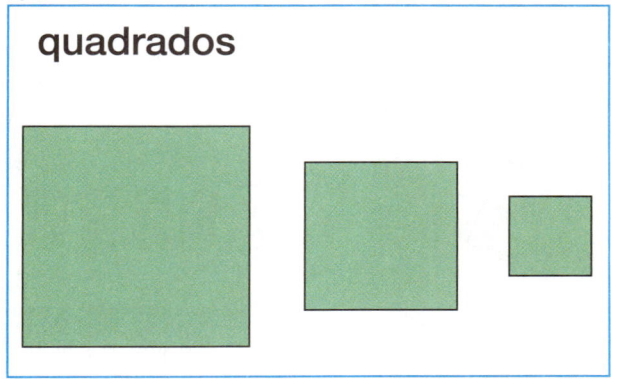

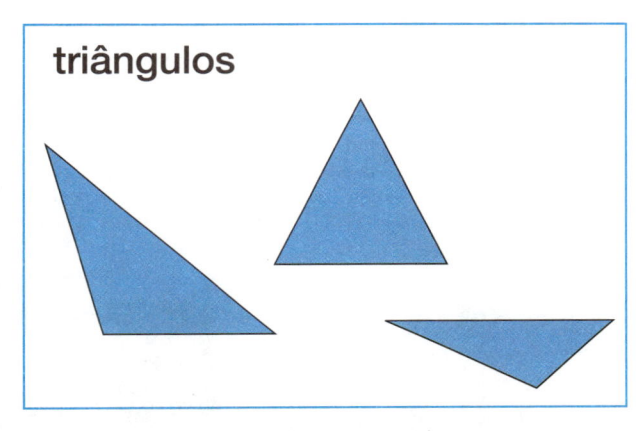

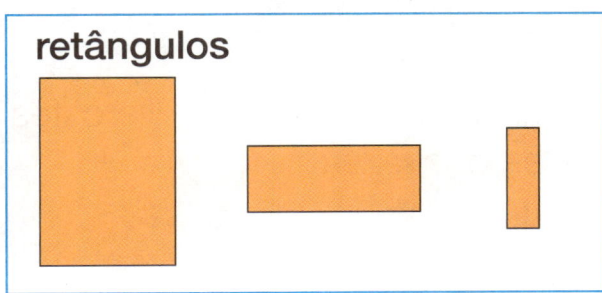

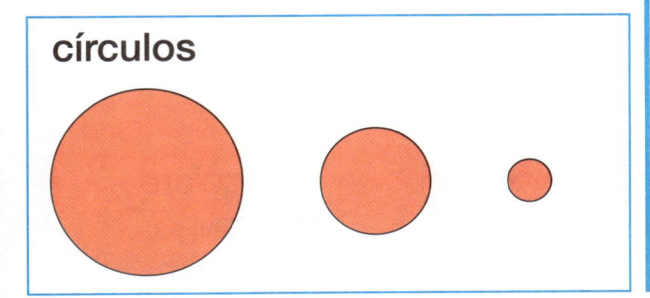

quadrados

triângulos

retângulos

círculos

Formas geométricas espaciais

Veja a representação das formas geométricas espaciais mais conhecidas.

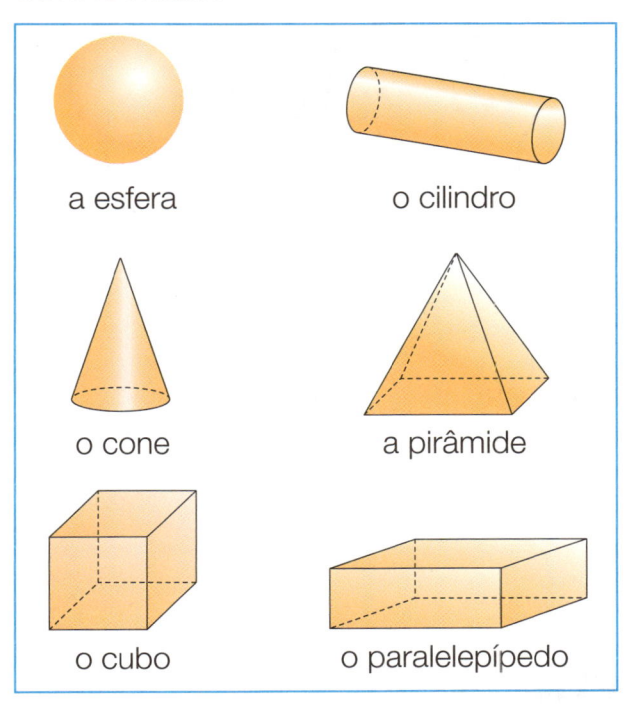

a esfera   o cilindro

o cone   a pirâmide

o cubo   o paralelepípedo

Lado

← lado   ← lado

← lado

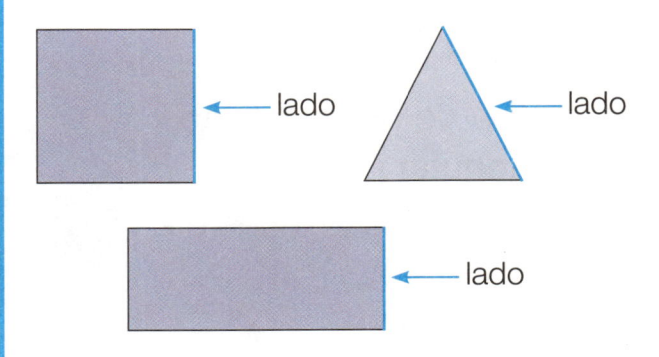

Litro

Unidade de medida usada para medir a capacidade de um recipiente.

O símbolo de **litro** é ℓ ou **L**.

Multiplicação

◆ a ideia de **adicionar parcelas iguais**

Há 2 grupos com 3 🐄 em cada um.

Total de 🐄

Adição: 3 + 3 = 6

Multiplicação: 2 × 3 = 6
             ↓   ↓
          vezes produto

> Nesse caso, **multiplicar** é o mesmo que adicionar quantidades iguais.

◆ a ideia de **organização retangular**

Na malha, há 2 linhas e 2 🌸 em cada linha.

2 × 2 = 4

No total, são 4 🌸.

◆ a ideia de **proporcionalidade**

Para fazer o suco, devo misturar o conteúdo de 1 envelope a 4 copos de água.

Se forem 2 envelopes, deverei usar 8 copos de água.

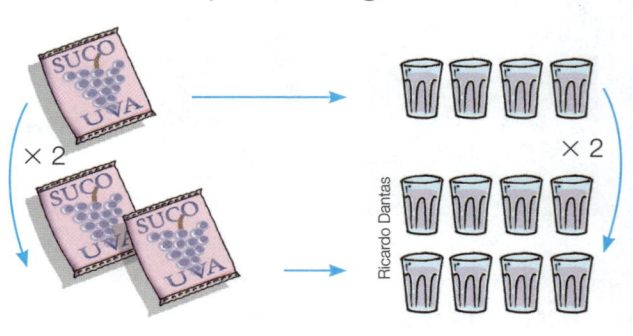

◆ a ideia **combinatória**

Samuel pode escolher entre 4 sabores de sorvete e 2 tipos de casquinha.

Veja quantas escolhas diferentes ele pode fazer:

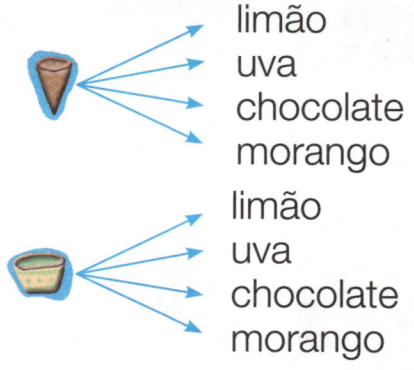

→ limão
→ uva
→ chocolate
→ morango

→ limão
→ uva
→ chocolate
→ morango

2 × 4 = 8 escolhas diferentes

Números ímpares

Os números ímpares são aqueles cujo algarismo das unidades é 1, 3, 5, 7 ou 9.

Números pares

Os números pares são aqueles cujo algarismo das unidades é 0, 2, 4, 6 ou 8.

Par

1 par de chinelos

1 par de luvas

Paralelepípedo

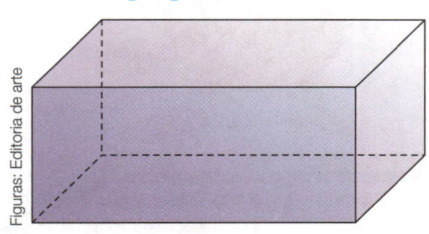

Paralelogramo

Pirâmide

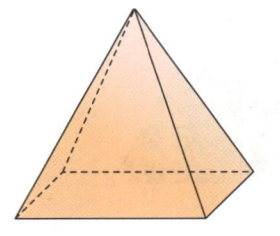

Pirâmide de base quadrada.

Quadrado

Quilograma

Unidade de medida usada para medir a massa dos objetos.

O símbolo do **quilograma** é **kg**.

Retângulo

Simetria

Cada uma dessas figuras é formada por 2 partes simétricas.

Soma

O resultado de uma adição chama-se soma ou total.

$$\begin{array}{r} 5 \\ + 4 \\ \hline 9 \end{array}$$

→ parcela
→ parcela
→ soma ou total

Subtração

◆ a ideia de **tirar**

Há 5 bolinhas no pote. Tirando 2, ficam 3.

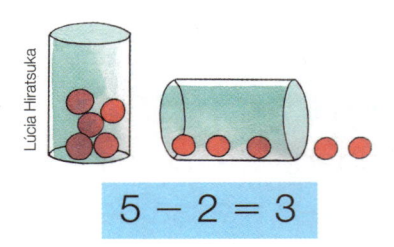

$5 - 2 = 3$

◆ a ideia de **comparar**

São 9 ■ e 6 ■.
Há 3 ■ a mais que ■.

$9 - 6 = 3$

◆ a ideia de **completar**

Falta pintar 5 bonequinhos para completar 9.

$9 - 4 = 5$

Sucessor

O sucessor de 0 é 1.
O sucessor de 1 é 2.
O sucessor de 2 é 3.

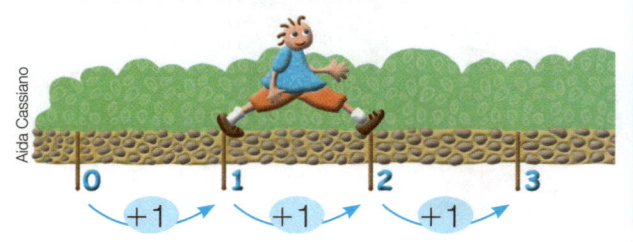

Triângulo

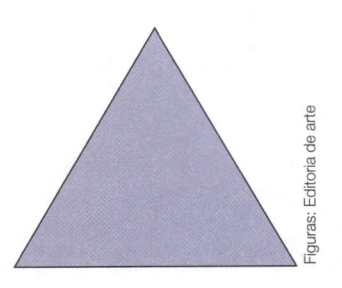

Triplo

Encontra-se o **triplo** de um número multiplicando esse número por 3.

O triplo de 3 é 9.

Vértice

vértice

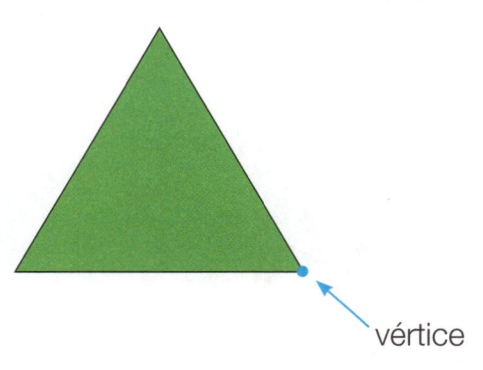

BIBLIOGRAFIA

ABELLÓ, Frederic Udina I. *Aritmética y calculadoras*. Madrid: Síntesis, 1992.

ALMEIDA, Theodora Maria Mendes de (Coord.) *Quem canta seus males espanta*. São Paulo: Caramelo, 1998.

_____. *Quem canta seus males espanta 2: mais músicas, parlendas, adivinhas e trava-línguas*. São Paulo: Caramelo, 2000.

BORIN, Júlia. *Jogos e resolução de problemas: uma estratégia para as aulas de Matemática.* São Paulo: Caem-USP, 1995. v. 6.

BRANDÃO, Ana Paula (Coord.). *Memória das palavras.* Rio de Janeiro: Fundação Roberto Marinho, 2006.

BRASIL, Luís Alberto S. *Aplicações da teoria de Piaget ao ensino da Matemática.* Rio de Janeiro: Forense Universitária, 1977.

CAGGIANO, Angela e outros. *Problema não é mais problema.* São Paulo: FTD, 1996. v. 1 a 4.

CARDOSO, Virgínia Cardia. *Materiais didáticos para as quatro operações.* São Paulo: Caem-USP, 1992. v. 2.

CARRAHER, Terezinha Nunes; CARRAHER, David William; SCHLIEMANN, Analúcia Dias. *Na vida dez, na escola zero.* 4. ed. São Paulo: Cortez, 1990.

CASTRO MARTÍNEZ, Encarnación e outros. *Estimación en cálculo y medida.* Madrid: Síntesis, 1989.

CASTRO MARTÍNEZ, Encarnación; RICO CASTRO ROMERO, Luis; CASTRO MARTÍNEZ, Enrique. *Números y operaciones: fundamentos para una aritmética escolar*. Madrid: Síntesis, 1988.

CATALÁ, Claudi Alsina; FLAMERICH, Carme Burgués; AYMEMMI, Josep Maria Fortuny. *Materiales para construir la Geometria.* Madrid: Síntesis, 1991.

CENTURIÓN, Marília. *Conteúdo e metodologia da Matemática: números e operações.* São Paulo: Scipione, 1994.

CENTURIÓN, Marília e outros. *Jogos, projetos e oficinas para educação infantil*. São Paulo: FTD, 2004.

D'AMBROSIO, Ubiratan. *Da realidade à ação: reflexões sobre educação e Matemática*. São Paulo/Campinas: Summus/Unicamp, 1986.

DANTE, Luiz Roberto. *Didática da resolução de problemas.* São Paulo: Ática, 1989.

DEMO, Pedro. *Avaliação qualitativa.* São Paulo: Cortez, 1987.

ELFFERS, Joost. *El tangram.* Trad. Ramón Ibero. Barcelona: Labor, 1993.

ELFFERS, Joost. *El gran libro del tangram*. Trad. Rita da Costa. Barcelona: Ediciones B/Grupo Zeta, 2000.

ESPINOSA, Luis Puig; PÉREZ, Fernando Cerdán. *Problemas aritméticos escolares.* Madrid: Síntesis, 1995.

GAZZETTA, Marineusa (Coord.) e outros. *Iniciação à Matemática.* Campinas: Unicamp, 1986. v. 1, 2 e 3.

GRYSKI, Camilla. *Juegos de cordel: el pasatiempo de ayer, hoy y siempre*. Trad. Manuel Brito. México: Selector, 1990.

HERNÁNDEZ, Fernando; VENTURA, Montserrat. *A organização do currículo por projetos de trabalho: o conhecimento é um caleidoscópio*. Trad. Jussara Haubert Rodrigues. 5. ed. Porto Alegre: Artes Médicas, 1998.

HOFFMANN, Jussara Maria Lerch. *Avaliação mediadora: uma prática em construção da pré-escola à universidade*. Porto Alegre: Educação & Realidade, 1993.

IFRAH, Georges. *História universal dos algarismos: a inteligência dos homens contada pelos números e pelo cálculo*. Trad. Alberto Muñoz e Ana Beatriz Katinsky. Rio de Janeiro: Nova Fronteira, 1997. v. 1 e 2.

KAMII, Constance; JOSEPH, Linda Leslie. *Aritmética: novas perspectivas — implicações da teoria de Piaget*. Trad. Marcelo Cestari Terra Lellis, Marta Rabioglio e Jorge José de Oliveira. Campinas: Papirus, 1992.

KISHIMOTO, Tizuko Morchida. *Jogos tradicionais infantis: o jogo, a criança e a educação*. Petrópolis: Vozes, 1993.

LUCKESI, Cipriano Carlos. O que é mesmo o ato de avaliar a aprendizagem? *Pátio: revista pedagógica*. Porto Alegre: Artmed, n. 12, fev./abr. 2000.

MACHADO, Nílson José. *Ensaios transversais: cidadania e educação*. São Paulo: Escrituras, 1997.

_____. *Matemática e língua materna.* São Paulo: Cortez, 1990.

_____. *Matemática e realidade.* São Paulo: Cortez, 1987.

MARINA, José Antonio. *Teoria da inteligência criadora*. Trad. Fernando Moutinho. Lisboa: Editorial Caminho, 1995. (Caminho da Ciência).

MINA, Attilio. *Sombras chinescas: cómo obtener con la sombra de las manos animales, retratos y caricaturas*. Barcelona: Editorial De Vecchi, 1997.

MIRANDA, Nicanor. *200 jogos infantis*. 13. ed. Belo Horizonte: Itatiaia, 1993.

NOVAES, Iris Costa. *Brincando de roda*. 2. ed. Rio de Janeiro: Agir, 1986.

OCHI, Fusako Hori e outros. *O uso de quadriculados no ensino de Geometria*. São Paulo: Caem-USP, 1992. v. 1.

PERRENOUD, Philippe. *Avaliação*. Porto Alegre: Artmed, 2001.

_____. *Construir as competências desde a escola*. Trad. Bruno Charles Magne. Porto Alegre: Artes Médicas Sul, 1999.

_____. *Ensinar: agir na urgência, decidir na incerteza – saberes e competências em uma profissão complexa*. Trad. Cláudia Schilling. 2. ed. Porto Alegre: Artmed, 2001.

PIAGET, J. *Fazer e compreender Matemática*. São Paulo: Melhoramentos, 1978.

PLAZA, Maria del Carmen Chamorro; GÓMEZ, Juan Miguel Belmonte. *El problema de la medida: didáctica de las magnitudes lineales*. Madrid: Síntesis, 1991.

RECIO, Ángel Martínez e outros. *Una metodología activa y lúdica de enseñanza de la Geometría elemental*. Madrid: Síntesis, 1989.

_____; *Secretos del tangram*, Trad. Isabel Romero. Barcelona: Ediciones B/Grupo Zeta, 1998.

SILVA, Albano; LOUREIRO, Cristina; VELOSO, Maria Graciosa. *Calculadoras na educação matemática*. Lisboa: Associação de Professores de Matemática (APM), 1989.

SMOLE, Kátia Cristina Stocco. *A Matemática na educação infantil: a teoria das inteligências múltiplas na prática escolar*: Porto Alegre: Artes Médicas, 1996.

_____; DINIZ, Maria Ignez de Souza Vieira; CÂNDIDO, Patrícia Terezinha. *Brincadeiras infantis nas aulas de Matemática: Matemática de 0 a 6*. Porto Alegre: Artes Médicas, 2000.

_____; DINIZ, Maria Ignez de Souza Vieira; CÂNDIDO, Patrícia Terezinha. *Resolução de problemas: Matemática de 0 a 6*. Porto Alegre: Artes Médicas Sul, 2000.

SMOLE, Kátia Cristina Stocco e outros. *Era uma vez na Matemática: uma conexão com a literatura infantil*. São Paulo: Caem-USP, 1993. v. 4.

TOLEDO, Marília; TOLEDO, Mauro. *Didática da Matemática: como dois e dois — a construção da Matemática*. São Paulo: FTD, 1997.

VYGOTSKY, Lev S. *A formação social da mente*. Lisboa: Antídoto, 1979.

WADSWORTH, J. B. *Piaget para o professor de pré-escola e 1º grau*. São Paulo: Pioneira, 1984.

▶ Documentos Oficiais

BRASIL. Ministério da Educação e do Desporto. Secretaria do Ensino Fundamental. *Parâmetros curriculares nacionais: apresentação dos temas transversais*. 1997.

_____. *Parâmetros curriculares nacionais: Matemática*. 1997.

CURITIBA. Secretaria Municipal de Educação. *Currículo base: uma contribuição para a escola pública brasileira*. Curitiba: Imprensa Oficial do Estado do Paraná, 1988.

_____. *Currículo básico para a escola pública do estado do Paraná*. Curitiba, 1992.

MINAS GERAIS. Secretaria de Estado da Educação. *Guia curricular de Matemática: ciclo básico de alfabetização, Ensino Fundamental*. Belo Horizonte:, 1997. v. 1 e 2.

NATIONAL COUNCIL OF TEACHERS OF MATHEMATICS. *Normas para o currículo e a avaliação em Matemática escolar*. Lisboa: Associação de Professores de Matemática/ Instituto de Inovação Educacional, 1991.

SÃO PAULO (Cidade). Prefeitura Municipal. *Movimento de reorientação curricular: Matemática – relatos de prática 4/8, Documento 6/92*. São Paulo, 1992.

SÃO PAULO (Cidade). Prefeitura Municipal. *Movimento de reorientação curricular: Matemática – visão de área, Documento 5*. São Paulo, 1992.

_____. *Suplemento: programa de primeiro grau – ensino regular – implementação curricular de estudos sociais; de ciências físicas e biológicas e saúde; de Matemática – 1ª a 4ª séries*. São Paulo, DOM de 30/4/1987.

SÃO PAULO (Estado). Secretaria da Educação. Coordenadoria de Estudos e Normas Pedagógicas. *Atividades matemáticas: ciclo básico*. 3. ed. São Paulo, 1991. v. 1.

_____. *Atividades matemáticas: ciclo básico*. 5. ed. São Paulo, 1991. v. 2.

_____. *Proposta curricular para o ensino de Matemática: 1º grau*. 4. ed. São Paulo, 1991.

_____. *Proposta curricular de Matemática para o Cefam e habilitação específica para o magistério*. São Paulo, 1990.

SÃO PAULO (Estado). Secretaria da Educação. Fundação para o Desenvolvimento da Educação. *Matemática: construtivismo em revista*. São Paulo, 1993. (Ideias, 20).

MATERIAL Destacável

Este molde você utilizará na atividade da página 23.

Dobre ....
Cole

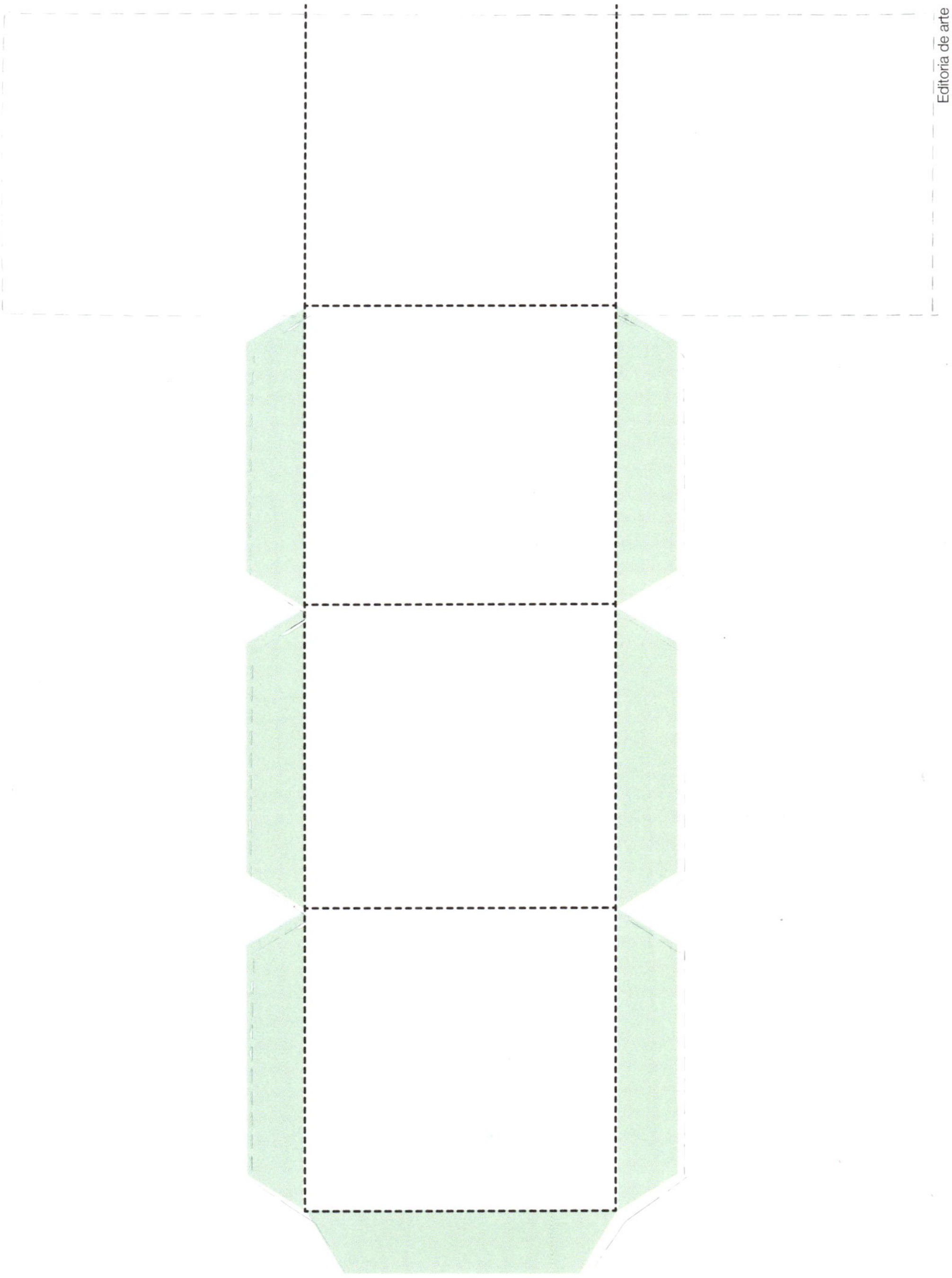

Dobre ....
Cole

Este molde você utilizará na atividade da página 23.

Estas são as tirinhas coloridas que você utilizará nas atividades das páginas 35 a 37, 62 e 63.

Este quebra-cabeça você utilizará na atividade da página 113.

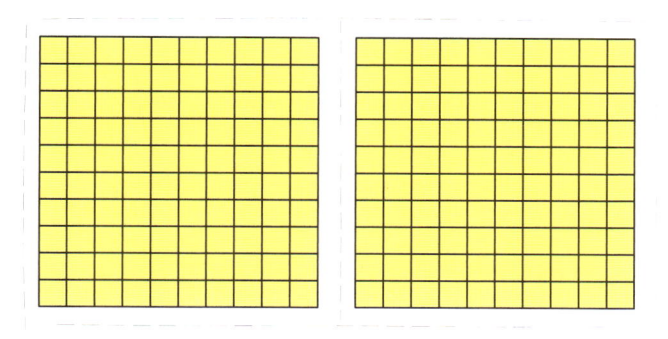

Este material você utilizará nas atividades das páginas 123 a 125, 175, 190.

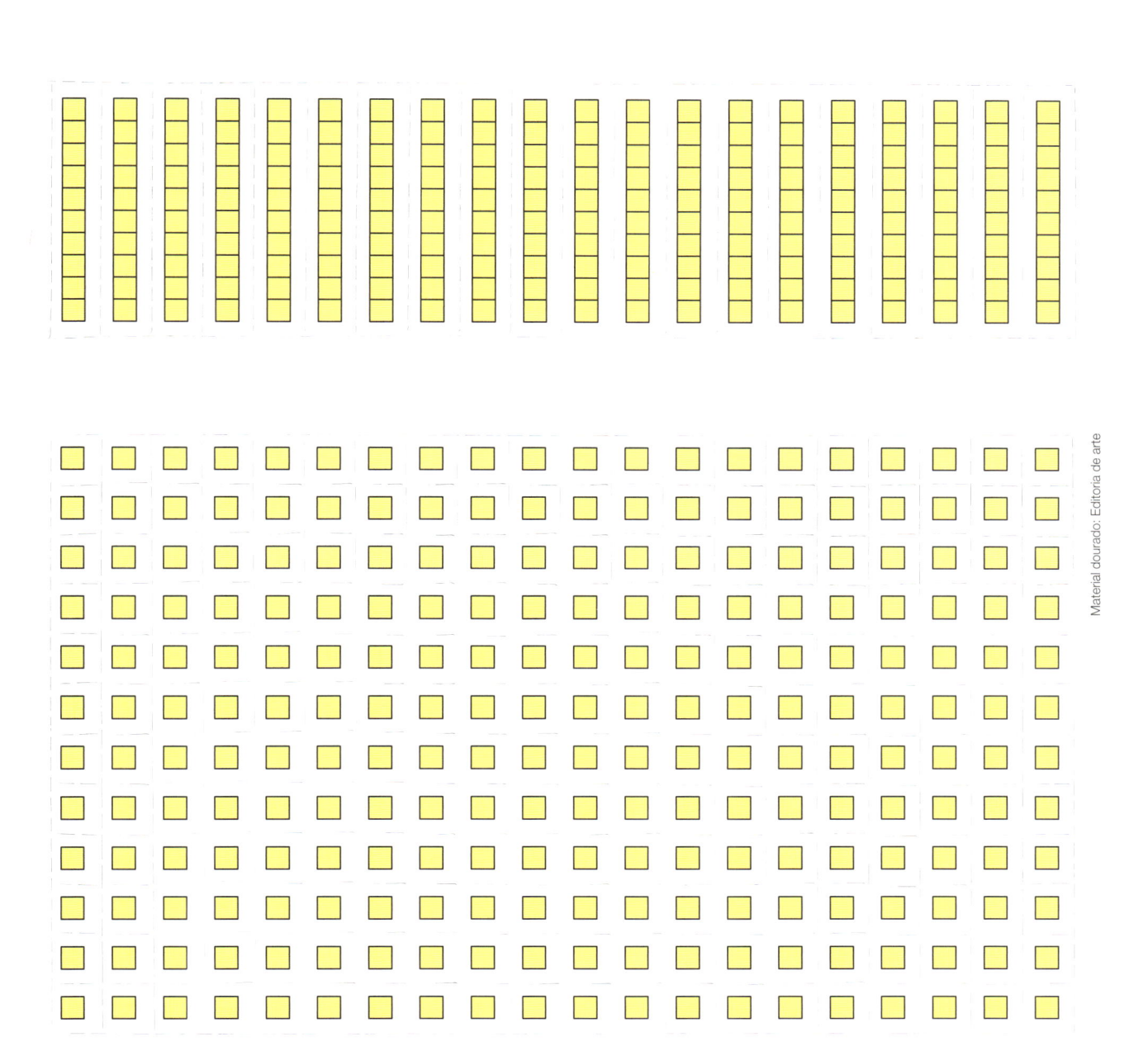

Estas notas e moedas você utilizará nas atividades das páginas 131 a 136, 147, 173, 190, 192, 212, 216, 220, 230, 233, 234 e 236.

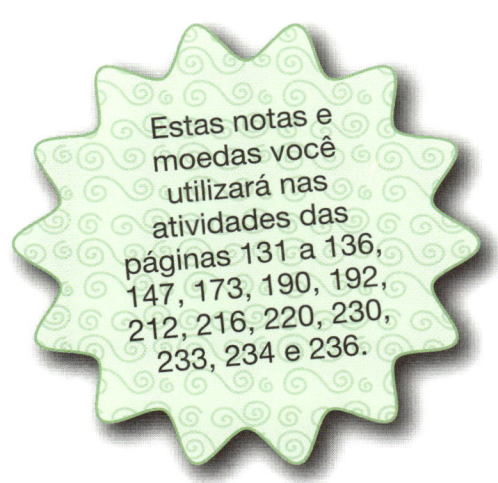

Notas e moedas: Captura via escâner

Destaque estas figuras e fixe os ponteiros no relógio usando um colchete.

Este relógio você utilizará nas atividades da página 157.

Estes são os discos que você utilizará na atividade da página 207.

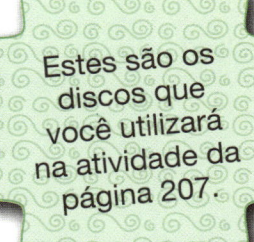

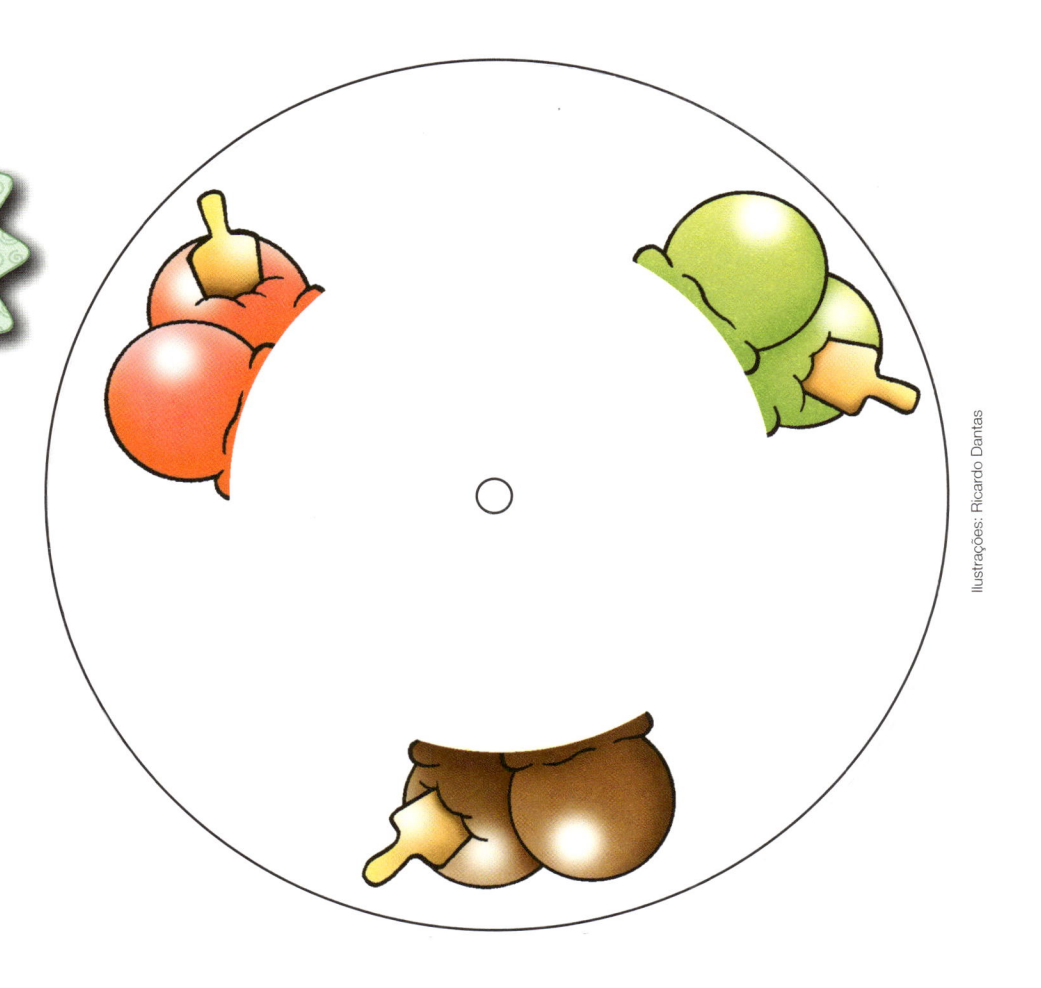

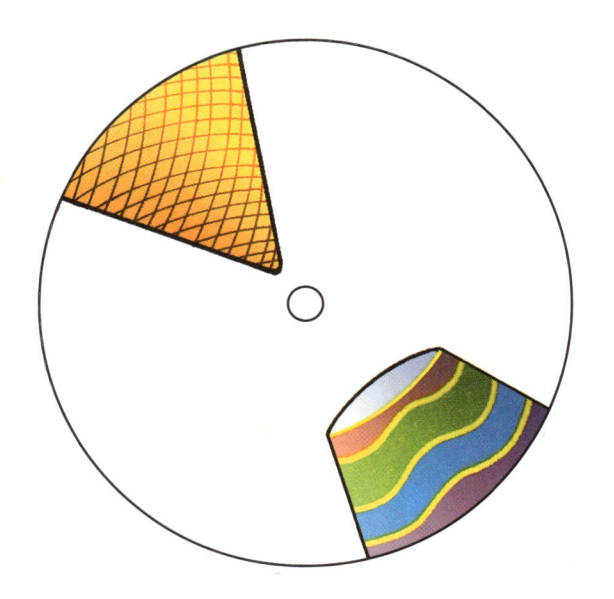

Para descobrir as combinações que podem ser feitas, vamos construir um jogo de discos:

a. Destaque os discos desta página.

b. Sobreponha os discos, deixando o maior por baixo. Prenda-os com um colchete.

c. Em seguida, gire os círculos para descobrir as combinações possíveis.

303